"新师范"建设丛书

初为人师

华南师范大学 2024 年教育实习征文选编

华南师范大学本科生院 / 编

广东高等教育出版社
Guangdong Higher Education Press
·广州·

图书在版编目（CIP）数据

初为人师. 华南师范大学 2024 年教育实习征文选编/华南师范大学本科生院编. --广州：广东高等教育出版社，2025.7. --（"新师范"建设丛书）. --ISBN 978-7-5361-7952-3

Ⅰ. G652.44-53

中国国家版本馆 CIP 数据核字第 2025KW8762 号

CHUWEIRENSHI：HUANAN SHIFAN DAXUE 2024 NIAN JIAOYU SHIXI ZHENGWEN XUANBIAN

出版发行	广东高等教育出版社
	社址：广州市天河区林和西横路
	邮编：510500　　营销电话：（020）87553335
	http://www.gdgjs.com.cn
印　刷	广州市怡升印刷有限公司
开　本	787 毫米×1 092 毫米　1/16
印　张	17.25
字　数	420 千
版　次	2025 年 7 月第 1 版
印　次	2025 年 7 月第 1 次印刷
定　价	49.00 元

（版权所有，翻印必究）

编委会

主　　审：阳成伟

主　　编：华南师范大学本科生院（招生办公室）

执行主编：张学波　赵　艺

副 主 编：虞　珊　李霓虹　郭连华

卷 首 语

　　科技创新、教育信息技术赋能从根本上改变了高等教育的教育范式、教育形态和教育模式。华南师范大学响应教育部加强新时代教师队伍建设、广东省"新师范"建设的要求，积极探索教育信息技术深度融入卓越教师培养的全过程的方式和路径，构建了大德育养成模式、双线融合的金课教学模式和"互联网+"实习实训实践模式，为达成卓越教师培养目标提供了有力支撑。华南师范大学人才培养质量显著提升，目前设立有21个本科师范生培养专业，其中20个获批省级、国家级一流专业，11个通过师范类二级认证。师范生在国家级、省级师范大赛中成绩优异，90%以上的毕业生在教育类行业就业。这体现了新时代教育三全育人的实时性、立体性和协同性的特点。

　　"华南师大—中小学"协同发展联盟自2008年建立至今，已经启动了第三期建设。目前已汇集以国家级示范性高中为主体的遍布粤东西北和珠三角地区的230余所名优中小学，为师范生的实习提供了量足、质优的实践基地。此外，我校还遴选了860余名中小学优秀教师作为实习指导教师，实行双导师制，有效提升了师范生实习的成效；融合大学专家和中学导师评价意见的实习评价体系为监测实习成效提供了科学依据；带队教师和实习生参与的实习学校分阶星级评价制度，为优化实习基地的实习条件提供了参考依据。

　　远程实习指导工作坊自2017年成立至今，已然成为实习指导的重要组成部分，其初心是方便教师对实习生的实习情况进行跟踪并给予指导。疫情期间，在线工作坊转辅为主，承担指导实习工作的重要抓手任务。远程指导工作坊分课程教学工作坊、班级管理工作坊和综合工作坊三类。其工作机制是：课程教学工作坊由大学学科教学法教师

和一线中学教师担任坊主，实时在线指导实习生的课程教学；班级管理工作坊和综合工作坊则依托我校优势学科如教育学、心理学和教育信息技术学，由这些学科的专家联合省级基础教育名班主任工作室、名师工作室主持人担任坊主，通过专题讲座、课题研讨、作业点评等方式指导实习生在班级管理、教育调查技术和信息技术等方面的知识应用。这些云指导以实践运用、解决实际问题为导向，在真实环境下达成培养师范生实践能力的目标。

本书集中展示了2024年师范生教育实习成果，分为"班主任工作与实习经验""优秀教学案例"两编。共46位师范生贡献了教育智慧，他们是新时代追求卓越自主发展的优秀典范，他们为成为"四有"好老师做了充分准备，希望本书能见证他们的成长。

本书记录了华南师范大学与联盟学校为基础教育事业高质量发展所做的努力，同时，也为其他未来的卓越教师提供示范和学习的榜样。

赵 艺
于华南师范大学
2025年5月

目　　录

班主任工作与实习经验

尼洋河畔，静候格桑花开
....叶丛榕（ 2 ）

爱胜过千言万语
....毛嘉怡（ 8 ）

追光不止，一路生花
....李雪年（ 12 ）

擦星星的我：点亮心灵的璀璨之旅
　　——班主任实习感悟
....罗梦嫣（ 15 ）

播种梦想的季节
　　——一年级（7）班班主任工作的点滴与感悟
....杨晴茜（ 19 ）

在一平方米大的地方，做一百米深的教育
　　——一名学前教育定向师范生的成长与长成
....蓝玉婷（ 24 ）

在爱与宁静中成长
....陈春诺（ 30 ）

凡是过往，皆为序章
....罗晓兰（ 35 ）

音乐梦想启航，实践方得真知
....雷佳蓉（ 40 ）

在打怪中升级，于挑战中成长
....李淑玲（ 44 ）

师者如光，微以致远
....潘子彤（48）

在林芝，每一座"雪山"日照大千，"阳光"就洒遍了千年万年
....陈逸德（51）

从理论到实践的深度跨越与心灵的蜕变
——在华南师范大学附属黄埔实验学校的实习收获
....沈冰婷（55）

山和山不相遇，人与人要相遇
....丘文慧（60）

以心为舟，扬帆托起明天的太阳
....卢　婧（64）

用一个灵魂去唤醒另一个灵魂
....黄　丽（72）

双手扶持千木茂，一心培育百花开
——以我之力，追我所愿
....洪悦冰（76）

筑梦高原，薪火相传
....何佩誉（80）

培道躬耕三华章，思政育人觅良方
....朱沁瑶（84）

自信灿烂，以爱织梦
....刘海婷（89）

从自己的青春里走出去，走进别人的青春里
....李昱瑾（93）

雏菊也会开满山
——乡村留守儿童心理关爱实践总结
....丘心怡（97）

教之旅：心之所向，情之所系
....黎铭萱（101）

弦歌不辍，芳华待灼
....李芝兰（104）

教育路上的第一步
....刘扬阳（108）

人类在抬头时才看见了飞的可能
.... 梁雨晴（112）

向光途，铸光芒：实习旅程的深度探索与实践
.... 赖徽雨（115）

站稳儿童立场，做幸福教师
.... 王俏淳（119）

以爱为笺，绘梦童年
——一名准幼师的教育实习心路
.... 刘思均（123）

优秀教学案例

基于课堂教学技巧提升的英语阅读课教学设计与实践
——选自沪教牛津版九年级英语上册 Unit 4 Reading "Problems and Advice"
.... 徐诗曼（128）

"光电效应"教学设计
——选自高中物理粤教版选择性必修第三册第四章第一节
.... 何嘉琪（133）

竞争负担变动力
.... 林诗怡（143）

更适合中职宝宝体质的词汇课
——选自外研社中职英语基础模块1第二单元
.... 黄茹玉（148）

角的平分线的性质
——选自初中数学人教版八年级上册第十二章第三节
.... 陈咏菁（153）

沉淀溶解平衡
——基于化学学科核心素养
.... 张瑜玲（161）

生命之歌
——选自花城版高中音乐第一单元"生命之歌"
.... 陈蔚绮（177）

国宝大熊猫——"刷子"工具
　　——选自广州市《信息技术》小学第一册第 4 课
　　………………………………………………………………………… 黄智恒（182）

《春江花月夜》景、思、情相融教学例析
　　——选自人教版普通高中教科书语文选择性必修上册古诗词诵读单元
　　………………………………………………………………………… 吴羽莹（190）

鱼
　　——选自初中生物学人教版八年级上册第一章第四节
　　………………………………………………………………………… 周　哲（204）

时空探险者：追寻社会主义的理论与实践宝石
　　——选自高中思想政治统编版必修 1 第一课第二节
　　………………………………………………………………………… 李美莹（211）

徜徉山水，寻觅人生
　　——初中语文统编版八年级上册第三单元《三峡》《与朱元思书》群文阅读
　　………………………………………………………………………… 梁婉倩（219）

面积单位间的进率
　　——选自人教版义务教育教科书数学三年级下册
　　………………………………………………………………………… 何锦炅（228）

区域发展对交通运输布局的影响
　　——选自高中地理人教版必修第二册第四章第一节
　　………………………………………………………………………… 陈怡思（236）

探秘数据的网络传输之旅
　　——选自初中信息科技人教版七年级上册第二章第一节
　　………………………………………………………………………… 郑扬俊（245）

《大卫·科波菲尔（节选）》信息技术应用案例
　　——选自高中语文统编版选择性必修上册第三单元第 8 课
　　………………………………………………………………………… 陈嘉仪（254）

利用 AI 生成多模态语篇在阅读教学中培养学生高阶思维能力
　　——选自高中英语人教版选择性必修三
　　Unit 1　Art—A Short History of Western Painting
　　………………………………………………………………………… 廖明欣（260）

班主任工作
与
实习经验

"新师范"
建设丛书

尼洋河畔，静候格桑花开

叶丛榕

个人简介：我是华南师范大学文学院2021级汉语言文学（师范）专业的叶丛榕。我非常荣幸能够在2023年8月至12月前往西藏林芝，在林芝市八一中学担任七（7）班、七（8）班的语文教师，进行为期四个月的支教生活。作为一名支教语文教师，我深深热爱这种平淡且真实、苦中作乐的生活。这段真实而热烈的实习生活，是我人生中闪闪发光的宝贵经历，亦让我觉得脚下踩踏的这片土地愈加厚重、坚实、有力。

图1 开展《从百草园到三味书屋》公开课

人生格言：心之所向，素履以往。

在天气晴朗的8月，华南师范大学16名志愿者为了同一个理想与目标，怀揣着对教育的热爱，对西部的向往，跋涉3 000多公里，从广州到林芝，来到高原雪域、尼洋河畔。当我踏上林芝这片净土时，心中涌动着无限的期盼与向往。大风中裹挟着酥油茶的味道，也掺杂着树苗破土而出的、生机勃勃的味道。在这里我们感受到了夏日的凉爽舒适，感叹祖国的大好河山——高耸入云的雪山，清澈见底的溪流，以及广袤的原野，一切都让我感到身心得到了净化。

但是更重要的是，我即将在这片热土上开始一段崭新的旅程。

一、坚定理想，造炬成阳

初到林芝，高海拔的自然环境确实给我们带来了不小的挑战。高海拔、缺氧、强紫外线，都使初来乍到的我有些不适应。抵达林芝当天下午，我就出现了头昏、气喘、咳嗽等症状。但幸运的是，当地的校长和老师都对我们所有人给了强烈的关怀，为我们送来了需要的药物以及氧气罐；同行的伙伴们也都非常贴心，相互的陪伴以及彼此的加油打气缓解了初到高原的疲劳。在适应高原环境的过程中，我学会了如何调整呼吸、如何保持身体的水分，如何预防高原反应。经过了一个星期的高烧不退和剧烈咳嗽，我逐渐适应了高原的环境。这些艰辛的经历，让我更加珍惜生命，也给予我力量，让我更加坚定地走下去。

在林芝市八一中学，我发现当地不仅仅有我们这些各大高校来的志愿者，还有很多是广东省在职的老师，他们都怀揣着同一个理想，选择来到西藏进行支教。我们常常一起探讨教学方法、分享教学经验，共同为西部教育事业贡献力量。

老师们的办公室彼此靠着，平时没事我们就会互相聊天，交流教育经验，再时不时怀念一下广东的美食。其中一位老师和我们志愿者关系特别好，我们亲切地称呼他为"活哥"。活哥是中山的一名物理老师，年纪大约40岁，平时总是喜欢喊我们一起打羽毛球，说在适应高原后，想让我们经常锻炼锻炼，别总是伏案工作伤了身体。当我问他，是怎么想到来林芝这么偏远的地方进行支教的，他挥了挥手，笑着和我说："也没那么多为什么，就是看到招募通知，觉得祖国需要我，就去报名了。为建设西部贡献力量，哪有那么多为什么！"他和我们讲了当下教师行业的现状，分享了他从教以来的经历。每当他讲到他曾经的学生时，眼睛里流露出止不住的自豪："我的那群孩子现在有的在北京，有的在上海，还有的出国深造了，他们都时不时嚷着要回来看我，说最喜欢上的就是我的物理课！"

承道启师徒，笃行悟真知。或许正是从活哥身上，我第一次感受到了"教师"这个职业所承载的深厚内核。教师对学生的影响从来就不仅仅停留在课堂40分钟，短至学生的一整个学习生涯，长达学生的整个人生。

二、因材施教，立德树人

语文学科教学确实是我最先面对的挑战之一。支教实习和一般实习最大的不同是，我们并不是去学习，而是直接站上讲台，承担一名科目教师的本职工作，从上课到改作业再到与学生谈心，甚至于独立承办一个大型活动，现在都需要我们一一去落实、去践行。

与此同时，西藏的教学情况也与内地不太相同。在这个偏远的地区，教育资源有限。因此，我需要充分利用现有的资源，结合孩子们的实际情况，因材施教。在教学过程中，我会注重培养孩子们的兴趣，激发他们的学习热情。同时，我还会关注孩子们的学习方法和习惯，帮助他们养成良好的学习态度。以下是我在教育实习中的一些感悟与思考，让我重新反思了"教育工作者"的定义。

（一）教什么？

1. 开学第一课

时至今日，我仍能想起开学第一课我第一次站上讲台的场景。即使我事先自认为已经准备得非常充分，PPT也前前后后、反反复复过了七八遍，但是等真正站上讲台，看着台下41张稚嫩的面孔，心里还是充满了没有由来的悸动以及对未知的胆怯。

"第一节课，一定要树立威严的形象！"在走上讲台之前，我心里还回响着资深前辈老师教导我的话，但是走上讲台后，嘴角就不自觉地向上扬起："大家好呀，我是叶老师，之后我将陪伴大家度过一个学期的时光。如果在学习上或是生活上有任何问题，都欢迎随时来和我交流！"事后，听课的老师对我的评价是"太温柔了"。

第一堂课往往是最难上的，我原本以为只要作为老师的我做了充分的准备，学生一定也会认真听讲，积极配合我的教学。但是渐渐地，我发现西部的孩子有些不一样，他们上课的状态会更加活跃，也更加调皮。在进行课堂内容输出的同时，我依然要努力去维持课堂秩序。在大喊了一声"安静"之后，我继续进行我的课堂教学。也是在初中开学的这第一节语文课上，我最想告诉孩子们：

"语文究竟能够给你们带来什么？结合我自己的生活经验，我可以毫不犹豫地说：独立的人格、丰沛的精神生活、无功利的阅读习惯和遵从内心的勇气。这些东西，远远比某一个字词、某一篇古诗来得更为重要。如果你对语文这个学科抱有热爱，我希望你能多去看书，在书中你会发现，这个世界远比你想象的更加辽阔，也更为精彩。永远不要被现在的生活束缚住了本应自由驰骋的一生。"

和同学们讲完上面这些后，我如释重负，也察觉到台下的孩子们看我的眼神逐渐发生了变化。在我曾经的语文课堂中，我受到了语文老师深远的影响，这让我决定在大学选择汉语言文学（师范）这个专业。而这些话，在备课时我也琢磨许久，这是我曾经关于语文的感悟，也是我认为无论是在语文教学，还是语文学习的过程中，最值得咀嚼、最值得思考的内容。我想以语文学科为媒介，带领我的学生探索更加广阔的世界。当课堂环境越来越安静的时候，孩子们眼神发生变化时，我知道，我的开学第一课，成功了。或许对孩子们的影响并不能立竿见影，但至少，在孩子们心中成功播种下一颗对未来充满希望的种子。

2. 个性探索与实践

西藏孩子们的学习背景与学习能力和内地孩子们相比，存在一定差异，这促使我必须采取更具包容性和差异化的教学方式。与此同时，这里的孩子们对语言艺术和民族传统文化怀有浓厚的兴趣，但却缺乏专业的教师和相应的教学资源。于是，我决定将语文教学与语言艺术、民族文化元素相结合，让孩子们在学习知识的同时，也能感受到文学的魅力。

在语文课上，我对语文课程进行了系统性梳理与整合。我会利用简单的道具，如卡片、挂图等，以及运用多样化的教学模式，引导孩子们学习基础的语文知识。在这个过程中，我发现孩子们的文学潜能被充分激发，他们能够用朗诵和表演的方式来表达自己的情感。在支教期间，我还有幸携手华南师范大学文学院学生会，共同精心策划并成功举办了"思贤杯"语言文化竞赛。这一赛事鼓励有能力、热爱诗词的学生们积极参与。他们将古人的智慧结晶，巧妙地转化为现代诗的形式，不仅展现了古今诗词跨越时空的对话与碰撞，更深刻地揭示了两者间的微妙差异与各自的魅力。通过这样的竞赛机制与奖励激励，我们成功地点燃了学生们内心深处对古典诗词的热爱，激发了学生们探索与传承中华优秀传统文化的热情与兴趣。

在学校综合实践第二课堂的文学与语言艺术课程中，我也进行了创新。我引入了现代诗歌创作和民间故事讲述的元素，让孩子们在创作和讲述的过程中，既能锻炼语言表达能力，又能了解和传承本土的民间文化。我还鼓励孩子们自由创作，积极听取他们的想法。在这个过程中，我看到孩子们的写作技巧和表达能力逐渐提升，他们的自信心也在不断增强。

然而，援藏支教的过程并非一帆风顺。由于语言和文化的差异，我在教学实践中遇到了不少挑战。我需要在教学过程中更多地融入本地藏族文化元素，耐心引导孩子们理解和接受新的教学方法。在学校，我秉持着"勇于探索"的精神，向当地的藏族教师和老艺术家请教，学到了许多宝贵的文化知识。在11月份，我策划组织了"工布文化进校园"活动，为全校师生带来了一场别开生面的文化盛宴。

这也是我一直所认为的，支教真正的含义。我深信，教育不仅仅是传授知识，更是启迪心灵、塑造人格的过程。我渴望通过我的努力，让孩子们看到更广阔的世界，拥有更美好的未来。

（二）怎么教？

刚站上讲台的我常常在课上刹不住车，导致没能完成指定的教学计划，教学进度和别的班相比慢了一大截。我也总是想着，只要每节课认真备课，和孩子们多拓展、多延伸，孩子们在期中、期末考试中就一定能取得好成绩。但是当一次期中模拟考之后，我发现我们班的孩子们的成绩并不令人满意，我开始反思我的教学思路、教学模式，也感悟出了一些经验。

1. 秉承课标精髓，稳健推进教学

课标，是教育航船的指南针。在开教研会的时候，我发现无一例外，所有老师的发言都是围绕课标展开的。深入钻研课本与课标要求，是我们教学工作的基石与灵魂，它要求我们不仅仅停留在文字表面的解读，更要透过文字，洞悉其背后隐藏的教育意图和深刻内涵。

我们作为教育工作者，不能仅仅满足于表面的教学层次，那种浅尝辄止的教学方式，只会让学生如同雾里看花，难以真正掌握知识的精髓。相反，我们应深入挖掘课本与课标的内涵，去寻找那些隐藏在教育深处的宝藏。只有这样，我们才能真正领悟教育的真谛，让教学工作焕发出应有的光彩。

在向学生传授知识之前，我们也必须充分了解学生的接受程度，这是教学工作的前提和基础。我们要深入了解他们的学习习惯、兴趣爱好以及思维方式，以便更好地因材施

教，让每个学生都能在适合自己的节奏中学习。同时，作为教师还要紧密结合对口林芝初中的考纲，明确考点与教学重点，确保教学内容的针对性和实效性。这样，我们才能确保教学工作的精准与高效。

图 2　参加语文教研会

2. 广纳博采，深耕细作

支教工作绝非仅仅站在讲台上的空谈，而是需要我们真正地沉下去，深入基层，了解实际。前辈同事们拥有丰富的经验和卓越的技巧，他们是我们学习的榜样。我们要多学多看，多听少说，虚心向指导老师请教，将所学所得真正践行于实际工作中。

与此同时，对于这里的孩子，一个知识点必须反复讲解，反复巩固，确保孩子们完全掌握。比如说在讲《世说新语》中《咏雪》篇目时，孩子们对于"未若柳絮因风起"这一句话总是不能完全掌握，所以我反复在课上抽查、听写这句话的翻译，还有拆分听写文言字词，如"未若""因"等。只有经常性、反复地抽查，才能加深学生的印象。

半年的支教时光转瞬即逝。在这段时光里，我逐渐理解了老师当年所说的"把每一位学生都当作自己的孩子"的深刻含义。我也衷心地希望我所有的孩子们，未来能将谦逊和感恩融入骨髓，虚心好学、正直温柔，以高尚的品德和美好的心灵照亮前行的道路；也希望他们具备赢的能力，更拥有即使输也能勇敢站起来的底气，以坚韧不拔的精神迎接未来的挑战。

三、粤藏连线，格桑花开

在林芝期间，我们志愿者也开展了丰富多彩的"粤藏连线"活动。我们联动华南师范大学法学院的相关同学，在学校开展了一场"模拟法庭"，后来根据同学的反馈发现，这是孩子们第一次对于"法律"这个概念有了具象化的认知；我们也联动了广州市博物馆，开展了一系列"馆校合作"活动，将广府文化带到祖国西部，让孩子们发现，原来传统文化也能够这么多姿多彩；我们还联动华南师范大学青年志愿者协会，开展了"粤林连线——书信往来系列活动"，让学校的同学和林芝的孩子们互换信件，在开展完活动后，孩子们都纷纷询问我们"老师，广东到底怎么样呀"，并表示"老师，我长大后也想去广东工作"。

在分别的那天，我们所有人的眼泪都决堤一般往下流。是发自内心的，舍不得这里所有关心、帮助我们的前辈老师，舍不得所有可爱向上的孩子们，更舍不得在林芝支教4个月、飞速成长的我们自己。我总是能够想起曾经在文化广场看到的少数民族学生表演给老师的感谢节目。他们的嗓音干净、纯粹，没有过多的技巧和雕琢。风吹树动，阳光斑驳地洒在他们身上，像荡漾的星河。天地间一片寂静，只有学生们的歌声，飘向太阳，仿佛空气是青色的波浪，他们在云的另一端，向往海洋。

　　回到华南师范大学重新回归大学生身份，脑海中还是会时不时回想起在林芝的4个月的时光。时至今日，仍然有学生时不时地会联系我，和我分享他们在学校发生的趣事，或者是自豪地将他们自认为写得非常棒的作文给我看。我也会耐心倾听他们的点滴分享，给他们的作文提出意见。或许教育的魅力，也正在于此吧。

　　回看4个月的实习生活，我能够掷地有声地说：我们不仅真正完成了一些富有价值的事业，还日益融入了孩子们纯真无邪的世界，给予了他们或多或少的影响。"走在新时代中国特色社会主义的康庄大道上，我们都是追梦人"，直到此刻我才如此真切地理解了这句话的含义。在这片神奇的土地之上，我们所有赴西藏林芝支教服务队的成员，携手并肩，共同践行"阳光普照之处，必有我们行动的身影"的崇高理念，矢志不渝地履行着"为西部贡献青春力量"的庄严承诺。这份经历带给我的，是难以用言语尽述的幸福与满足。

　　于高山之巅，方见大河奔涌；于群峰之上，更觉长风浩荡。岁月因青春慨然以赴而更加静好，世间因少年挺身向前而更加瑰丽。"明日会踩着绿色的脚步到来，无人能拦阻黎明之河"。我们曾在尼洋河畔，静候格桑花开；在未来，我们会继续立足杏坛，共育桃李灿烂！

爱胜过千言万语

毛嘉怡

个人简介：我是教育科学学院教育学（师范）专业的一名师范生，喜欢记录生活。我希望可以在教育这份志业中发光发热，给一个人、一群人带来一点温暖。

人生格言：你可以成为你想成为的任何人。

"人也是一样，要赶时候，赶热天，尽量地用力地长。"

——《夏天里的成长》

在上这一堂课时，我看着底下的学生，他们朝气蓬勃，活泼明媚，正在努力成长。在这场人生的夏天中，很幸运有一段时光，能与六（2）班的学生共同成长。

一、锚定一个目标——以爱育人，让花成花

实习的三个月我一直在思考——我想成为怎样的老师？我又想给他们怎样的童年？我的力量很微小，我不奢求我可以改变一个人、影响一个人的一生。如果我可以在这三个月给这个班的孩子带来一点学习的兴趣，一点和"老师"这个身份相处的轻松感，一点鼓励，一点来学校的期待，一点幸福，一点倾诉和发泄的空间，给他们小学的最后一年带来一点新鲜的色彩，让他们成长的轨迹能跟他们自己的想法而不是别人的想法偏离一点点，对我来说都已经足够了。我相信成绩永远是第二位的，他们作为人本身的成长才是第一位的。让草成草，让花成花，让树成树，哪怕他们很普通也没有关系。

二、坚持扮演两面角色——亦师亦友，静候花开

在实习的这段宝贵时光里，我深深体会到，作为一名教育者，我们不仅仅是知识的传递者，更是学生心灵的引路人。在课堂上，我努力践行"教学生学"，引导学生探索知识的海洋，培养他们独立思考和解决问题的能力；而在课后，我则与学生平等交流，倾听他们的心声，分享彼此的生活点滴，成为他们值得信赖的朋友。正如陶行知先生所说，"不愿拜小孩子做先生的人，不配做小孩子的先生"。这种亦师亦友的关系，让我能够更深入

地了解学生的需求与困惑，为他们提供更加个性化的指导和支持。在这个过程中，我与学生共同成长，彼此成就，这份特殊的情谊，成为了我实习生涯中最珍贵的回忆之一。

三、贯彻三大理念——引路耕心，润花传情

贯彻尊重个性的多元智能观。在教育中包容每一个有个性的灵魂，鼓励学生勇敢追求自己的兴趣和热情，关注每个学生的成长轨迹，提供个性化的指导和支持，帮助他们发现并发展自己的潜能。

贯彻可持续发展的素质教育观。教育不仅仅是知识的灌输，更是能力的培养和情感的塑造。教育过程中要培养学生的创新精神和实践能力，以适应不断变化的社会需求；同时，也要注重学生的心理健康和道德品质的培养，让他们成为有责任感、有担当的公民，成为具有发展韧性和自主驱动力的新时代青少年。

贯彻互动紧密的社会生态系统观。班级建设的过程中要重视个人微观系统与宏观系统的良性互动，在班级内部加强学生之间的情感交流及互动交流，提高班级凝聚力；在班级外部调动多方主体广泛参与，形成合力，共同帮助学生成长。

四、携手的八十九天——以爱浇灌，培育花海

六（2）班是怎样的一群孩子呢？

他们的作业从来都收不齐，也总是不订正；课间一打下课铃就冲出去玩，所以经常抓不到人；他们抄作业也很傻，以至于能看出来一些抄作业的流派，大概知道谁抄谁的，甚至有人抄标准答案还会抄上"意思对即可""言之有理即可"；他们中有的人连《统编教材写字同步练习》这种不用动脑的练字作业都能抄错；他们的作业经常堆在讲台旁边不发下去，也不搬给老师；他们平时做操时动作此起彼伏，跑操时也总是把标志点弄偏；他们中有的人经常忘戴红领巾或者队徽，问我有没有，让我有想骂他们的心；他们一天有使不完的精力，但又很容易饿，经常来"洗劫"我的办公室；他们爱说脏话，喜欢夹嗓子，对两性知识很好奇等等，需要我去提醒和引导；他们上课很闹腾，特别是给他们上道德与法治课、班会课的时候，看着他们放飞自我，我都在祈祷领导千万别在窗户旁边……

但是他们关键时刻不会掉链子。他们的国旗下展演很不错；他们可以当场就画好手抄报，可以把班级布置得很漂亮，连最美班级的评选也是小意思；他们在广播体操比赛拿了最高分；当别的班跑操慢，跑不动开始走时，他们还可以保持整齐的距离；虽然平时写的字很潦草，但到了各种活动比赛，写的字或者做的手抄报就很好看；他们中很多人是体育队、合唱团、文学社的，他们很会做手工，很会画画，多了解一下，他们会编程、架子鼓、小提琴、中国舞、街舞……我常说，没点艺术细胞是进不了我们六（2）班的。

可能有些同学和我没有太多的交流，但是他们的作文都是情感很细腻的小世界。田径队的两个男生语文一般，字不好看，还一堆错字病句，但是他们写以"梦想/运动让生活更美好"为主题的作文时，他们对跑步的热爱和追求真的很让人触动。有位同学作业几乎就没交过，每次自习都想趁我不注意打开bilibili，但我看过他的作文，写得真的非常可爱。

有个小女孩语文基础很薄弱，但我留她补作业或补基础时，她也会乖乖配合，只不过时间耗费得比较长。或许前六年，只是没有人停下脚步等待学习进度有点慢的她。她的好闺蜜是全班第一名，会陪她补作业，教她背古诗，两个人会因为她上了及格线而松一口气。她曾有篇作文写了这位闺蜜，错别字和不通顺的表达背后的感情却也让我不自觉流泪。有个女生曾患有抑郁症，但走出阴霾的她可爱活泼，会主动和我分享她偶像的小卡和专辑。有个女生成绩一般，但很爱笑，会发现生活中的美好，会用漫画记录发生的有趣的小事情。两个班长办事靠谱，知识储备丰厚，是课堂上托底的存在，课后的他们却古灵精怪，自带搞笑属性。有个女生每天扎着高马尾，性格风风火火，和好朋友每天形影不离、乐乐呵呵的。有个女生不太自信，但见到我会贴上来和我分享事情，上课时无论他人纪律如何，她都能专注地看着我，第一时间配合我的教学活动。有群男生喜欢打羽毛球，每天也充满精力，上课十分闹腾，却也是大家的开心果。有个女生想用无所谓的态度掩饰自己的内心，却慢慢地愿意尝试跟着我完成作业，主动找我检查……

孩子们的个性和发展轨迹都很不同、很鲜明，但他们的底色都真诚而善良。他们懂得是非，具备爱人的能力，他们的日子既快乐又鲜活。他们会在上课时偷偷写作业，给别人提醒的声音我在讲台上都听得见；他们会拿着球拍冲向球场，课后服务还没下课就已经背上书包准备起跑；他们会跳各种搞怪舞，玩各种梗，有很多好吃的小零食；他们会在体测时给彼此加油，会在课堂上帮同桌争取发言机会，会陪伴朋友重听或补作业，会去彼此家或者出去玩；他们会来和我分享很多生活中的小事、自己的作品或小成就、同学的八卦……他们难过或烦恼的事情在我的视角里也都很简单。他们对事情有自己的感悟，对这个世界有自己的理解，对成长有自己的方式。我所需要做的，只是去播种爱，去倾听，去肯定，去引导，让如此鲜活的他们，快乐、坚定地长大。

五、一场双向奔赴——俯首躬身，双向筑爱

人们对时间的理解往往具有滞后性，实习结束后的一段时间我的戒断反应非常强烈，很多"原来过去了"的瞬间都是后知后觉。

最后半个月，我每天都清醒地认识到自己正一步步踏入告别的倒计时。我在相册里寻找无数个瞬间构筑起来的这三个月，很多次假装自然地和来找我的学生说"来，我们拍张照吧"，把告别礼物藏在办公室里，被发现了也只能假装不在意地说："这是你们下次的作业奖品。"我不敢和他们说"告别是重逢的开始"，还不怎么能接受告别的我，却也开始尝试教他们正视告别。当我给他们发告别礼物，发现性格迥异的他们都开始流泪时，当他们哭着为自己的小错误道歉让我留下来，当他们那天一下课就全部涌进我的办公室，当他们从身边想尽办法找出能送我的小礼物，当收到他们临时写的文字或画的画，当他们一路跟着我回到宿舍收拾行李时……我无法描述出我是什么心情。我有不舍，有遗憾，但如果这场彼此的治愈和陪伴能有一个正式的告别，如果我们的未来都足够精彩，或许遗憾便不必挂怀。

与朋友聊天时曾提及"夸奖的话要脱口而出"，"爱人的话也要脱口而出"。或许曾经的我也不会想到，我随口说出或者写在作业本上的肯定与鼓励真的会影响一个人、一群

人，会让我得到既直接又热烈的情感反馈。我也不曾想到，我会被包裹在纯粹、真挚的能量之中。散发着或高或低能量的他们，总是有一种特别纯粹的快乐以及独属于他们的明媚。他们的酸甜苦辣咸往往是简单又极富感染力的，能让我本来平淡甚至灰暗的心情，也激荡起几份名为"快乐"的涟漪。

实习的经历让我更坚信教育是一场关于爱与被爱的双向奔赴，一场感受爱、表达爱、传递爱的剧目，终场之后，我只能俯首躬身，安静地谢幕。但常日如绵，而爱意如虹，我们会一起在熠熠途中等枝丫成繁花，去寻找下一场温暖与爱意的传递。

"纸上得来终觉浅，绝知此事要躬行。"这三个月，我在教育教学、班级管理、调查研究等方面都有所收获，在课堂中也融入了自己的想法和创意，也明晰了自己身上所存在的问题及需要努力的方向。而最大的收获，还是与真诚、善良、可爱的孩子们共同搭起的情感联结。未来的日子里，我将以更加饱满的热情和更加扎实的专业知识投入到教育实践中去，"赶时候，赶热天，尽量地用力地长"，努力坚定理想信念，陶冶道德情操，以自己的人生分量汇聚育人的沉沉重量；涵养育人智慧，秉持躬耕态度，以自己的人生光亮照耀新生的生命光华；勤修仁爱之心，树立弘道追求，以自己的人生温度撑起教育的情怀深度。

追光不止，一路生花

李雪年

个人简介：我是文学院汉语言文学（师范）专业的一名师范生，有幸成为华南师范大学第三批赴新疆喀什地区支教的志愿者。支教的我如同一根火柴，在那片土地留下光亮的痕迹，虽然很短暂，但努力实现着"一棵树摇动另一棵树，一朵云推动另一朵云，一个灵魂唤醒另一个灵魂"的教育意义。

人生格言：心存希冀，目有繁星；追光而遇，沐光而行。

2023 年 9 月 5 日，历经 7 个小时的飞行，我终于抵达新疆喀什地区疏附县。时间如白驹过隙，在将近四个月的时间里，我从一名大三学生逐渐适应成为一名初中语文教师。在疏附县第二中学，我一路磨炼、成长，努力成为更好的自己，同时也把最好的一面呈现给学生们，努力做到用生命影响生命。

一、"教"学路漫漫，"研"途皆风景

在疏附县第二中学，我主要任教初二（1）班，负责语文学科教学工作。在日常教学方面，我独立完成 6 个单元的授课，累计授课 145 课时，同时负责早读、"日日清"、作业批改等工作，严格监督学生落实完成学习任务。在教学之余，教研活动必不可少。每周二上午前三节课是雷打不动的语文组教研活动时间。全体语文老师围坐在一起进行集体备课、听课评课。与此同时，学校经常举办各类名师讲座、教师培训、示范课课堂，如自治区中考语文命题组组长董明实专家讲座、昌吉学院国培计划（2022）——"一对一"精准帮扶整县推进初中语文学科教师岗位能力提升培训、疏附县高考语文备考研讨会等，我既是一个倾听者，我也是一个参与者。此外，我协助开展"阅读马拉松"第二课堂，多次与华南师范大学连线，致力于拓宽学生学习视野，帮助他们寻找阅读的乐趣与意义。

图 1　上课瞬间

我在教学实践中不断发现问题，在教研活动中不断提升教学技能。支教期间，初中部共进行了月考一次、期中统考一次。初二（1）班语文学科进步较为明显：该班上学期语文单科期末县级统考平均分为 37.07 分（满分 100 分），年级排名第 3，县级排名第 41 名；本学期期中县级统考平均分为 39.41 分，较上一学年期末考上升 2.34 分，较第一次月考上升 5.96 分，年级排名第 3，县级排名第 26，上升 15 名。其中，班级及格人数较第一次月考增加 4 位，班级最低分为 11 分，较期末统考最低分突破个位数，班级最高分为 79 分，位列年级第 2，该生较期末统考最高分进步 19 分，较第一次月考进步 23.5 分，超越自我，超越重点班学生，取得较大突破。学生的积极配合共同促进了良好成绩的获得，（1）班语文成绩的进步也获得了学校领导的认可。

二、笃"行"以致远，奋斗"政"当时

教学是我的本职工作，行政是我的努力空间。在疏附县第二中学，我参与德育处和教研室的工作，不断拓展自己的服务领域。在德育处，我负责校园日常广播工作、大型活动主持人培训、升旗礼演练、简报撰写等工作；在教研室，我主要协助宣传视频拍摄工作，承接其中的脚本撰写任务，如校园消防安全宣传视频、语言文字工作宣传视频、保密宣传视频等。在协助行政工作的过程中，我深刻感受到文院学子的被需要。"宣传"是一个学校打响招牌的重要阵地，身为一名汉语言文学专业的师范生，在今后的学习生活中我将继续锻炼文字功底，发挥更大力量。

三、乘援疆东风，登更大舞台

承蒙疏附县教育局和二中校领导的关心栽培，我有幸进入广东省援疆工作队宣传组协助工作。在这里，我接触了解到除教学外的援疆领域，扩大了我的视野，也学习到了更多技能。支教期间，我协助撰写宣传组年终工作总结 1 份、大学生支教团 11 月份总结推送 1 篇、工作队工作总结月报 3 篇。此外，在支教团内，我积极参加各项活动，在团建中铸

牢集体意识，在工作中实现个人价值。这些经历十分难得，我会好好珍惜，不断总结经验，不断向上成长。

四、擎教育火炬，照己照他人

在工作之余，我积极参加各项比赛，锻炼专业素养。在疏附县"铸牢中华民族共同体意识"征文比赛中，我有幸受到当地电视台邀请参与优秀作品展播录制，也因此被更多人知晓。于我而言，出不出名并不重要，重要的是成功让"推普"走进更多人的视野。身为拥有三年经验的"推普人"，我希望推普走得更好，走得更远。除此之外，身为一名教师，我指导学生参加多项比赛获奖：指导学生在疏附县"学好新思想，做好接班人"演讲比赛中分别获二等奖（第二名）和三等奖；指导学生参加学校纪念一二·九运动朗诵暨演讲比赛获一等奖；指导学生参加喀什地区朗诵比赛获三等奖。

习近平总书记曾经说过，"到祖国和人民最需要的地方去"，"让青春在祖国和人民最需要的地方绽放绚丽之花"！这一句话是我来到新疆的动力来源。而如今，回看这一段支教之旅，我非常感谢地区领导、老师的厚爱和栽培。我想我没有辜负当初的自己，一直在朝这个目标不断靠近。在今后的日子里，我也会继续努力，沐光而行，追光而遇。

山水一程，三生有幸。一个学期的时间实在太短，如果有机会，我会继续选择加入援疆队伍，让这一份教育情缘再度延续！

擦星星的我：点亮心灵的璀璨之旅

——班主任实习感悟

罗梦嫣

个人简介：我是外国语言文化学院英语（师范）专业的一名师范生。我有丰满的教育理想和教学信念，有很强的责任心，生活与工作中都能够设身处地为他人着想。我希望能够在不断打磨语言教学能力的同时，提高自己立德树人的素养，陪伴每一位学生成长，擦亮每一颗本就闪光的星星。

人生格言：总得有人去擦亮星星。

——谢尔·希尔弗斯坦

在那个被晨光温柔拥抱的九月，我踏上了广州市铁一中学初一（5）班的讲台，心中满载着对教育事业的无限憧憬与敬畏。我相信每一个孩子本身就是会发光的星星，但即使是星星，有时也难免落灰。而我，正是那个手持抹布、怀揣梦想的擦星人。然而，当真正面对这五十个性格迥异、活力四射的孩子时，我的心中却不可避免地涌起了一股忐忑与无措。他们有的活泼好动，有的沉默寡言，有的眼神中闪烁着好奇与求知，有的则带着一丝叛逆与不羁。我深知，每个孩子都是一块未经雕琢的璞玉，需要我用心去倾听、去理解、去引导。但面对如此多样化和复杂化的学生群体，我能否真正走进他们的内心，成为他们成长路上的良师益友，成为了我心中最大的疑问与挑战。

一、遇见小妍：从迷雾中寻回光芒

小妍的真名包含着希望与阳光，但她在初入初中的门槛时，仿佛被一层厚重的迷雾所笼罩。她的眼神中闪烁着好奇与不安，纪律意识的淡薄让她成了课堂上的"活跃分子"，总爱在不恰当的时候插话，仿佛在用这种方式寻找着属于自己的存在感。而我，这个初来乍到的实习班主任，成了她眼中那个"不够分量"的存在。

最令我痛心的是，我发现小妍在听写时作弊。那一刻，我的心像被针扎了一般，既有对她行为的失望，也有对自己能否引导她走出迷雾的疑虑。我决定深入了解这个看似叛逆的女孩。通过带教老师的介绍，我得知小妍的家庭环境并不和谐，父母对她缺乏信任，常

常因为小事对她进行严厉的批评。这种环境下成长的小妍，内心充满了渴望被理解、被看见的需求，却又因一次次地被否定而逐渐失去了自信。

我开始尝试走进小妍的世界，用一颗同理心去感受她的喜怒哀乐。在背书和听写时，我特意为她设置了一些小目标，每当她达成时，都会给予最真诚的鼓励和表扬。我还鼓励她参与班级活动，让她担任值日小组负责人，让她在责任中感受到被信任的力量。渐渐地，我看到了小妍的变化，她开始认真对待每一次作业，课堂上也少了几分浮躁，多了几分专注。更重要的是，她的笑容越来越灿烂，性格也变得更加开朗，仿佛迷雾逐渐散去，内心的光芒开始闪耀。

当我即将结束实习，准备离开这个充满回忆的班级时，小妍的泪水让我动容。她紧紧拉着我的手，说："老师，你知道吗？在小学里，我因为总是犯小错而被老师和爸爸妈妈批评，我觉得自己好像做什么都不对。但是，你来了之后，你让我看到了自己的闪光点，你让我知道，我也可以变得更好。谢谢你，让我在这段时间里找到了自信。"那一刻，我仿佛看到了自己手中那块抹布擦去了小妍心上的尘埃，那颗曾经黯淡的星星，如今正熠熠生辉。

二、陪伴欧阳：从后进到上进的跨越

如果说小妍的故事是关于找回自信与光芒的旅程，那么欧阳的成长则是一段从基础薄弱到稳步提升的奋斗史。初见他时，那张憨厚老实的脸庞上写满了对知识的渴望，但成绩单上的数字却像一块巨石，压在他的心头。欧阳的基础知识掌握得并不牢固，甚至停留在小学三、四年级的水平，但他从未放弃过努力，总是默默地用自己的方式与困难抗争。

欧阳的家庭背景也让我心生担忧。父母忙于工作，很少有时间陪伴他，这使得他在学习上遇到了困难时，往往只能独自面对。有一次，因为父亲太早上班，他又需要父亲送他上学，欧阳起得太早导致头晕不适。得知这一情况后，我立刻陪他到校医室让他休息。这次经历，让我与欧阳之间建立了一座信任的桥梁。

为了帮助欧阳提高成绩，我首先从培养他的学习习惯入手。在英语学科上，我鼓励他勤记笔记，多向老师和同学提问，对他每一次的进步都给予及时的肯定。我还与家长进行了深入的沟通，建议他们尽量抽时间关心孩子的学习，哪怕只是一个简单的问候，也能让孩子感受到家的温暖。同时，我也向家长反馈欧阳在校的表现，让他们看到孩子的努力和进步。

经过几个月的努力，欧阳的英语听写成绩从最初的 20 分提高到了 70 分，这对于他来说，无疑是一次巨大的飞跃。更重要的是，他变得更加自信，开始主动参与课堂讨论中，与同学们建立了良好的友谊。当我结束实习，准备告别这个班级时，欧阳递给我一张亲手制作的贺卡，上面用最认真的字体写着："老师，谢谢你一直以来的鼓励和支持，我会继续努力，不辜负你的期望。"那一刻，我仿佛看到了欧阳心中的那颗星星，正由微弱变得明亮，照亮了他前行的道路。

三、班级管理的艺术：从无序到和谐

在实习期间，我深刻体会到了班级管理的艺术。一开始，面对一群活泼好动、个性迥异的学生，我感到有些手忙脚乱。但很快，我学会了如何建立明确的班级规则和秩序，让学生在日常行为中有所遵循。同时，我也注重团队建设，通过组织各种班级活动，如小组竞赛、户外拓展等，增强班级凝聚力，让学生感受到集体的温暖和力量。

在处理学生间的冲突时，我始终保持公正和耐心，倾听双方的意见，引导他们以和平的方式解决问题。这些经历让我更加坚信，班级管理不仅是一门技术，更是一门艺术。它需要我们用心去倾听、去理解、去引导，让每一个孩子都能在和谐的环境中茁壮成长。

四、家校沟通的桥梁：从隔阂到理解

家校沟通是班主任工作中至关重要的一环，它如同桥梁，连接着学校与家庭，共同承载着孩子们的成长梦想。在实习初期，我面对家长时，总感到有些生疏和隔阂，仿佛我们之间隔着一层看不见的薄膜。然而，我深知，要想真正走进孩子们的世界，就必须先与家长建立起信任的纽带。

为了提升家校沟通的效果，我虚心向带教老师请教，学习如何在家长群中发送信息，如何措辞和用什么形式能够让工作繁忙的家长们一目了然地跟进孩子在学校的表现，既能让家长及时了解到孩子的在校情况，又能避免信息的冗余和打扰。我还掌握了家访和电访的技巧。通过面对面的交流，我能够更深入地了解每个家庭的教育环境，以及家长对孩子的期望和担忧。

在与家长沟通的过程中，我始终保持着耐心和细心。我深知，每个孩子都是独一无二的，他们的成长节奏和方式也各不相同。因此，在关注孩子自身问题的同时，我也巧妙地引导家长转变心态。对于那些过于心急的家长，我会耐心地解释，踏踏实实的进步更加可贵，需要时间和耐心的积累。而对于那些过于放纵孩子的家长，我会强化他们作为孩子引路人的身份意识，给予他们肯定和鼓励，让他们能够与学校紧密配合，共同为孩子的成长护航。

在与家长的紧密合作中，我深刻感受到了他们对孩子成长的深切关注和期待。我们携手同行，共同为孩子们撑起了一片广阔的天空，让他们在爱与关怀中茁壮成长。

五、自我成长与反思：从青涩到成熟

这段实习经历，不仅让我学会了如何成为一名优秀的班主任，更让我在自我成长的道路上迈出了坚实的一步。面对挑战和困难时，我学会了坚持和勇敢；面对学生的进步和成功时，我学会了感恩和珍惜。同时，我也深刻反思了自己的不足和需要改进的地方，如处理突发事件时需要冷静与果断、与学生建立情感联系时需要细腻与耐心等。

在未来的教育道路上，我将继续秉持"擦星星"的理念，用心去倾听每一个孩子的心声，用爱去照亮他们前行的道路。我相信，只要我们用心去擦拭每一颗星星，就能让它们在未来的天空中绽放出最耀眼的光芒。

如今，当我再次回望那段实习时光，心中充满了感激与自豪。感激那些与我共同成长的孩子们，是他们让我看到了教育的力量与美好；自豪于自己能够成为他们成长道路上的引路人，哪怕只是短暂的陪伴，也足以让我的人生因此而精彩。

未来的日子里，我将继续以一颗热忱的心投身于教育事业中，用爱与智慧去点亮更多孩子的未来。因为我知道，每一个孩子都是一颗独特的星星，他们有着自己的光芒和潜力，等待着我们去发现、去挖掘、去点亮。让我们携手同行，在这片璀璨的星海中，共同书写属于每一个孩子的辉煌篇章。

播种梦想的季节

——一年级（7）班班主任工作的点滴与感悟

杨晴茜

个人简介：我是华南师范大学文学院汉语言文学（师范）专业的杨晴茜。在教育实践中，我发现小学生的世界充满纯真与活力，需要教师既有"惊涛拍岸"的魄力去引导他们养成良好的习惯，也有"润物细无声"的耐心去呵护他们的童心。我深感责任重大，也希望能在教育的田野中为孩子们播种梦想的种子。

人生格言：教育如园艺，每一棵幼苗都值得用心呵护。

一、第一声"老师好"——小学班主任工作的开端

"杨老师好！"当四十多张稚嫩的笑脸齐声喊出这句话时，我的心中涌起一阵暖流，也隐隐感受到肩上责任的分量。清晨的阳光透过教室的窗户洒在课桌上，孩子们或专注或好奇的目光定定地望着我，有的嘴角挂着微笑，有的忍不住悄悄打量着这位新来的"老师姐姐"。这一刻，我既感受到一种被期待的喜悦，也意识到作为一名班主任助理肩负的重要使命：这是他们小学生活的起点，也是我教育实践的开端。

一年级的孩子们天真活泼，像一群叽叽喳喳的小鸟，充满了对世界的好奇与探索精神，但他们的行为习惯尚未养成，课堂上坐不住，课间奔跑追逐，偶尔因为小事争执……这些细节无时无刻不提醒我，他们正处于人生关键的启蒙阶段。此时，教师的每一句话、每一个动作，甚至是一个眼神，都会深深印刻在他们的记忆里，并潜移默化地影响他们的成长。

面对这些天真烂漫的小身影，我的内心充满了期待，也有一丝紧张和忐忑。我开始思考，如何才能既维持班级的秩序，又不压抑孩子们的天性？如何用规则去约束他们的行为，又让这些规则成为一种自然的生活习惯，而不是令他们畏惧的条条框框？同时，我还需要在他们的争吵中发现彼此的需求，在他们的泪水中寻找共情的桥梁，用一份真诚和细腻，陪伴他们走过这段适应与成长的关键时期。

初为班主任助理的我，也深知教育不仅仅是"教"，更是一场关于爱的陪伴与引导。我希望自己的引导有"惊涛拍岸"的力度，让规则和习惯成为孩子们成长的基石；也希望自己的陪伴有"润物细无声"的温暖，让他们感受到被尊重和关怀。在这片充满可能性的教育田野上，我将尽己所能，呵护每一颗小小的种子，为他们的成长提供阳光与雨露，让他们向着更好的自己一路前行。

二、理念与思路：规则与关爱并重

（一）反复巩固：让规则成为习惯

在一年级的教育工作中，我坚持"规则为纲，关爱为魂"的理念，用明确的纪律约束行为，用耐心和鼓励塑造心灵，力求为孩子们构建安全、有序、愉快的成长环境。

1. 推行规则：培养秩序感与责任感

一年级的学生正处在行为习惯养成的关键期，对于规则的理解更多依赖具体情境的感知与反复练习。在日常班主任助理的工作中，我发现，仅仅依靠语言的讲解难以让孩子们真正明白规则的意义，必须通过生动的示范和游戏化的方式，让规则变得有趣而易于接受。为此，我设计并实施了班级常规管理的"四部曲"，在一个学期内逐步实现了从无序到有序的转变。

2. 明确规范：将规则融入生活

刚开始接手一年级（7）班时，孩子们对基本行为规范并不熟悉。例如，上课时有的孩子忍不住插嘴；下课后总是跑着追逐嬉戏，甚至有时候引发小冲突。针对这些情况，我通过情景演示与互动游戏，将枯燥的规则融入具体的生活情境中。例如，我和班主任老师设计了"课堂举手"情景剧：邀请几名学生表演错误示范，再由其他孩子指出问题；接着，由我亲自示范正确的举手姿势，并带领全班反复练习。为了让规则深入人心，我还给它们取了生动的名字，比如"安静小手""排队长龙"等。渐渐地，孩子们不再视规则为负担，而是将其作为集体生活的一部分。

3. 奖惩分明：激发积极行为

为了巩固孩子们的好行为，我设计了"班级小星星"奖励机制。表现优秀的孩子可以得到星星卡，例如认真听讲、上课举手发言、主动帮助同学等行为都可以被奖励。当星星卡累积到一定数量时，孩子们可以用它来兑换"特别奖励"，例如参与"故事会小主持人"活动，或者在班级里展示自己的才艺。这个机制很快在班级中产生了积极影响，尤其是对一个原本有些调皮的男孩小轩。起初，他总是忍不住在课堂上和周围同学讲话，但在一次得到奖励后，他兴奋地说："老师，我也可以变安静了！"接下来的几周里，小轩的课堂表现逐渐改善，最终成为班级里举手最积极的孩子之一。

经过一个学期的努力，班级的整体风貌焕然一新。孩子们从最初的懵懂无序，到后来懂得遵守规则、互相帮助，甚至在老师不在场的情况下也能保持良好的纪律。一位家长在家校沟通会上对我们说："以前我的孩子吃饭总是边吃边玩，现在每次在家都会提醒我们

'要吃光光'。"这样的改变让我深刻体会到，推行规则不仅是在塑造班级的秩序，更是在帮助孩子们养成终身受益的良好习惯。

（二）春风化雨：呵护孩子的成长与心灵

一年级的孩子刚刚进入学校生活，他们从原本熟悉的家庭环境中走出来，进入一个全新的集体，内心往往充满了不安和焦虑。这时，教师不仅仅是规则的制定者，更是他们情感的寄托和安全感的来源。尤其是在孩子们面对新的挑战和困惑时，教师的一句温暖的话语、一个关怀的动作，都可能会成为他们坚持下去的力量源泉。在班主任助理的工作中，我尝试扮演"班级妈妈"的角色，真诚和细腻地呵护每个孩子的成长与心灵。

1. 从第一声"早安"开始建立联结

每天清晨是与孩子们互动的重要时刻。当他们踏入教室，我会蹲下来与他们的视线齐平，微笑着问一句："今天心情怎么样？"如果看到孩子情绪低落，我会轻声询问："是不是有什么不开心的事？告诉老师好不好？"通过这样的小互动，我不仅了解了他们的情绪动态，也让他们感受到老师的关注与关怀。一次，我注意到小雨低着头走进教室，脸上没有往日的笑容。我主动拉住她的手问："小雨今天怎么了？是不是有什么心事呀？"她犹豫了一下，低声说："我早上出门的时候忘记跟妈妈说再见了，现在很想妈妈。"我立刻蹲下来安慰她："没关系，下课的时候我们可以一起画一张画送给妈妈，好不好？"小雨的情绪虽然还是很低落，但是也好转了一些。从那以后，她每次上学都会主动向我打招呼，也逐渐变得开朗。

2. 用行动传递温暖和支持

对孩子们来说，安全感不仅来源于语言上的安抚，更需要教师用实际行动传递支持和陪伴。例如，每次下课铃响起，操场上就会热闹非凡，孩子们追逐打闹，偶尔会磕碰摔倒。当我看到这种情况，会第一时间跑过去，轻轻抱起受伤的孩子，检查伤口并及时处理。同时，我还会蹲下来与其他孩子沟通："我们应该怎么照顾受伤的小伙伴呢？"通过这些细节，孩子们逐渐学会了在集体生活中关心他人。记得有一次，小浩在课间不小心摔倒，周围的孩子迅速围过来，有的帮他捡起书本，有的跑去叫老师。这让我感到非常欣慰，因为这些日常的点滴关怀，已经在孩子心中种下了互助的种子。

3. 用心呵护，让孩子感受爱

"春风化雨"不仅是一种教育理念，更是一种行动力。对于一年级的孩子来说，他们可能不记得我教过的具体规则或方法，但一定会记住老师的微笑、拥抱和支持。这种情感上的联结，不仅帮助他们更好地适应学校生活，也成为他们心灵成长的一部分。我坚信，爱与陪伴是教育最有力的武器，只有用心呵护，孩子们才能在爱的滋养下茁壮成长。

三、亮点工作：活动为引，推动多元成长——"值日班长"流动计划

小学教育不仅要注重知识传授，更要让学生在活动中学会合作与表达，激发他们的潜能。在一年级（7）班，我通过设计多样化的班级活动，培养孩子们的集体意识与创造力。

在一年级班级管理中，我发现孩子们对"被需要"和"被信任"有着天然的渴望，这种渴望是培养责任感的重要基础。为此，班主任老师和我设计了"值日班长"轮值制度，每天由不同的学生担任"班级小助手"，协助老师完成一些简单的任务，例如考勤、发放作业、维持排队秩序等。这个制度不仅有效增强了孩子们的责任意识，也在潜移默化中培养了他们的自律意识和团队合作精神。

计划推行初期，我特意为每位"小班长"制作了一枚胸章，上面写着"今天我值日"几个字，并贴上可爱的卡通图案。每当我为某个学生佩戴上胸章时，他或她的脸上总是洋溢着自豪的笑容。一天，小乐担任班级小助手，我请他在早晨带领大家进行考勤。他小心翼翼地拿着点名册，模仿我的语气一一念出同学们的名字，虽然声音有些颤抖，但他认真的神情让全班都忍不住为他鼓掌。点名结束后，他兴奋地跑过来对我说："老师，我也能像你一样当小老师啦！"

随着轮值计划的进行，孩子们对班级事务的热情逐渐高涨。有的孩子主动提出要整理讲台上的书本，有的孩子愿意在课间帮忙关灯。原本有些散漫的班级氛围也变得更加有序。最让我感动的是，小陈在一次轮值时，自发为班级记录了一些"工作心得"，写下了自己的感受："今天我是班级小助手，我觉得做事情要认真，不能偷懒，因为大家都在看着我。"她的文字虽然稚嫩，却让我看到了孩子们内心的成长。

通过这个轮值计划，每个孩子都能感受到被信任的快乐，也逐渐理解了责任的重要性。班级不再只是由老师主导的"规矩场所"，而是一个每个人都愿意贡献力量的共同体。

四、成效与体会：点滴改变中的成长

经过一个学期的努力，我看到了一年级（7）班的成长与蜕变。孩子们从最初的懵懂无序到后来的自律合群，从害羞胆怯到主动表达，他们每一点进步都让我感到欣慰。

一次晨读时，一个平时比较内向的男生在讲台上自信地背诵了《悯农》，结束后全班响起热烈的掌声。他走下讲台时，我看到他眼里闪着光。这一幕让我深刻意识到，教育的力量在于唤醒孩子心中的潜能，而教师的责任正是不断发现和引导这种潜能的释放。

五、存在的问题与改进建议

尽管取得了一些成绩，我在实际工作中仍遇到不少问题：

（1）注意力分散的管理难点：小学生专注力有限，如何在活动中兼顾教育性与趣味性，是未来需要进一步研究的方向。

（2）家校互动深度不足：部分家长在教育理念上与学校存在差距，如何引导家长更多参与孩子的成长，是需要继续探索的课题。

（3）个体差异的关注有待强化：面对班级中不同性格和发展水平的学生，我的教育方法尚显单一，需进一步学习个性化教育策略。

六、尾声：在希望的田野上

实习结束的那天，我与孩子们依依不舍地告别。好几个孩子送给我自己做的手工制品，依依不舍地抱着我。那一刻，我感到无比欣慰与感动。

小学一年级的班主任工作让我真切体会到，教育是一个播种的过程。播种希望，呵护成长，无论风雨与阳光，只要用心浇灌，每一粒种子都会在未来某一天开出美丽的花朵。正如我在班级文化墙上写的一句话："愿我们每个人都像小树苗，在阳光下茁壮成长，成为最美的自己。"

在一平方米大的地方，做一百米深的教育
——一名学前教育定向师范生的成长与长成

蓝玉婷

个人简介：我是一名学前教育定向师范生，也是华南师范大学汕尾校区滨海校园培养的第一批定向师范生。在大学前三年的时光里，我不断锻炼自身的学科专业技能，以求更好地为定向地的基础教育事业做出贡献。在为期四个月的实习里，我亲身感受了珠三角地区与粤西地区的学前教育发展差异，深入一线，洗濯磨淬，经历了我的第一次成长。

人生格言：道阻且长，行则将至。

"小朋友们，我是蓝老师，蓝是蓝天的蓝！"四十五双眼睛齐齐看着我，有好奇、有兴奋，更多的是习以为常。刚从珠海的幼儿园结束前一段实习的我仍处于戒断期中，一踏进云浮市郁南县永红幼儿园大 A1 班，我立马从珠海精致温馨的同乐幼儿园环境中被拉回现实——原来，这就是粤西地区县城的幼儿园。在刚开始的第一周里，我都处于强烈的落差感中，原来幼儿园老师的教育方式会因地域不同产生如此大的差异。当同乐幼儿园的小朋友阅读精装的高质量绘本时，还有一大部分同龄的小朋友只能阅读简装甚至不符合年龄段的"书本"而非"绘本"，原来珠三角地区与粤东西北地区的学前教育发展差异比我想象中的还要大。

"时代的一颗尘埃，落在个人头上，就是一座山。"深重的无力感直接将我们实习队四名女生完全笼罩：凭我们四个人，真的能改变这个环境吗？没有哪一刻让我觉得自己是如此无能，觉得自己的力量如此微薄。我们真的要赶紧成长起来，扛起作为华南师范大学的师范生、作为定向师范生的这份责任，在"一平方米"大的地方，做出"一百米"深的教育。

一、将心融于"一平方米"，与幼儿生长在一起

对于小朋友和班级的老师来说，我是他们生活的闯入者，我需要先多听听小朋友们在说什么、老师们在说什么，仔细观察他们的一日生活如何开展，才能找到与他们相处的最佳方式，融入这个班级，与幼儿交心，建立信任，将师幼的心融在小小的"一平方米"里。

（一）当幼儿的倾听者

四十五个小朋友构成的班级对于幼儿园阶段来说十分庞大，且主配班老师会分为上下午班，保育员基本不配班，故日常活动仅靠一名教师组织。处于大班年龄阶段的幼儿一日生活的自理活动都能够自己独立完成，但是他们的性格特征逐步凸显，能力差距也逐渐拉大，好奇心已经开始转变为强烈的求知欲和认知兴趣，喜欢提出"十万个为什么"。但是老师只有一个，没办法顾及每个幼儿的个体需求。所以我每天都会有意地与不同的幼儿进行交谈，当一个小朋友们的"夸夸机"，帮助他们发现自己的闪光点，认真听他们叽叽喳喳跟我分享有趣的事情。慢慢地，不用我特意去拉他们聊天，小朋友们也会主动跟我分享。当我看到小朋友们会时不时跑过来拍拍我、在我面前晃来晃去想引起我的注意时，我知道，进入这个班级的"通行卡"他们已经发给我了。

（二）当幼儿的指引者

跟幼儿建立起信任关系之后，我在发现幼儿的问题后，便开始尝试对他们进行适当的引导。班级的小朋友很喜欢跟老师告状。这个告状行为很多时候是幼儿自主解决问题能力缺失的体现。"蓝老师，×××撞到我了""老师，×××不跟我玩""老师，×××在讲话"这已经是一小时内小琳找我告的三次状了，这个小女孩很喜欢贴着我，性格文文静静的，遇到问题的第一想法是来找老师。为此，在小琳第四次找我告状时，我拉着她到身边："小琳，有很多时候我们要试着自己解决问题咯！如果下次看到有小朋友做出不正确的行为时，你可以先跟他/她说这样做是不正确的，然后你就悄悄帮老师看着他/她，你帮我记着他/她后面再犯了几次同样的错误。如果超过了三次，你就告诉老师。如果他/她改正了错误，我们就要原谅他/她了噢！"在这次交谈之后，她慢慢地开始尝试自己寻找解决问题的方式，找老师告状的次数少了很多。

二、把眼望出"一平方米"外，汲四周养分以成长

由于地区教育资源以及教师水平的差异，我在珠海看到的习以为常的自主游戏、项目式课程、规范化的园本课程、以幼儿为主的师幼互动模式，在来到这里以后很少有机会能看见，教师与家长的教育观念也相对较为落后。为此，我把视野放到这"一平方米"以外的地方，总结回忆同乐幼儿园的经验，参与学前教育领域的研讨会等，像海绵一般汲取四周优质的"养分"，抓紧一切可能的机会，将我学到的知识运用到这里。

（一）自我能力锻炼：开展以游戏为主的领域活动

来到永红幼儿园后，我从第二周便接任了班级科学领域的课程。"植物的根"这节课便是我的第一次尝试。我花了一整个周末的时间进行备课，手绘了四十多幅操作材料，准备了五六种植物带到班上。活动开展得很顺利，也得到了班级老师的夸赞，但是她们的一句话让我陷入了反思——"不可能每一节课都按照公开课的要求来准备的"。我紧接着又

上了两节音乐活动课。在这两节课的备课中，我缩减了自己备课的时间，提高了效率。我发现以我目前的能力仍是没办法在短时间内完成这项任务，为此我还是选择先以幼儿的体验感为主，用充足的时间精心为他们准备我的每一次活动。令我高兴的是，幼儿对我开展的每一次活动课的内容都记得很清楚，尤其是"浮与沉"的活动，因为幼儿亲身进行了实验操作，所以他们对每一次的实验结果都记忆犹新。"蓝老师，你上的课都好有趣啊！"仅一句话便让我得到了正向的反馈，也更有动力去坚持。

图1 "植物的根"教学活动

（二）就地取材：幼儿自主游戏的尝试

我们班的小朋友们有一样经常玩的建构材料——彩色纸杯，但是在多次玩耍之后，他们已经形成了固定的玩耍方式，要么搭高塔，要么借助椅子搭"奶茶店"。大部分幼儿仅仅进行平行游戏或个人游戏，少部分发展较好的幼儿能够合作开展游戏。我决定帮他们更新一下玩法，提供"支架"让他们学习开展合作游戏。

在一个偶然的早上，主配班教师都要去开会，我刚好有机会可以带班，所以我决定开展这一次独特的游戏，游戏以小组的形式展开。

图2 幼儿自由操作纸杯材料

我在每组的桌子中间都发放了若干彩色杯子，幼儿需要听我口令做动作，当我喊到"拿×个杯子"的时候，才可以碰杯子。在第一次游戏中，我只让他们每人拿三个杯子，有一些幼儿会悄悄拿多几个搭东西，有一些小组的幼儿可以两两、三三一起搭东西。在第二次游戏中，我增加了一个规则"谁搭的物体最高/最长/颜色最多就获胜"，并继续更新规则"哪个小组搭的物体最高/最长/颜色最多就获胜"，慢慢将获胜的规则从个人变成了小组。在我宣布哪个小组获胜之后，我问其他小朋友获胜的关键是什么，他们通过观察都能发现，是"合作"。我再次重复了这个游戏。这次，每个小组都能合作完成他们的作品。不过，新的问题也出现了，杯子搭得越高，就越容易掉下来。我带着他们一起探讨了怎么样才能让杯子塔搭得更稳，每个小组的小朋友都能够在尝试中提出很多有趣的方法。同时，他们也发现了站在桌子上搭会不安全，而且因为不够高，所以也容易掉，下一次他们就选择在地上开始搭建。其实只要教师适当地介入与引导，即使是很简单的材料，幼儿也能够进行深度思考，进行深度学习，并体验小组合作的乐趣。

三、授教育于"一百米"深，稳立于风雨中成长

当城市里的小孩还在通过多媒体设备和照片来认知农作物，学习二十四节气的时候，县城里的小孩已经走到田野中去闻稻香了。县城和乡镇的孩子身边的自然资源数不胜数，这正是乡镇幼儿园最大的优势，也是将教育做到"一百米"深的关键点。真切体会到这一点之后，我发现了作为定向师范生能为他们做的事情，就是用我们所学的理论和先进知识帮助乡镇的教师做好自然教育，做更科学的自然教育，在实习的过程中我也开始了我的尝试。

（一）在稻田中的自然教育：绘画表征的经验支持

刚到永红幼儿园，正值秋收时节，大班的小朋友们开展了为期半个月的水稻主题活动。老师先在班上展示一扎刚割下来的水稻，让幼儿建立对水稻的初步认识，然后大班级组直接在一个阳光明媚的早上，走进了稻田。孩子们十分兴奋，在大巴上便不止一遍地跟我说"老师！快看！原来稻田是这样的！"一整个上午，他们看到了成熟的水稻、未成熟的水稻、高高的木瓜树、在稻田上穿梭而过的高铁……每一件事物都让这群五六岁的小朋友记忆深刻。

在回到幼儿园之后，孩子们跟着保育员一起学习晒稻谷、脱壳、编稻草鞭，吃白米饭的时候会讨论它之前是什么样子的，甚至连秸秆都能玩很久。他们用秸秆来做拼贴画、玩稻草鞭、跳禾楼舞，真真切切地体会到了丰收的喜悦。在全国消防宣传日当天，他们还外出参观了消防大队和消防博物馆。

图3　体能循环——幼儿耍稻草鞭

这些有意义的活动接近尾声的时候，主班老师问我："蓝老师，明天要给小朋友们做绘画表征，你觉得应该怎么做才好呢？"听到这个问题时，我第一时间想到了我在汕尾市第三幼儿园的时候，给小朋友们做的绘画表征和记录，我立马将这个经验分享给主班，并且跟主班一起组织这一次的活动。"小朋友们，我们这周去看了稻田、参观了消防大队，你们把路上看到的东西都画出来吧！"这一次，我建议主班老师取消示范画的展示，让孩子们自己发挥想象力，用笔画出记忆。孩子们的想法天马行空、五花八门，在画完之后，我让每个小朋友都拿着画，跟我说说他们的绘画故事。令我惊诧的是，他们应该是没有尝试过这样的描述，所以只会用单词、短句来说画上都有什么，但是没办法用连贯的语言来表述自己的绘画意图，这也体现了他们平时在语言表达上的锻炼缺失。为此，我进一步让他们模仿我的句式，学习更完整的表达，记录下他们的每一句话，并排版打印出来，粘贴在他们的画上，展示在班级里，利用幼儿的表征完成这次自然教育的课程逻辑闭环。

图 4 "认识水稻"主题活动幼儿表征

（二）活用身边的自然资源：及时给幼儿提供支架

一个松塔就能做很有趣的自然教育了！孩子们喜欢去幼儿园旁边的大王山森林公园捡松塔，我发现了这个习惯之后，直接让他们带了很多松塔回幼儿园来做手工！

第一次我先是做了一个刺猬和一只小羊，想着让孩子们模仿着做，后面在正式引导他们做的时候，先问了他们觉得可以用松塔做什么，发现他们能想出来很多动物，但是因为我展示的两个范品是刺猬和小羊，并且我精挑细选了样式规整的松塔，他们除了自创了小兔

图 5 松塔黏土创作活动中的幼儿作品

子，就只照着范品做了刺猬和小羊，不过在颜色搭配上还是有了创新！

第二次再进行尝试，我决定减少教师的干预。我先展示了样式不一的松塔，在问孩子们可以做什么的时候，发现第二次尝试中，小朋友们的回答明显丰富了很多，有说要做小鸡的，有说要做蜗牛的，等等，但是他们还是争抢着做样子好看的松塔。我及时进行了介入，拿起一个掉了好几块的松塔，跟孩子们说："你们觉不觉得这个像菠萝的头？可以尝试做一下菠萝呀！"然后孩子们就开始更青睐奇形怪状的松塔了。

最终成品出来的时候，我发现，老师不提供样本和图片的时候，他们做出来的作品更加丰富多彩，一个菠萝的思考方向竟然可以引导他们做出那么多不同样子的"松塔菠萝"，他们将已有的图式，即日常生活的经验进行外化了，而且捏出来的作品更加精致，动手能力更强了！

图 6　幼儿作品展示台设计

四、结语

在永红幼儿园的实习很快就接近尾声了，小朋友们对我的喜欢和依赖越来越深，我也在他们的陪伴下完成了作为一名华南师范大学学前定向师范生的成长。在乡镇这个"一平方米"大的地方，我迫切地想要和幼儿生长在一起，了解他们的所思所想，利用我身边的学习资源，把视野拓宽到"一平方米"以外，像一块海绵一般汲取优秀的理论与实践经验，慢慢探索出能将教育扎根到"一百米"深的途径，逐渐长成一名合格的学前教育一线老师，在"一平方米"大的地方，做"一百米"深的教育。

在爱与宁静中成长

陈春诺

个人简介：我是文学院汉语言文学（师范）专业的一名师范生。怀揣着培养未来花朵的梦想，我致力于成为一名优秀的语文教师。

我热爱文学，相信文字的力量能够启迪心灵、传承文化。在我所热爱的阅读和慢跑中，我找到了平衡身心的方式，这让我更加坚信教育是一场身心的修行。

我相信，教育不仅是知识的传递，更是灵魂的触动。我期望通过我的努力，能够激发学生们对知识的渴望，培养他们独立思考和批判性思维的能力。我愿成为他们成长路上的引导者，帮助他们发现自我、实现潜能。

人生格言：纵有疾风起，人生不言弃。

在惠州市第一中学（以下简称"惠州一中"）的日子过得飞快，在这短暂的两个月中，我度过了人生中难以忘却的时光。

两个月前，我带着一颗憧憬的心来到这里，怀揣着一个简单的愿望：如果能留下来教书，那该多好。我带着这样的念头踏上了这片土地，而这里也真的让我感受到最大的美好。在这里，我摆脱了暑假的焦虑与内耗，甚至比在大学期间更加快乐。

这里的建筑真的很美，光是身处在这样的环境里，我就能感受到一种前所未有的宁静。

无论是每天早上6点多醒来，推开宿舍门看见的第一缕阳光，还是晚上10点半在教学楼熄灯后，穿过长长的操场回到宿舍，都能给予我无限的美的感受。

在惠州一中的日子虽然忙碌，但总能给人一种安宁的感受。我像躺在母亲的摇篮里的小孩，在这里恣意地汲取着天地的精华。后来忙着参加教师招聘考试的忙碌的日子里，虽然少了许多繁重的工作，但已没有在惠州一中时那样的宁静。无论如何，每当我再次想起这段学习经历，我内心都会涌起一股宁静的暖流。这里的风很凉快，太阳很可爱，老师很亲切，学生也各有各的活力。

在实习中，我感触最深的是我的带教老师——胡老师。她总是用一种温和、踏实、勤恳的态度投入到教育工作中，带着满腔热情，却从不急躁。

她就像慈母一样，会和我说许多道理，比如在我不知道如何和学生相处的时候，她告诉我要包容地看待每个学生；在我因为参加教师招聘考试而焦虑、不敢一个人出门住酒店的时候，她告诉我中国是世界上最安全的地方，不用害怕。

一个老师的智慧不是靠言语告诉你的，而是以身作则做给你看的。我很感谢胡老师在办公室给我安排了一个座位，让我可以近距离地观察优秀教师的言行示范。我很难说清楚在胡老师身上，我究竟收获了多少启发，又有了多少进步。每当她一到晚自修便叫班干部出来讨论班级管理事务的时候，每当她在课堂上用平静温柔的目光注视着台下的每一个学生的时候，每当她在办公室里始终用同样的热情对待所有的学生的时候，每当她严厉地批评学生，但是又有理有据而充满了克制，始终不在批评中夹杂个人情绪的时候，她的所有智慧就在我心中埋下了一颗小小的种子，只等着有一天发芽长成参天大树。

胡老师是让我十分依恋的人，我想我在惠州一中如此轻快，就像展翅飞翔的鸟儿一样，离不开她的庇护。每当我犯了错，她都会严肃地指出来却不带任何个人情绪，也不会因此改变对我的情感态度；如果我做得好，她也会平静中肯地赞美我。尤其在我给孩子们上完课后非常颓废的时候，我总是因为上不好而想哭，眼泪汪汪。每到这时，胡老师总会用一种温柔的目光静静地看着我，既不怎么安慰，也不说些其他的话语。胡老师总是特别有分寸，她既不像是长辈，也不像是平辈的朋友。与其说我们两人亦师亦友，不如说那更像是一种师姐对师妹的尊重，是一个人对一个人平等的尊重，而不带有其他的色彩。

我永远会记得见到她的第一天，那是在实习会议上。那天，惠州一中给华师、北师的实习生开了一场欢迎会议。我没有像其他的实习生一样，提前加老师的微信，想着见面了再加。那个时候主持人已经把所有老师都介绍了一遍，我也已经看见了她。等到大家自由解散、各自寻找带教老师的时候，我看到她正和前面一个老师聊天。她笑吟吟地问那个老师，你认不认识我的实习生，她叫春诺。我清晰地看见了她的口型，心中一阵温暖。我跑过去和她相认，她说她也是华师汉语言文学（师范）专业的，看到我也是华师汉语言文学（师范）专业的总觉得非常亲切，让我把她当作师姐就可以。

我想，在我心里，胡老师不仅是师姐，更是我的母亲。我在她的庇护和指点下成长，每一次授课都比上一次更加从容，更有教育风范。我与她一同做了许多事情，而这些事情回想起来都格外地有意义。

例如，我们曾一起开发和实施校本课程"人文惠州"。这门课程的目标是让学生深入了解惠州丰富的文化遗产和现代发展，从而培养他们的地域认同感和文化自信。

在这门校本课程的备课之初，胡老师和我坐下来，仔细讨论了惠州的历史、文化、经济和社会发展等多个方面。我们决定将课程分为四个模块：惠州历史概览、惠州文化遗产、惠州现代发展和惠州民俗风情。每个模块都包含了理论学习和实地考察两个部分。在准备惠州历史概览模块时，我们深入研究了惠州从古代到近现代的历史变迁。胡老师分享了许多珍贵的历史资料和个人见解，让我对惠州这个城市的历史有了更深入的了解。我们决定通过讲述惠州历史上的重要事件和人物，让学生感受到历史的厚重感。

在这门课上，我的教学思维也得到了极大的发展。

例如，在备课过程中，我思考了如何将抽象的历史知识转化为学生能够直观感受和理解的内容。我意识到，单纯的历史叙述可能无法吸引学生的注意力，因此我提出了使用故

事化的教学方法，将历史事件和人物故事化，让学生在听故事的过程中学习历史。胡老师对此表示赞同，并补充说，我们可以通过角色扮演和情景模拟等互动活动，让学生更加深入地体验历史。

在教学过程中，当我们进行到惠州文化遗产模块时，我利用多媒体展示了大量的图片和视频资料，让学生直观感受到惠州文化的美。胡老师还邀请了一些民间艺术家来课堂进行现场表演，如惠州的木偶戏和舞龙舞狮，这些活动让学生对惠州的传统文化产生了浓厚的兴趣。记得有一次，一位木偶戏艺术家来到课堂上，向学生们展示了惠州木偶戏的独特魅力。学生们被木偶戏的精湛技艺深深吸引，课后纷纷围住艺术家，询问关于木偶戏的各种问题，表现出了对传统文化的极大热情。

为了让学生更直观地感受惠州的文化，我们还组织了多次实地考察活动。我们带领学生参观了惠州的一些历史遗迹和文化景点，如西湖、红花湖等。在这些地方，学生们不仅能够亲眼看到惠州的历史风貌，还能听到导游对这些地方历史背景的详细讲解。

除了课堂教学和实地考察，我们还鼓励学生进行项目研究。学生们可以选择自己感兴趣的惠州文化主题进行深入的研究，并在课堂上进行展示。这些项目研究不仅锻炼了学生的独立思考和研究能力，也让他们在探索中发现了惠州文化的多样性和独特性。例如，一个学生小组选择了研究惠州的传统小吃，他们不仅在课堂上介绍了惠州小吃的历史和文化意义，还亲手制作了惠州小吃，邀请全班同学品尝。这个活动不仅让学生们对惠州的传统小吃有了更深的了解，也让他们体验到了惠州文化的趣味性。

随着课程的深入，学生们的反馈也越来越多。他们开始主动与我讨论惠州的文化现象，甚至在课余时间还自发组织了一些与惠州文化相关的活动。这些积极的反馈让我深感欣慰，也让我看到了教育的力量。学生们不仅学到了知识，更重要的是，他们学会了如何去探索和欣赏自己的文化根源。

在课程的后期，我们还邀请了家长参与到"人文惠州"的课程中来。我们举办了一次家长开放日，让家长们了解孩子们在课程中的学习和收获。家长们对这门课程给予了高度的评价，他们认为这门课程不仅让孩子们了解了惠州的文化，还增强了他们的文化自信。家长们的支持和参与，让这门课程更加生动和有意义。

通过这次"人文惠州"的校本课程实习，我深刻体会到了教育的力量。我认识到，教育不仅仅是知识的传授，更是文化的传承。作为教师，我们有责任去引导学生了解和欣赏自己的文化，让他们在探索中发现自己的价值和意义。而这一切深刻的、远远超过书本的体会，也是胡老师所带给我的。最遗憾的是我没能在她的指导下多上几节课，否则的话，也许我会成长得更快。

除了我的带教老师胡老师给了我毕生难忘的体验，惠州一中的学生也给了我诸多的启发。真诚地说，我在他们身上重新看见了从前十六七岁的自己，找回了从前的自己的初心。

在这个早上6点起、晚上12点睡的地方，我每天的作息都很规律，没有懒觉可睡，但我也每天都睡得很好，完全不同于在大学时彻夜失眠、掉发严重的状态。学生们活泼、礼貌而好学。我带的两个班，一个是高二（23）班，一个是高二（14）班。（23）班的学生，安静且有礼貌；（14）班的学生嘻嘻哈哈，喜欢逗我玩儿，吵吵闹闹。每次看见他们，我就会想起明日的朝阳，觉得祖国的未来有他们，实乃幸事。

在课上课下都沉默不语的（23）班上我学到了非常重要的一课，那便是尊重学生真实的想法。

那个时候我要上班会课，我便一一询问学生们有没有什么想听的主题，但无论怎么问，他们都说没有。问多了几个问题，我难免有一些厌倦，觉得他们沉闷无趣。但是胡老师很严肃地反驳了我的观点。她教导我，其实学生说没有什么想听的，就是他们真实的想法。作为教师，切记不可试图人为地操纵学生们的想法，而是要接纳他们的真实念头，因为每个班都会有各自的特色，作为教师，要看到学生们的闪光点。在那一刻我感到深深的惭愧，也庆幸发生了这样的事情，又恰好有这样的良师指导我。

而活泼热闹的（14）班治愈了我。一开始面对从学生到老师身份突如其来的转变我总有些不适应，也害怕去教室面对陌生的学生，早读的时候站在讲台上总感觉自己在罚站，有种手足无措的煎熬感。但我一踏进（14）班，学生们便会用热情的笑脸和我谈天说地，后排的女学生会主动给我腾出位置，招呼我过去她旁边坐着；男孩子们嘻嘻哈哈地问我玩什么游戏，每个人都拿出早餐要和我分享。他们治愈了紧张不安的我，也给了我时间和空间进行身份的转换。

我也开始思考，作为一名教师，我应当如何根据（14）班和（23）班的不同学情，因材施教地进行教学。于是，我所上的"兼爱"这堂课给了我一个实践的契机。

图1 "兼爱"教学课堂

在这两个班的教学上，我采用了不同的方法。

（23）班的学生性格内向，不善于表达，因此我选择了启发式教学方法。在讲授"兼爱"时，我首先通过提问激发学生的思考，例如："你们认为墨子提出的'兼爱'与我们日常生活中的爱有何不同？"这样的问题旨在引导学生深入思考墨子的思想，并鼓励他们表达自己的看法。

在课堂上，我鼓励学生进行小组讨论，让他们在小组内分享自己的观点，并推举代表在全班面前发言。这种方式让那些平时不愿意发言的学生也有了表达的机会，同时也培养了他们的团队合作能力。通过这种方式，（23）班的学生逐渐敢于表达自己的观点，课堂氛围也变得活跃起来。

与（23）班不同，（14）班的学生活泼、外向，喜欢参与课堂互动和小组讨论。在讲授同一课时，我采用了互动式教学方法。我设计了一系列与课文内容相关的游戏和活动，让学生在玩乐中学习墨子的思想。

例如，我组织了一个模拟辩论会，让学生扮演不同的历史人物，就"兼爱"与"仁爱"的问题进行辩论。这种活动不仅让学生更深入地理解课文内容，还锻炼了他们的思辨能力和口头表达能力。（14）班的学生在这种互动式教学中表现出极高的热情，他们积极参与，课堂氛围十分活跃。

此外，这两个班的学生成绩不同，学习能力也大相径庭。（14）班的学生成绩比较好，因此我在讲授的时候重点对文本进行时代的深入挖掘；而（23）班的孩子基础一般，我在讲解文本的时候不仅会多留一些时间给他们记笔记，还会进行课堂的总结和复盘，并且在讲解完文言文大意之后让他们朗读一遍翻译。也正是这样的实践，让我真正明白了教学法中所说的"因材施教"是什么意思。

正是因为有他们的善良和欢迎，给了我时间进行身份的转换；而我也用更出色的教学和课堂回馈他们，让他们将知识真正学进去——我想，这又何尝不是一种师生之间的双向奔赴？师生之情的珍贵，也正是源自此。这种信任和依靠，令老师与学生一起成为更好的自己，并在与彼此的相处中不断成长。

随着实习的结束，我带着满满的收获和不舍离开了惠州一中。这段经历不仅让我在教学技能上得到了锻炼和提升，更重要的是，它让我深刻体会到了作为一名教师的责任和使命。我在这里学到的不仅是知识，更是如何去理解、尊重和引导每一位学生，让他们在成长的道路上找到自己的方向。

在惠州一中的每一天都充满了爱与宁静，我在这里被爱与宁静浇灌，慢慢成长，变成更好的自己。这段经历将成为我职业生涯中最宝贵的财富，我也将带着胡老师的教诲，以及与学生们共同度过的点点滴滴，继续前行。

在未来的日子里，无论我身在何处，惠州一中的记忆都将伴随着我。我会将在这里学到的宁静、智慧和爱传递给更多的学生，让他们明白，这个世界上有更多更广阔的地方，比如他们的脚下——狭窄的寸土上，也蕴含着巨大的能量，学生们更加广阔的未来也正凭借着他们的勤奋刻苦而诞生于此。

凡是过往，皆为序章

罗晓兰

个人简介：我是文学院汉语言文学专业的一名师范生，爱好阅读与写作，性格热情大方，做事认真负责。教育是一个慢过程，需要耐心与智慧，更需要一颗热爱学生的心。我是罗晓兰，我的梦想是前途赶上，步步进取，成为更好的自己和一名优秀的语文老师！

人生格言：**质胜于华，行胜于言，实干为要，奋斗以成。**

时光荏苒，转眼间我在佛山市顺德区第一中学（以下简称"顺德一中"）为期两个月的教育实习已步入尾声。回顾这个启程与收获的季节，内心感慨良多。这一程，我遇到了很好的带教老师，很好的实习小伙伴，以及正值青春年华很好的学生。同他们的邂逅，让短短的两个月成为了我独特而深刻的回忆。

图 1　2024 年秋季华南师范大学本科实习生赴顺德一中实习队伍大合照

一、勇敢地启程

犹记得初到实习学校的那天下午，我与新结识的实习小伙伴安顿好行李后，一起熟悉校园环境。暖橙色的夕阳拉长了地面上我们灰色的影子，仿佛连空气中都满溢着陌生而新鲜的气息。

怀揣着对实习生活的憧憬与不安，看着顺德一中风雨长廊上空一条条印着高三学子青春寄语的横幅，我脑海中尘封已久的有关高中的回忆被唤醒了。校园内，学生们或三五成群，或孑然一身匆匆地赶往教室，他们的脸上洋溢着青春的活力，这一切都让我深感自己肩负的责任重大。

我被分配到高二（6）班担任语文实习老师和实习班主任。

当我第一次在班里做自我介绍时，面对着学生们一双双好奇的眼睛，我的手心不自觉地冒汗，声音也因紧张而略显颤抖。初来乍到的我是局促的、不安的，但两名指导老师和（6）班的同学们很友善地接纳了我。

那天刚好是教师节，下课后我在教室外等班主任导师。这时班里一个高个子男生走过来，给我抓来一把小零食，笑着说："老师，教师节快乐！"他的善意让我感到意外和惊喜，也扫去了我的一些不安。而后班主任导师又特地安排两名同学给我送了一束花，我知道那是学生送给班主任自己的，但她非常细腻地照顾到了我这位"新老师"的感受，于是让学生把花转送给了我，这让我更加感动。

那天晚上，我带着那束花回到办公室，把花放在了我的工位旁边，一抬眸就能看到。

适应期的焦虑如影随形。面对复杂的教学任务、烦琐的班级管理以及与学生、导师的沟通磨合，我常常感到力不从心。学生宿舍硬邦邦的床板也让人夜不能寐，令我感到十分煎熬和难过，甚至萌生了退缩的念头。但是，每当这个时候，我都会想起学生的笑脸和班主任导师送的那束花，他们鼓励我——"教育是一个慢过程，需要耐心与智慧，更需要一颗热爱的心"。那束花一直伴我度过了刚开始最难熬的适应期。

到了实习第二周，我已经基本适应了学生们"早六晚十"的作息，并且逐渐适应自己实习班主任的身份，会按时去教室看早读、巡晚修，走近学生、了解学生。同时我也开始了听课任务，坚持每天去听一节带教老师的课并做好记录；遇到有公开课，还会留下来观摩语文科组的老师们评课。在观摩学习中，我渐渐熟悉了一线教师每天的教学任务，也感受到了不同老师的授课风格。

在我完成了第一篇听课感悟后，学科指导老师李老师把我的文章发表在了他的公众号上，转发时配文"晓兰老师正在前行……"万事开头难，我想，我确实已经迈出了最困难的第一步！

二、沉浸式的体验与收获

我的实习生活是一场沉浸式的体验，从听课到备课再到授课，每一个过程都让我受益匪浅。

（一）听课之旅

实习之初，我有幸观摩了一场场精彩的语文教学。其中给我印象最深的，莫过于不同老师对《论语十二章》的多元解读。

李老师以其深厚的国学底蕴，将每一章都置于孔子思想体系的宏观框架下，抽丝剥茧，让我们看到了儒家智慧在个人修养、社会伦理方面的深刻内涵。

而徐老师则另辟蹊径，从先秦诸子思想的比较视角出发，将《论语》与《道德经》《墨子》等经典相映照，引导学生思考不同哲学流派对于"仁""义""爱"等概念的定义的异同，不仅拓宽了学生的视野，也加深了他们对先秦诸子经典的认识和解读。

彭老师在课上把主动权交给学生，让他们以"黑神话·悟空"为引子，探讨"仁何为仁"的话题，并请学生分享自己的习作，既引导了学生关注和评论当下的热点新闻事件，又能让他们深刻体会到经典文献跨越时空的生命力。

姜老师的公开课则指导学生如何用先秦诸子的思想观照历年高考作文题，通过古今对话，让学生在写作中不仅学会了引用经典，更学会了如何在现代社会背景下用古人的智慧解决当下的问题。

对于《论语十二章》的教授，老师们的教学方式和授课风格多样，却都不约而同地突出了对学生思维能力与人文素养的双重提升，给我留下了深刻的印象，也启发了我在备课中付诸努力的方向。

（二）备课之旅

秋风渐凉，十月悄然而至。国庆长假，当多数人沉浸在假期的悠闲之中时，我却选择了另一条路——提前投入到紧张而充实的备课工作中。我深知，作为一名即将踏上讲台的准教师，备好每一堂课是基础中的基础。

我选定了《春江花月夜》作为我的"首秀之作"，这首诗以意境深远、情感丰富著称，我把如何引导学生领略其中的音韵美、画面美、哲理美、情感美作为备课的重点。同时，我还着手准备了一堂班会课——"青春的选择题：浅谈爱情"，希望能在学生们情感萌芽的关键时期，给予他们正确的引导。

为了这两堂课，我将国庆假期的大半时间都投入到了资料的搜集、教学设计的构思以及PPT的制作上。夜深人静时，我常常独自坐在书桌前，反复推敲每一个教学环节的合理性，力求做到既有趣味性，又能深刻揭示文本内涵。

假期结束后，我带着满满当当的行李又回到了实习学校。在导师的指导下，我继续打磨教学设计，并进行了多次试讲训练。每一次试讲后，我都会对课堂设计进行完善，从内容的深度到时间的把控，从与学生的互动到板书的设计，每一个细节都不放过。

虽然过程中不乏艰辛，但正是这些宝贵的体验，让我在教学设计上更加成熟，对课堂的掌控也更加自信。

（三）授课之旅

在做了充分的准备后，我迎来了教学生涯中的第一节语文课——《春江花月夜》的教学。那天，阳光透过窗户洒在黑板上。我站在讲台，面对着下面满堂的学生们，有些紧张和忐忑。但随着课程的推进，我逐渐沉浸于教学中，享受着真实的课堂。当看到学生们眼中闪烁的光芒，听到他们积极的回应，我知道，那一刻，我成功了。

课后，导师和班里的学生都给予我大大的肯定和鼓励，导师的评价是："不像初登讲台的新手教师，表现得很优秀！"顺利完成了教学生涯中的第一节课，我的心情如江水般

澎湃，激动之情难以言表。

  一周以后，我又进行了第二节语文课——《复活》的教学。相较于第一节课的紧张兴奋，这一次我更加冷静，更加注重观察学生的反应，试图从他们的表情和互动中捕捉教学效果的反馈。课后，我虚心倾听导师对课程细节的评价与指导，认真记录每一处不足，思考如何改进。我意识到，教学不仅是一门艺术，更是一场永无止境的修行，每一次的反思都是向更好的自己迈近一步。

  我还给（6）班的学生上了一节主题班会课——"青春的选择题：浅谈爱情"。这节课的初衷是引导学生正确看待爱情，学会在青春时期做出明智的选择。课堂上，我首先通过"猜歌名"的小游戏引入了主题，然后引导学生分享了自己对爱情的理解和看法。学生们积极参与，踊跃发言，有的讲述了自己身边的爱情故事，有的表达了自己对爱情的憧憬和期待。在互动环节，我设计了一个"青春的选择题"的环节，让学生根据自己的价值观做出选择。通过这个过程，我引导学生思考爱情中的责任、付出和成长，让他们明白，真正的爱情不仅仅是甜蜜和浪漫，更是相互扶持和共同成长的过程。这节课也得到了学生们活跃的互动和回应，课后他们纷纷表示，通过这节课，他们对爱情有了更深刻的认识和理解。我也从他们的发言中感受到了他们对责任的担当和对未来的期待。

  除了语文教学，我还参与了学生课本剧《祝福》的改编和演出指导中，这也是导师给我的一次历练机会。于是我与学生们一起探讨剧本，帮助他们精进剧本台词，同时激发他们的创造力，鼓励他们用自己的方式去诠释角色，让剧本更加贴近现代观众的审美。经过多轮的排练与调整，学生们的表演日渐成熟，最终在学校的初选中脱颖而出，晋级决赛。这段经历不仅加深了我与学生的友谊，也让我深刻体会到了作为教师的另一种幸福——见证学生的成长与突破。

  整个十月，是我实习生涯中一段难忘的时光。从备课到上课，从自我挑战到收获肯定，每一步都凝聚着汗水与努力。我学会了如何在挑战中寻找机遇，在失败中汲取经验，在成功中保持谦逊。我逐渐体会到，教育是一项伟大的事业，它需要的不仅是知识的传递，更是心灵的触碰与成长的陪伴。

三、教育的温度

  有人说"师范生高中实习是一场盛大的青春告别仪式"，不同的校园，不同的校服，但一帧帧闪过的画面都与自己十六七岁时的场景重合起来。时光流转，当年那个风华正茂的少年成了别人青春里的过客，于是我在给学生的明信片里写下那句"羡子年少正得路，有如扶桑初日升"。

  故事的开始，是我路过了他们的青春；故事的结尾，是他们在我镜头里留下最灿烂最明亮的笑容。短短两个月的相处，我和（6）班的学生们结下了深厚的友谊，也在教育实践中收获了许许多多。

  早读晚修的陪伴，让我有机会近距离观察学生的身心状态。清晨，教室里回荡着琅琅读书声，那是青春最动听的旋律；夜晚，灯光下埋头苦学的身影，是对梦想最坚定的追求。同时我也注意到，随着学习压力的增加，个别学生偶尔会流露出疲惫与焦虑，这让我意识到，作为教师，除了传授知识，更要成为他们心灵的引路人，适时给予关怀与鼓励。因此，我会在早读时主动询问"趴桌子"的学生，在晚修时轻声提醒看小说杂志的学生，在课间找状态不佳的学生进行简单的谈话。我相信这些举措可以让学生感受到老师的关注和重视，自然也就会让他们有更高的自我要求和更充沛的学习动力。

作业批改让我见证着学生的成长。作为一名实习语文老师，我有时也会接到批改学生作业的任务。批改学生的练字作业时，我会耐心评语，鼓励字体不够端正美观的学生认真改进，后来他们的练字从最初的歪歪扭扭默默转变到工整有力，我总是被他们认真的态度和一点一滴的进步所感动。学生的时评作业让我看到了他们对社会现象的敏锐洞察与独立思考，虽然观点稚嫩，但那份敢于发声、勇于探索的精神难能可贵。在批改中，我尽量给予每个学生个性化的反馈，希望能在他们心中种下批判性思维与人文关怀的种子。

班级活动让我实践了学生管理工作。十月中旬，高二年级进行了班级间的篮球比赛，作为实习老师，我深知这是一个与学生拉近距离、了解他们性格和品质的好机会。于是作为（6）班的实习班主任，我坚持全程观看了每一场比赛，组织班级学生为本班队员加油助威。同时，我也注意到了参赛学生在篮球场上的优秀表现。有的学生展现了超高的运动天赋，为班级争取荣誉斗志昂扬；有的学生则表现出了良好的团队协作能力，与队友默契配合，共同为胜利而努力。不过，比赛期间也有一些小插曲。在一次比赛中，我班与其他班级发生了冲突。面对这种情况，我迅速冷静下来，及时劝阻了双方学生，避免了事态的进一步升级。紧接着，我向带教老师报告了情况，并协助她处理了后续事宜。通过这次事件，我切实地学习到了学生管理的经验。

回顾过往，我在实习学校的每一天都充满了挑战与收获——从丰富的听课经历中汲取教学智慧，从班级管理的细微处感受教育的温度，从作业的批改中见证学生的成长轨迹。在顺德一中的这些经历不仅加深了我对教育工作的理解，更激发了我对教育事业的热爱与追求。

四、小结

随着日历一页页翻过，我的实习生活也进入了尾声。通过这两个月的教育实习，我深刻体会到了作为一名教师的责任与使命。我深知自己在教学方面还有很多需要学习和提升的地方。因此，在未来的学习和工作中，我将继续保持谦虚谨慎的态度，不断学习和借鉴优秀教师的经验和做法。同时，我也将继续注重教学反思和教学研究，认真分析自己的教学设计和学生的学习需求，不断改进教学方法和手段。

感谢华南师范大学和顺德一中提供这么好的平台，让我得以向优秀教师学习与看齐，得以认识顺德一中这么多可爱、上进的学生，这段实习经历已成为我人生旅途中一段宝贵的财富，深深地镌刻在我的记忆之中。在这里，我不仅见证了知识的传递与智慧的碰撞，更体会到了教育的温度与力量。每一次站上讲台的紧张与成就感，每一次与学生深入交流的温馨与启迪，都让我深刻理解了"学高为师，身正为范"的真谛！

未来无论我身处何方，这段在顺德一中的实习经历都将是我人生旅途中宝贵的锦囊，提醒我不忘初心、牢记使命，继续在教育的田野上耕耘，努力培养出更多有理想、有本领、有担当的时代新人！

音乐梦想启航，实践方得真知

雷佳蓉

个人简介：我是华南师范大学舞蹈学的一名学生。在学习方面，我刻苦钻研，态度端正，坚持以学业为主，严格要求自己。在生活方面，我乐于助人，待人真诚，坚持良好的生活习惯，充实且有条理；积极参加校内外的各项活动，以此增加自己的阅历，提升自己的能力。我勇于自我反思和自我批评，有很强的上进心。当然，人无完人，我还有许多不足的地方，我愿意接受考验，磨炼自己，不断改正自己的缺点，提升自己的综合素养，为更好地建设我们伟大的社会主义国家贡献自己的一份力量。大学生活见证了我的青春与成长，今后我将继续累积知识，迎接未来，在即将踏入社会征途的时刻，以饱满的热情和坚定的信念赶赴下一场山海。

人生格言：知不足而奋进，望远山而前行。

在这个充满生机与活力的夏末，我有幸踏入了华南师范大学附属广州大学城小学的校门，开始了我为期两个月的音乐实习之旅。这不仅是一段关于教学实践的探索，更是一场心灵与艺术的深度对话，让我在音乐教育的广阔天地中，播种希望，收获成长。对于专业为舞蹈学的我来说，这是一次异常新奇与具有挑战性的尝试，我满怀期待与憧憬迎接这来之不易的两个月的实习时光。两个月时间，说长，却也转瞬即逝；说短，却又记忆深刻。

图 1　课堂互动瞬间

一、初识·梦想的萌芽

初到校园，映入眼帘的是孩子们纯真无邪的笑脸和朝气蓬勃的学习氛围。华南师范大学附属广州大学城小学以其先进的教育理念、完善的教学设施以及丰富的校园文化而著称。这里不仅是知识的殿堂，更是艺术滋养的沃土。作为音乐实习老师，我深知自己肩负的责任不仅是传授乐理知识，更重要的是激发孩子们对音乐的热爱，让音乐成为他们心灵的灯塔。踏入小学美育教学的殿堂，我仿佛走进了一个五彩斑斓的世界，这里不仅有孩子们纯真的笑脸，更有美的种子在悄然萌芽。

美育，这个看似简单实则深远的词语，承载了太多关于人性、情感和创造力的期待。在我看来，美育是心灵的启蒙教育。它不仅仅是艺术教育，更是情感教育、人格教育的有机组成部分。在孩子们的成长过程中，美育扮演着至关重要的角色。它教会孩子们如何去爱，如何去感受生活中的每一个细微之处，如何在平凡中发现不平凡。正如苏霍姆林斯基所说："美是一种心灵的体操，它使我们的精神正直、良心纯洁、情感和信念端正。"通过这段时间的教学实践，我对于美育的理解愈发深刻，也更加坚定了我在这条道路上继续前行的决心。

二、融入·教学的探索

实习初期，我积极参与了学校的日常音乐教学活动，从备课到上课，每一步都力求完美。从未接触过真正的课堂教学的我也从一开始的懵懂无措，经过指导老师的悉心指导逐步走向成熟。我学会了如何将复杂的音乐理论转化为孩子们易于理解的语言，通过生动有趣的课堂游戏和互动环节，让音符跳跃在课堂上，让孩子们在欢笑中感受音乐的魅力。我注重培养孩子们的音乐兴趣，通过多样化的教学手段和丰富的教学内容，让孩子们在轻松愉快的氛围中学习音乐知识。我运用游戏、唱歌、跳舞等多种形式，激发学生的音乐潜能，让他们在音乐中感受到快乐与成长。与此同时，为了将美育理念融入日常教学中，我尝试了多种教学方法。我紧扣新课标要求，注重培养学生的音乐素养，通过音乐欣赏、音乐分析等课程内容，提高学生的音乐鉴赏能力和审美能力。比如，在音乐课上，我带着孩子们一起欣赏经典的音乐作品，引导他们去聆听旋律中的情感波动，感受音乐情绪。

特别难忘的是，当我第一次真正走上讲台的那一刻，台下投来的是一道道期盼、好奇又炙热的目光。我很担心自己会紧张，但事实是孩子们的基础素养很高，能够与我对答如流。第一次带领孩子们合唱《嘀哩嘀哩》，那和谐而纯净的童声如同天籁，瞬间触动了我内心深处对音乐最纯粹的热爱，虽然我的专业更多是与肢体活动打交道，但对于音乐的热爱一点都不少。

三、成长·挑战与收获

我的教学目标简单而纯粹，就是要在孩子们心中播种下美的种子，让美育成为他们成长路上的一束光，照亮他们前行的道路。美，不仅仅是视觉上的享受，更是心灵的滋养。我希望通过我的教学，孩子们能学会欣赏美、创造美。更重要的是，能够培养他们拥有一颗懂得感知美、珍惜美的心。实习过程中，我也遇到了不少挑战。如何针对不同年龄段孩子的兴趣点设计课程？如何帮助音乐基础薄弱的孩子建立自信？这些问题时常困扰着我。但正是这些挑战，促使我不断学习、反思与改进。我开始尝试引入更多元化的教学手段，如利用数字音乐软件创作简单的旋律，组织小型音乐会让学生展示自我。这些尝试不仅极大地提升了孩子们的学习兴趣，也让我在实践中逐渐找到了属于自己的教学风格。

与此同时，高强度的教学工作更是让我有过放弃的念头。除去日常教学实践活动之外，我还负责了班级的组织与管理、学校其他事务的组织与协调。校园运动会团体操的排练，便是我在实习过程中遇到的一个大问题：从未接触过此类活动，我该如何去组织排练，点位应该怎么站，位置应该怎么排，道具应该怎么用？这些对于那时的我而言就像一座座大山压在我的背上让我仿佛喘不过气来。幸而学校的老师会手把手带我们熟悉活动，团队里其他的成员会互相配合，让我在放弃的边缘徘徊时寻求到了自己当初梦想成为一名人民教师的初心与信念。教师本就不是一个贪图享乐的职业。作为人类灵魂的工程师，如何去塑造一个有理想信念的人，如何让学生成为更好的自己，都是教师穷尽一生去解决的问题。

四、感悟·音乐的力量

两个月的实习时光转瞬即逝。回望这段经历，我深刻体会到了音乐教育的深远意义。音乐不仅是艺术的表达，更是情感的桥梁。它能够跨越年龄、性别、文化的界限，连接每一个渴望美好的心灵。在华南师范大学附属广州大学城小学的每一天，我都被孩子们对音乐的热情所感染，他们的每一次进步、每一次绽放，都是对我最大的鼓励。

音乐带给学生的永远不只是知识的力量，更多的是升华对生活的热爱以及对美的追求。与其他学科课程不同，音乐教育能够提升学生的科学文化素养，为他们的全面发展奠定基础，帮助他们实现自我美化和完善人格，促进他们的身心健康；音乐教育有助于推动学生的社会参与，促进学生之间的互动，提升学生的综合素质，进而推动校园文化建设；音乐教育能够激发学生的创新思维，培养学生的创造力和想象力，让学生在实践中探索和创造音乐。

总而言之，这次实习不仅使我获得了宝贵的实战经验，更促使我对未来从事这一职业充满了信心与期待。我相信，只要我们坚持不懈地探索创新路径、优化资源配置，并始终保持对每一个生命个体成长需求的高度敏感性，就一定能够让音乐之光照亮更多孩子的心灵世界，助力他们成长为富有创造力与同情心的社会栋梁。

五、结语·梦想的启航

美育的影响，是深远而持久的。它不仅能够提升孩子们的审美素养，更能够激发他们的创造力和想象力，帮助他们形成健全的人格和积极的人生态度。在这个信息爆炸的时代，美育显得尤为重要。它教会孩子们如何在纷繁复杂的世界中保持一颗纯净的心，如何在快节奏的生活中寻找内心的宁静与美好。

回望这段小学教学的实践历程，我深感荣幸与自豪。我深知，以后无论是主教舞蹈还是主教音乐，我的未来都将与美育紧紧相连。美育的道路还很长，但只要我们心中有爱，有对美的追求，就一定能够在这片土地上播种下更多美的种子，收获一个又一个心灵的花园。愿我们都能成为孩子们成长路上的引路人，用美育的光芒，照亮他们前行的道路。实习虽已结束，但我的音乐教育之路才刚刚开始。

这段宝贵的经历不仅让我积累了宝贵的教学经验，更重要的是，它坚定了我在美育领域深耕细作的决心。未来，我将带着在这里收获的一切，继续在音乐与教育的海洋中航行，用心点亮每一个孩子的音乐梦想，让爱与美好在音乐的世界里无限传递。

在打怪中升级，于挑战中成长

李淑玲

个人简介： 我是华南师范大学教育科学学院教育学（师范）专业的一名学生，喜好摄影和手工，摄影与手工的细腻精神融入教育领域，使我成为一个注重细节、富有创造力的教育者。我性格沉稳内敛，热爱教育事业且做事认真负责。我坚信，只有怀揣热爱，才能在教育的道路上不断前行；只有肩负责任，才能培养出有担当、有创造力的学生。人生挑战千千万，我将陪伴学生们一起成长，享受每一次打怪升级的乐趣。

人生格言： 带着热爱和责任在人生道路上打怪升级。

金秋九月，怀揣着对教育的热爱与憧憬，我踏上了一段充满挑战与收获的实习之旅。我的实习学校是坐落在深圳罗湖的翠茵学校。在最初的几周里，我主要是听课、观察，并尝试参与班级的日常管理中。我注意到，优秀的教师们总能以生动有趣的方式吸引学生的注意力，让课堂氛围充满活力。我开始思考，如何才能在未来的课堂上，也做到这一点呢？于是，我开始模仿、学习，并尝试将所学的理论知识与实践相结合。如今，随着实习圆满结束，我愿将这段宝贵的经历细细道来，分享我在课堂教学技巧上的提升与感悟。

图 1 课堂师生互动

一、"火车跑得快，全靠车头带"——理清教学知识逻辑，构建扎实的知识体系

初入实习学校，我面对的是陌生的环境和复杂的学情。我深知，学科知识体系犹如课堂教学的"火车头"，是整节课的底层逻辑。要想成为一名优秀的教师，必须首先理清教学知识的逻辑，确保自己能够准确、系统地传授知识。在准备"观察物体：看一看（一）"这一课时，我整合各方资源，反复琢磨教材，力求将知识点串联起来，形成一个清晰的知识框架，最终形成了"站在不同的位置观察物体，观察到的结果是怎样的？—站在不同位置观察长方体，每次最多可以看到几个面？—相对位置观察到的形状有什么区别和联系？"的问题链，以问题链的形式串联课堂，每个问题下都蕴藏着一个知识点，帮助学生构建知识体系。同时，我也借鉴了带教老师的建议，通过实物演示和动手操作，引导学生自行探索物体的观察方法，让他们在实践中理解并掌握知识。

随着实习的深入，我逐渐学会了如何根据学生的认知水平和学习特点，灵活调整教学策略。在准备"什么是周长"这一课时，我考虑到学生的认知局限，及时调整教具大小，确保学生能够顺利进行测量。通过这一系列的尝试与实践，我深刻体会到，只有构建了扎实的知识体系，才能在课堂上游刃有余，引导学生扎实掌握知识。

二、化身哆啦Ａ梦的百宝袋——统筹多种教学资源，为教学活动保驾护航

人人都有一个"聚宝盆"，每位教师也都有属于自己的"百宝袋"。如何将百宝袋里的宝贝用好、用巧、用妙，是教师们不断探索的课题。

还记得在实习学校上的第一节数学课，第一次上课，我又紧张又激动，提前好几天就开始备课，当时鬼使神差、自然而然地点开了希沃白板设计课件，很"贴心"地插入了知识竞赛拔河游戏，还洋洋得意地想着到时候在课堂最后给小宝贝们一个惊喜！但由于缺乏经验，我在上课之前没有考虑到设备因素，这所实习学校三年级还没有普及希沃白板，仍使用的是幕布，导致我首次授课时遭遇了课件无法在班级电脑上顺利打开的小插曲。与此同时，我也没有准备 PowerPoint 的课件以防万一，好在有带教老师的课件相助。虽然说一名成熟的教师应当具备随机应变的能力，但我不得不承认，当时我是真的慌了，带教老师这个课件可谓是给了我一颗定心丸呀！

这一意外让我深刻认识到课前准备的重要性。自此以后，我更加注重教学细节，每次授课前都会反复检查教学设备，确保万无一失。此外，我还积极统筹多种教学资源，包括多媒体课件、实物教具、网络资源等，力求使课堂内容丰富多元，生动有趣。在准备"什么是周长"一课时，我不仅制作了精美的 PPT，还搜集了大量周长的反例图片，同时设计了互动问答和小组讨论环节，让学生在视觉与听觉的双重刺激下，更加直观地感受什么是周长。此外，我还利用网络平台，为学生提供了丰富的在线学习资源，如微课、科普视频

等，以满足不同学生的学习需求。这些举措不仅丰富了教学手段，也极大地提升了学生的学习兴趣与参与度，为教学活动的顺利开展提供了有力保障。

三、立规矩的"灯塔"——树立课堂威信和规矩，确保教学秩序

树立课堂威信和规矩是确保教学秩序的基础。在实习初期，我通过观察和学习带教老师的课堂管理技巧，逐渐摸索出一套适合自己的管理方式。小学生并不是"指哪打哪的枪"，而是鲜活的学习的小主人，他们可是很会看"事"下菜碟的！所以，在课前我会明确告知学生本节课的学习目标和要求，让他们做到心中有数。在课堂上，我会通过提问、互动等方式引导学生积极参与教学活动，确保他们的注意力始终集中在课堂上。在讨论环节结束时，有时也会采取"小眼睛，看老师""一二三，我坐端"等口令的形式，引导学生快速转换注意力。

同时，我也注重培养学生的规则意识。例如，我会采取"加小红花"的方式鼓励学生认真听讲、积极发言，在上课时我会严格落实这套规则，不直接批评上课交头接耳的同学，而是奖励认真听讲的小组，其他小组的同学自然而然便会受到替代强化，自觉做好分内任务。而对于个别违反课堂纪律的学生，我还会及时给予提醒和纠正，确保教学活动的正常进行。通过这一系列的努力，我逐渐在学生中树立了威信，也确保了教学活动的顺利进行。

四、"把课堂还给学生"究竟要归还什么？——以学生为主体，激发学生的学习动力

调动学生的课堂兴趣是教学过程中的一大挑战，把课堂还给学生是调动学生课堂兴趣的重要举措。在实习过程中，我深刻体会到了这一点。为了调动学生的课堂兴趣，我不断探索新颖、有趣的教学方式，包括小组合作探究、游戏教学、启发式教学等等。例如，在准备培养学生专注力的班会课时，我设计了多个游戏环节，让学生在游戏中感知自身的专注力。其中，有一个听词作画的环节让我至今记忆犹新。我让学生们集中注意力听我描述一个场景或物品，然后让他们根据自己的想象在纸上作画。当学生们看到彼此的作品时，都忍不住笑了起来。他们的画作天马行空，各有千秋，有的夸张搞笑，有的细腻入微，充分展现了学生们的想象力和创造力。这一做法不仅活跃了课堂氛围，还让学生在游戏中领悟到了专注的重要性。

此外，我还注重将课堂知识与学生的生活实际相结合。例如，在教授"什么是周长"这一课时，我把生活中随处可见的树叶打印下来，让生活事物走进数学课堂，学生在小组探索、动手操作的过程中就能自行体悟周长的测量方法。在过程性评价过程中，我通过让学生说教室里的物品的周长来巩固所学知识，让他们在试说的过程中感受到"数学来源于生活，又应用于生活"的思想。通过这一系列的尝试，我逐渐学会了如何根据学生的兴趣和需求来设计教学活动，从而激发他们的学习动力。

"所有的大人都曾经是小孩"，当已经长大的我站在一群小孩面前，命运在此刻形成了闭环：我知道你们有很多小主意，我也想知道你们的小心思，所以我愿意花时间让你们说，看你们做。

　　回顾这段实习经历，我感慨万分。感谢实习学校给予我这样一个宝贵的平台，让我有机会将所学的理论知识与实践相结合；感谢指导老师们无私的关怀与指导，让我在教育的道路上少走了许多弯路；感谢学生们的信任与支持，让我在教育的过程中收获了满满的感动与幸福。三个月的实习经历让我深刻体会到了教育工作的艰辛与不易，也让我更加坚定了成为一名优秀教师的决心和信念。这段旅程中，我不仅学会了如何理清教学知识逻辑、树立课堂威信和规矩、组织课堂氛围以及调动学生的课堂兴趣等课堂教学技巧，还学会了如何与学生相处、如何理解他们的需求和情感。这些宝贵的经验和教训将成为我未来教学生涯中的基石。未来，我将继续努力学习、不断进步，为学生的成长和发展贡献自己的力量。我相信，只要怀揣着对教育的热爱和对学生的关怀，我一定能够在教育的道路上越走越远，成为一名照亮学生心灵的良师。

师者如光，微以致远

潘子彤

个人简介：我是华南师范大学音乐学院本科 2021 级音乐学（师范）专业的潘子彤，喜好音乐与阅读，性格活泼开朗，做事细致、责任心强。我愿在未来继续深耕教育、提升自我，成为学生人生道路上的一盏引路灯。

人生格言：**勇敢撞击世界，正负皆为反馈。**

从夏日炎炎到秋风习习，从刚步入教室的惴惴不安到挥手离别时的依依不舍，虽初为人师，但幸得实习学校里善良耐心的老师们指导和可爱童真的孩子们陪伴，让我在短短的两个月时间内迅速地成长起来。每一位教师都像一束微小的光芒，踏入教室站定讲台开始讲述知识的故事时，孩子们心中稚嫩的种子便得到温暖的照耀，对这种奇妙感受的体验贯穿了我实习的两个月光阴，让我收获颇丰。

图 1 首次独立授课

"纸上得来终觉浅，绝知此事要躬行。"在近两个月里的 12 次听课和 16 次授课过程当中，我深刻感受到师者为光，虽微小却有力量。第一次进到班里听学科导师的音乐课，学生们生动又整齐洪亮地问好和积极踊跃地发言，讲台上的老师仿佛有什么魔力一样总能吸引学生们的注意力与目光。而到了我的第一节授课，整节课只有前十几分钟学生的注意力在我的讲课上，剩下的时间里他们大多开始分神分心，甚至不怎么愿意开口唱歌，而且直到下了课与学生们道别时，他们还是习惯性地喊出了学科导师的名字"徐老师"，却不是向我这个"潘老师"道别，这让我感到很惊讶，也很无奈。和坐在教室后观察了一节课的学科导师交流一番之后，她说道："你上课语气太平了，而且感觉你放不开，缺少对生生互动、师生互动的关注，尤其这是你的第一课。"再联想到我听课中导师上课的过程，我确实缺少了许多互动的环节，这让学生觉得没有太多课堂参与感，作为老师角色的我也失去了光束般的吸引作用。在之后的课堂里我便尝试增加更多让学生自主发现探索、讨论、发言的环节，调整了自己的授课状态，让自己的声音听起来更饱满积极。果不其然，课上学生们看向我的眼睛里有了更多渴望知识、渴望老师讲授的光芒，这让我非常欣喜和满足，第一次体验到为人师、成为学生引路人和"传道授业解惑"之光的快乐。

  授课的过程中，每当开启下一首歌曲的学习之前，我都会对学生前课所学做一个小小的检查。第一次检验学生前课学习成果，当自己不需要给他们任何肢体或口型提示就能听到他们整齐演唱歌曲、按照谱面要求唱出感情与强弱对比的时候，我内心的成就感与欣喜感是无与伦比的，这证明我的授课第一次有了成果，能够在学生的心里和脑海里留下知识的影子。与学生进一步熟悉起来之后，每次音乐课下课总会有那么几个学生挪动着脚步推推搡搡地来到我面前，试探地问些问题或者只是单纯地跟我分享他们碰到觉得好玩的事情，我便会抓住机会多与他们聊聊天，了解他们的个性，了解他们这个阶段的孩子都是怎么看待事情的，这同时也对我管理班级有了一定的启发和帮助。我想，为师者若能用自己的人格品质和授课吸引学生，哪怕只是四十五个幼小的孩子，也是在岗位上散发知识的光芒，照亮这四十五颗幼小的心灵，也是在孩子们前往未来的道路上为他们照亮迈出的最初几步。

  而在整个实习的过程中，我遇到了一个我会铭记一辈子、给了我深深震撼的孩子。他是三年级（3）班的一个普通学生，由于家境困难无法报课外班去系统地学钢琴，家里只有一台37键的小电子琴，买不到乐理书就只能用爷爷淘来的破旧基础乐理课本。但每天回到家完成了作业后，他就会花20分钟以上的时间，伏在键盘数都不齐全的小电子琴上专注地练琴，用破旧的书本自学乐理知识，才三年级就已经学会了我艺考高考时期才接触到的三和弦和七和弦，还能把学校发下来的音乐教材书籍背得滚瓜烂熟，学校里音乐课上教的歌曲他连带作曲作词、创作背景和歌词都记得一清二楚。负责三年级音乐教学的黄老师告诉我，这个孩子只要课余有时间，就一定会带着自己的书或者音乐课本去她办公室，请黄老师教他一些乐理知识或者帮他解答一些自学过程中碰到的疑惑之处，黄老师也十分惜才，一有机会就在晚间托管的时候带他去合唱教室，在立式钢琴上练琴，尽力免费地为他提供学音乐的便利与机会。

  当我与黄老师两人面对面，聆听她讲这个孩子身世的时候，我内心觉得这样有天赋又肯吃苦努力的孩子实在太难得，但这样的家庭情况确实很难给予其物质支持。我从未接触过这样的孩子，也一直觉得这样的事情肯定不会发生在我的身边，也从未真切地在一个人身上看到对音乐如此纯粹的热爱和投入，因此在黄老师告诉我这一切的时候，我实在百感交集。黄老师知道我是钢琴主修生，因此让我为这个孩子上次课，我便马上答应下来。

9月26日的晚间托管，我终于见到了这个孩子。他个子并不高，但还算壮实。一开始他不敢和我搭话，但是单独带他去合唱教室的过程中，与他谈起他学习音乐的内容时他马上跟我熟络起来。坐在钢琴前，我让他随便弹一下自己会的曲子，他一坐到琴凳上便特别安静，只会看简谱的他不仅背全了《一笑江湖》的单旋律，还自己简化伴奏织体、配和声。他没能弹得多好多完整，以一个专业的钢琴学习者的角度来看，他弹琴时的手型不正确、身体姿势也僵硬，但从辅助他学习的角度来看他的演奏，我深知这对只有这点年纪的他来讲，能演奏出他心中喜欢的音乐已经很不容易了。

在一小时的辅导里，他礼貌又怯生生地、小心翼翼地主动问我问题，有乐理上的，也有弹琴上的，他看向我的眼睛里闪着求知、好奇的光。在我的示范和帮助下，他没一会儿就学会了用踏板和基础的五线谱读法，他主动思考理解的能力和接受新知识的速度着实让我震惊。我甚至忘记了拍照记录下这堂严格来讲不能算课的课。哪怕是同校同年级、家庭条件更好的孩子也无法与他相比，多数孩子家里都有钢琴，也上着钢琴课，但据我向各位音乐老师了解到的情况来看，他们大多不会好好练琴，甚至不珍惜学琴的机会反而跟家长闹，这种情况在我大学期间课余做陪练兼职的时候也曾经碰到过，这是目前大多数这个年龄的孩子甚至更年长孩子的现状。但这个三年级的小男孩从未被家境条件和作业消磨学习音乐的热情和主动性，我都无法像他那样痴迷于音乐。

写到这里，我还是很难用系统的语言描述这个小男孩带给我的震撼和影响。他像一只双翅未长满羽毛的雏鹰，在夹缝中探索音乐、求取新知，用热爱音乐的火花一点点引燃成长道路上的路灯，我能感觉到他未来真的能在音乐的道路上走很远。在与他接触的过程中，我也第一次如此愿意向一个人讲这么多专业知识内容，并且与他探讨钢琴和乐理知识。在担任实习老师时能碰到这样可贵的灵魂，我也深感荣幸。我想，对每一位老师来说，能遇到如此有天赋又肯学习肯吃苦的孩子都会是一种幸运，都会感到非常欣喜，这意味着师生能够"双向奔赴"，用知识和美的光照亮彼此，携手走得更远。

在班主任工作的过程中，我更发觉身为一个班级大家庭的大家长，要比往常更加细心和耐心，在班级生活的每个瞬间向每个孩子倾注更多关爱、教育的光芒。当好一位老师难，当好一位班主任更是难上加难，除了做好本职的学科工作之外，还需要抓好班风学风，及时纠正学生的错误，通过班会课、班级活动或其他课余时间引导他们树立起正确的人生观念与价值观念，以身作则、立好班级规矩，教育学生学会用友善的态度对待身边的每个人，善于用发现美的眼睛看待生活，在碰到问题或矛盾时要学会培养分辨是非对错的能力，为未知的未来探索之路做好准备，携手与学生们一同走在光明的人生正道之上。

师者如光，微以致远，这是我为期近两个月的实习工作中最大的感受。在我的第一次音乐公开课后，音乐学院王朝霞副院长对我说要"以终为始"。虽然实习工作已经结束，但这是我成为教师道路上的一个宝贵的开端和起点。在真正成为一名教师、成为一名引路人之前，我要先成为一束光。但距离成为能照亮学生心灵的这束光，我还有很长的道路要走。教育从来都是润物细无声、细水长流的，希望未来我也能在教育的道路上发光发热，为学生们带来更多艺术的美的感受，在他们稚嫩的心中播撒向善向美的种子，引领每一个微小的光点，汇聚成照亮未来的璀璨星河。

在林芝，每一座"雪山"日照大千，"阳光"就洒遍了千年万年

陈逸德

个人简介：我是华南师范大学第十二批赴西藏林芝支教服务队职校分队队长陈逸德。

人生格言：于高山之巅，方见大河奔涌；于群峰之上，更觉长风浩荡。

图1 在汽修系汽车修理班上的第一堂政治课

2024年3月8日，我来到林芝市职业技术学校（以下简称"林芝职校"），开启了为期四个月的支教生活。

报名参加援藏的初衷总是带点理想主义情怀：譬如作为有幸享有过西部地区优质教育资源，从西北故乡考到广州的学生，总想回过头为生养自己的西部做点什么；譬如就读于思政专业，便不再甘于本科四年都故步自封在象牙塔里；譬如仅仅是想与社会时钟逆向而行，"挥霍"一学年时间追求一些意义与价值……

然而，当我真正踏上林芝的土地，踏上三尺讲台，我才意识到自己的许多想法一度略显天真。成为支教队志愿者后，我逐渐褪去对支教的美丽幻想，揭开它的神秘面纱，学习着如何脚踏实地，慢慢来。

一、困惑："支教"的意义

飞机从白云机场起飞落地米林机场，总共需要 3 小时 40 分钟，大巴车要在山路上摇摇晃晃三小时，穿过尼洋河畔和群山，沿途遇到的第一座不大不小的小城，就是我们未来四个月即将驻足的支教地——林芝。

林芝被包围在念青唐古拉山、喜马拉雅山等一众山脉之中，是一座被河流穿插而过的小城，天气好时，看得到远方山脉覆盖着雪色的峰峦。林芝在藏语中称"尼池"，意思为"太阳的宝座"。城中现代化设施完备，工商业有序发展，步行街、服装城、电影院一应俱全。

我们所在的支教点——林芝职校，亦超出了我们对一所支教学校的想象：与 20 世纪"一盏孤灯，几张桌椅，孩子们渴望知识的大眼睛"的支教事业不同，也不同于其他支教点队友所在的小学、初中，林芝职校的校园硬件设施完善，每间教室都装有先进的多媒体设备，学生们的基本生活保障不成问题，它甚至更像是一所小型的大学。在教学方面，学生们的成绩可能不是很拔尖，但技术水平过硬，几年来学生的就业率一直保持在 98% 以上，双证率达 92%。这所职校为当地经济建设输送了大批一专多能的中级复合型、实用型、技能型人才。来到林芝的第一周，在职校的中心湖畔吹风散心，傍晚湿润的风扑面而来，我忍不住反问自己："在这样的条件下，作为一名支教志愿者，你还能做些什么？"

今日再回想起这些困惑，我会意识到自己的想法其实是有些心高气傲的。希望去更艰苦、更困难的地方发光发热本没有错，但倘若妄图以物质或精神世界的差异为借口，居高临下为孩子们"带来"他们所没有的东西，实则只是满足自己的救世主情怀，那些所谓"改变""创造意义"也只能停留于个人英雄主义的幻想。而"支教"的意义，本应在历次切实而具体的考验中自然萌生。

二、挑战："满满的档期"

正式上课前的一天中午，系主任告诉我说，由于政治教师人手不足，整个汽修系高一年级都将由我代上政治课，负责 2023 级四个班的政治教学工作。

林芝职校的师资流动性强，人员变动频繁，尤以主科政治教师最为紧缺。今年，我们四名职校分队志愿者有三位担任政治教师，而除我本人的专业学科与之相符合外，其他两位的专业则分别为英语和历史，各自承担系部的 1 到 2 个班的教学工作，大多数课时安排及任务量与当地老师无异。

代上政治课是个不小的挑战。它不同于语数外等主科，政治学科还肩负着学生价值观和意识形态的塑造这一责任，如何真正做好"立德树人"是我们永远要思考的命题。而在职业技术学校和高职考试之中，它更有着主科的地位。在最初的教学阶段，我常在困惑中度过：我真的能激发学生们的学习兴趣，带他们学好政治，过好考试关，过好人生关吗？

我时而困惑于自己的教学能力，是不是自己本身政治基础不扎实，知识点讲解不够详细，解题思路不够清晰；时而困惑于学生的学习态度，譬如反复强调过的基础概念，第二天抽背时仍有大量学生磕磕绊绊，答不上来，再譬如，考试前再三强调的重点，第二天考完阅卷时仍然有大面积交白卷的现象。每每这时，我也会怀疑这份工作的意义，是不是不如带孩子们读读诗、唱唱歌？

然而，我也深知，这些问题并不能简单归咎于任何个体。受制于西藏地区有限的教育资源，孩子们的基础较为薄弱，许多漏洞亟待弥补，甚至有的基础薄弱的班级，学生的汉语尚不熟练，连书本上的字都认不全，更不用说理解复杂拗口的政治学科语言。但更重要的是，还有许多学生来不及在小学、初中期间养成良好的学习习惯，中考失利让他们未能树立正确的学习动机，他们中的一些人甚至已经丧失对学习的信心，对老师的管束非常抵触。

三、改变：投身于具体的"人"

这里的孩子绝大多数是住宿生，只有少部分走读生，他们并不能像许多发达地区的孩子一样享受父母无微不至的陪伴，心无旁骛地投入学习。他们很多是中考落榜生，上不了高中才来到职业技术学校，在学习上一直存在挫败感，可能数学、政治等学科会有考出个位数的情况；又恰逢青春期，所以在课堂上可能存在积极性不高、淘气等现象。

但学生们终归是善良的、淳朴的，他们可能只是在学习上看不到前途，有苦衷，但他们的其他道路还很宽阔，仍然需要良师来引导，这是我最为重要也是最为神圣的任务。

"优秀""乖巧""勤奋"终归只是标签化的形容。有的学生虽然调皮，但内心纯粹，乐于助人，他们会在你出汗时递来纸巾；有的学生基础薄弱，但在背诵时一字一句地查阅字典；有的学生虽然成绩在班级下游，但能够担任班级、学校干部，帮助老师排忧解难；有的学生平日里安静，不引人注意，但当我记住她的名字时，可以明显看出她笑得很开心。当真正投身具体的工作，投身于每件琐碎的日常，投身于具体的"人"，那些形而上的困惑反而变少了。

我亦希望他们首先成为健康的"人"。每次作业、小测后，我总是以自己的亲身经历告诉他们，没有人生来就聪明，也没有人生来就是笨小孩，面对政治不要害怕，不要畏难，要相信自己有潜力。我向他们耐心讲解每道题的解题思路，希望培养他们规范的答题格式，一如我当年备考政治的模样。面对课堂抽背的作弊抄书情况，我发了一次火，告诉他们，比起做对一道题，诚实、正直才是一个人最珍贵的品质——虽然我知道，这些话对于一群正值青春期的孩子而言，大多时候可能依旧是"老太太一样的唠唠叨叨"。

但我和我的队友们依旧为此努力着。我们牺牲自己晚上的休息时间，开展"雪域雄鹰班"高考培优补习，为全校学习程度较好的学生补课。同队的师姐还观察到一名学生对数学产生茫然和恐慌的心理，于是决定从日常生活中的数学出发，重建学生对数学学科的信心。当看到这名学生第一次在课堂上举手发言时，她感到"整个教室都亮了起来"。师姐常向学生强调，不仅要在数学上取得成绩，更要意识到全面发展的重要性。面对一名数学成绩欠佳但对拍摄感兴趣的同学，她用自己在摄影方面的经验指导学生，鼓励她发挥自身

天赋特长，让学生体会到成就感与获得感。我们相信，许多改变就蕴藏在这样日复一日、微小而琐碎的努力之中。

　　来到支教点后，我一度在困惑中反复翻阅前几届学长学姐前辈们的支教心得。犹记得一名学姐的话曾给我鼓舞与启发：教师理想只能是一时的浪漫，真正服务西部的态度应当是"干实事、自找苦吃"，褪去支教的理想主义光环，去做那些想做的事、应做的事、能做的事。

　　真正走上讲台，我不再觉得支教是"点燃希望之光"这样宏大的形容。我更希望自己是在种一棵植物，或许种子依旧尚未萌芽，但那些润物细无声、不时浸润土壤的阳光和雨露，总有一天会变成有用的滋养。

　　林芝之行结束已有2个月多，光阴飞逝，在这里我遇见了太多热忱的、令人敬仰的援藏前辈。犹记得那位从2018年毕业就在服务地林芝职校扎根至今的邱师兄曾略带苦涩地笑着说："我很想家，可是放不下这边的孩子……"那位扎根在职校援藏已有2年之久的李桂峰副校长他说："我立志把咱们职校打造成最受欢迎的援藏学校，吸引更多像你们一样优秀的志愿者。"这样的故事，在林芝这片援藏热土此起彼伏，久久回响。

　　于是我带着惶恐的心情，写下这些话，以将他们的赤诚和精神传播给诸位。

　　睡梦里还是会梦见那片雪域江南。九月的林芝，空气里已经渐次弥漫起秋夜冷而锋利的气息了吧，是否在下雨时还会烟雾缭绕如同仙境，雪山又是否像我在时那样时而冰封时而日照大千呢？这四个月如梦似幻，却又真真切切，归根结底是烙印在我们每一位支教志愿者生命中浓墨重彩的一笔。如今，下一批志愿者已在那片热土服务了一个多月时间，而后，还将有千千万万的后继者承继使命。在雪域高原，情谊开出幸福的格桑梅朵，支教事业也结出累累硕果。支教志愿者，这一伴随终生的光荣身份，将是人生最浓墨重彩的一笔，是在日后与亲朋好友谈起时，忆往昔而不禁潸然泪下的峥嵘岁月。

　　"一张机票换一本证书，荣誉二字隐去雕刻在心底。"

从理论到实践的深度跨越与心灵的蜕变
——在华南师范大学附属黄埔实验学校的实习收获

沈冰婷

个人简介：我是华南师范大学数学与应用数学（师范）专业的一名学生，开朗乐观，积极上进。我总是认真对待每一件事情，脚踏实地争取自己的目标。在我看来，教书育人是一件具有成就感的事情。当学生在我的帮助下获得学习上、生活上的进步或者心态方面有良好转变的时候，我感受到了自己身上的责任和重担。亦师亦友，是最理想的师生状态，也是最默契的师生关系。学生在充分尊重老师、听从老师教导的同时，可以和老师尽情探讨学术问题，畅谈心中的困惑，从而做到教学相长。

人生格言：知足且上进，温柔而坚定。

九月的微风轻拂过校园。带着对教育事业的无限憧憬与敬畏，我踏上了实习的征程。9月5日，一个平凡而又充满期待的日子，我来到了华南师范大学附属黄埔实验学校，按下了为期四个月的实习生活的启动键。这不仅仅是实习的开始，更是我将所学知识与实践相结合，探索教育真谛的重要一步。

一、初识校园，心生敬畏

走进这所充满活力与智慧的学校，首先映入眼帘的是整洁的校园环境和孩子们纯真的笑脸。教学楼内，书声琅琅，每一处都让我感受到了浓厚的学习氛围。作为未来的教师，我深知自己肩上的责任重大，同时也对即将开始的实习生活充满了期待。来之前，我仔细思考着系主任黄志波老师的谆谆教诲——"去到实习学校，你们既是华南师范大学的学生，面向学生更是一名老师，要学着转换身份"。是的，在这里，我将不只是一个学生，而是要以一名教师的身份面向很多很多的学生，去体验、去学习、去成长。

二、沉浸课堂，汲取智慧

实习的这段日子，我每天去听各年级优秀教师的优质课堂，参加每一次的示范开课备课会议与评课会议。学校的老师们，无论是经验丰富的老教师还是充满活力的青年教师，都展现出了极高的专业素养和教学热情。他们或深入浅出地讲解数学概念，或巧妙设计课堂活动激发学生的兴趣，每一次听课都让我受益匪浅。

我惊叹于老师们对教材的深刻理解，佩服于他们能将复杂的数学知识以生动有趣的方式呈现给学生，更是被老师们对不同层次学生的针对性教学策略所吸引。他们总能准确捕捉学生的需求，适时调整教学节奏，确保每位学生都能在课堂中获得成长。在这个过程中，我逐渐意识到，教学不仅仅是传授知识，更是一种艺术的展现，是师生间情感的交流与碰撞。他们以学生为主体的教学理念让我深受启发，也让我更加坚定了自己成为一名优秀教师的信念。

图 1　听课记录

三、勇敢尝试，初登讲台

图 2　独立授课

经过几天的旁听与准备，9 月 13 日，我迎来了实习以来的第一节数学课——"二次函数 $y=ax^2+bx+c$ 的图象和性质"。站在讲台上，望着台下几十双充满好奇与期待的眼睛，我心中既紧张又激动。然而，当我听到那句"老师不要紧张"时，一股暖流涌上心头，紧张感瞬间消散大半，取而代之的是对教学的热爱与投入。尽管课前我做了充分的准备，但真正面对学生时，还是发现了很多需要改进的地方。正如许老师课后点评的那样，我在控制课堂进度、引入新课以及板书整洁度上还有待提升。

课堂40分钟显得短暂而又漫长，虽然过程中难免有些小插曲，但学生们积极参与、踊跃发言的氛围让我深受鼓舞。课后，指导老师给予了我宝贵的评价和建议，她肯定了我的努力和进步，同时也鼓励我要多实践、多反思，不断提高自己的教学水平。那一刻，我深刻体会到了"台上一分钟，台下十年功"的含义，也更加坚定了自己成为一名优秀教师的决心。

四、代课经历，班级管理的实战演练

由于学校前期忙于建校三周年庆典的筹备工作，我们实习生也因此有了代课的机会去接触不同年级的学生。这一过程中，我深刻体会到了班级管理是艰辛与乐趣并存的。学生们或活泼好动，或安静内敛，但无论哪种性格都需要教师用爱心、耐心和智慧去引导。在与学生的相处中我逐渐学会了换位思考，理解他们的想法和感受。同时我也深刻地意识到每个学生都是独一无二的个体，他们有着自己的优点和不足，作为教师的我们应该尊重他们的个性差异，关注他们的成长需求，为他们提供个性化的指导和帮助。

五、月考成绩，教育成果的初步显现

在紧张而有序的教学活动中，10月8日与9日迎来了本月的月考。当学生们交上他们的测试卷时，我深知这不仅仅是一次简单的作业批改，更是对学生学习成果的一次全面检验。我秉持着对每一位学生负责到底的态度，逐字逐句地审阅着每一份试卷，试图从中捕捉他们学习中的每一个细微问题。那份详细的反馈报告，不仅是我对学生学习状况的客观分析，更是我对教育情怀的一次深刻践行。我希望通过这份报告，能够帮助老师们更精准地找到学生的知识盲点，为他们的后续教学提供有力支持。

令人惊喜的是，作为实习班主任，我所负责的两个班级在这次考试中取得的成绩相比第一次考试有了显著的进步。这份成绩的背后，是学生们和老师们，当然也包括我，共同努力的结果。

回顾这段时间的教学，我深刻体会到，关注学生的个体差异，因材施教，是提高教学质量的关键。我尝试通过个别辅导、小组讨论等方式，帮助学习有困难的学生克服难点，同时鼓励优秀学生拓展思维，挑战更高难度的题目。在教授专业基础知识的同时，我还注重培养学生的应用能力和创新思维，引导他们将数学知识应用于实际问题解决中。此外，我还注重培养学生的工具基础素养，鼓励他们使用计算机和数学软件进行数据处理和图形绘制。

更重要的是，这次月考成绩的提升，让我看到了教育的力量，它不仅仅带来分数的提高，更会使学生增强自信心和学习的兴趣，从而对未来充满希望和憧憬。这让我更加坚信，作为一名教师，我们的职责不仅仅是传授知识，更重要的是激发学生的潜能，引导他们成为终身学习者和社会的有用之才。

而当老师看到我的报告时，那份意外的惊喜与肯定，也让我深刻感受到了教育工作的价值与意义。它让我明白，教育不仅仅是教书育人，更是一种情感的传递与共鸣，是师生间相互理解、相互扶持的温暖旅程。

六、克服恐惧，数学课堂的再次尝试

尽管在前一个半月的积累中，我收获颇丰，但 10 月上旬的一次授课经历却给我留下了不小的阴影。那次课堂，由于准备不够充分，加上紧张情绪的影响，效果并不理想。这让我一度对上课产生了恐惧心理，害怕再次面对学生的眼睛，害怕自己的不足被放大。然而，我知道，逃避永远不是解决问题的办法。

10 月 18 日，经过几番心理斗争，我终于鼓起勇气，向带教老师申请了一次授课机会。这次，我决定更加深入地备课，不仅查阅了大量资料，还尝试将知识点融入生活实例，力求让课堂生动有趣。备课过程中，我发现自己的思路前所未有地清晰，仿佛之前的所有积累在这一刻汇聚成了一股力量。带教老师审阅了我的教案后，给予了我肯定，并鼓励我去尝试。那一刻，我才知道，我已经准备好了。

当我站在讲台上，面对着两个班级的学生，心中既有紧张，也有期待。我这次讲的是"圆"这一课题。我以生活中的圆形物体引入，逐步深入到圆的性质、公式应用，再到解决实际问题。课堂上，学生们积极参与，气氛活跃，他们的眼神中闪烁着求知的光芒。课后，带教老师和实习队的同学们纷纷给予了我高度评价。更重要的是，那些平时不太爱提问的学生，晚上也主动来找我请教问题。这份转变，对我来说，比任何赞美都来得更加珍贵。

七、因材施教，班会课堂的尝试与突破

10 月 21 日，我迎来了人生中的第一节班会课。面对这样一个全新的挑战，我深感责任重大。经过深思熟虑，我决定针对班级学生普遍存在的问题，如不愿提问、成绩好但压力大等，进行引导和启发。为了让学生更容易接受，我选择了用自己的亲身经历作为切入点，将我的学习故事编织成一个个生动有趣的小故事。

班会课上，我绘声绘色地讲述着自己的小中大学经历，学生们听得津津有味，不时发出笑声和惊叹。当我分享自己如何克服困难、勇于提问时，我看到了他们眼中闪烁的光芒，那是共鸣，也是启发。课后，学生们意犹未尽，纷纷要求我继续讲下去。这份热情，让我深刻体会到，作为教师，我们的每一句话、每一个故事，都可能成为点亮学生心灵的那束光。

八、自信登台，信任责任的真心传递

10 月 25 日，带教老师因突发事务无法到校上课，她再次将两个班级交给了我。这次，我没有丝毫犹豫，而是满怀信心地接受了任务。针对学生们近期在学习上遇到的难点，如旋转专题的混淆，我精心设计了课程内容，力求做到既巩固基础，又拓展思维。课堂上，学生们听得很认真，时而点头，时而恍然大悟，那一刻，我知道，我的努力得到了回报。

九、指导老师，教育情怀的榜样力量

在这段实习期间，我的指导老师无疑是我成长道路上的重要引路人。她以身作则，用实际行动践行着教育情怀的真谛。作为年级的级长，她虽然事务繁忙，但始终保持着对工作的热情与投入，对每一位学生都倾注了极大的关爱与耐心。她的尽职尽责、无私奉献，让我深刻理解了教育工作者的崇高与伟大。

十、回顾历程，实习经历的总结和展望

回顾这四个月的实习经历，我深刻体会到了教育工作的艰辛与乐趣、挑战与机遇，体会到了教学相长的真谛。从最初的紧张不安，到如今的自信从容，每一步都离不开实践的磨砺与反思的滋养。我学会了如何更好地与学生沟通，如何设计更加生动有趣的教学活动，更重要的是，我学会了如何用心去倾听每一个学生的声音，理解他们的需求，激发他们的潜能。

四个月来，我收获颇丰。在师德规范方面，我学会了如何以身作则、关爱学生、尊重家长；在学科素养方面，我不断提升自己的专业知识和教学技能；在教育情怀方面，我更加坚定了对教育事业的热爱与追求；在教学能力方面，我通过不断实践和改进，取得了显著的进步与提升。

10月底，我去参加了佛山南海区的招聘。出乎意料的是，第一次参加面试我就成功上岸了。我觉得面试过程中，在实习学校这段时间的经历给了我很大的帮助与支持。它让我更加自信地面对挑战，更加从容地展现自己的才华与能力。这也让我更加坚定了成为一名优秀教师的决心和信心。

展望未来，我将以更加饱满的热情和更加坚定的信念投入到实习和未来的教育工作中去。我将继续虚心向老师们学习、请教，不断提升自己的专业素养和教学能力；我将积极参与各类教研活动和教学比赛，锻炼自己的教学技能和应变能力；我将用心去关爱每一位学生，用爱去点亮他们心中的灯塔。

这次实习不仅是我职业生涯的起点，更将成为我人生旅途中一段宝贵的经历。它让我更加坚定了对教育事业的热爱与执着，也让我更加明确了自己未来的发展方向。我将珍惜这段时光，将所学所感铭记于心，为未来的教育事业奠定坚实的基础。在未来的日子里，我也将以更加饱满的热情和更加坚定的步伐前进，在不久的将来为教育事业贡献自己的一份力量！

山和山不相遇，人与人要相遇

丘文慧

个人简介：我是华南师范大学马克思主义学院思想政治教育专业的一名师范生，性格开朗活泼，待人温柔真诚。我来自大山，又回到大山；我既是学生们眼中"长得很像马思纯"的00后知心姐姐，也是他们心中上课有趣、备课认真的政治老师。教育事业的动人之处，就在于它的对象是生动鲜活的人，而不是被动机械的物。山和山不相遇，但人与人要相遇，并且人与人能重逢。

人生格言：真心　正义　无畏　担当

一、初入实习，心怀忐忑

初到实习学校，怀揣着紧张与期待。尽管这所实习学校我早就听过，也是自己做出的选择，但心中的忐忑却难以平息。一方面，对即将面对的学生情况一无所知，不知道他们的性格特点、学习能力如何。另一方面，对于要完成实习教学任务和班级管理工作，同时兼顾考研，我深感压力巨大。

走进教室，看着一张张充满好奇的脸庞，我既兴奋又紧张。兴奋的是即将开启一段全新的教育之旅，紧张的是担心自己无法胜任这份工作。教学任务的繁重超出了我的想象：需要精心备课，把握重难点，设计生动有趣的教学活动，以吸引学生的注意力。班级管理工作更是充满挑战：要处理学生之间的矛盾，关注学生的学习和生活情况，甚至与家长沟通。

在与学生的初步接触中，我发现每个学生都有自己独特的个性：有的学生活泼好动，有改变世界的冲动，对很多细枝末节都充满好奇；而有的学生文静内向，几乎让你注意不到她的存在。这让我意识到，在教学和管理中，不能采用一刀切的方法，而要因材施教，了解每个学生的情况，关注每个学生的需求。同时，我也深刻体会到了教师的责任重大，不仅要传授知识，还要关心学生的全面成长和发展。

面对这些挑战，我鼓励自己：勇敢地迈出第一步吧！我向有经验的教师请教，听前辈教师的课，私下与他们交流，学习他们的教学方法和班级管理经验。特别要感谢的是同时来实习的三位广西师范大学的硕士姐姐杨静、邓桂芳和潘灵莹，以及她们的指导老师、正高级政治教师、特级教师吴炳养老师。几位前辈在实习期间给了我很多关心和指导，否则在政治实习生中只有我一个来自华南师范大学的情况下，面对很多复杂的情况，我会孤立无援。

二、教学之路，探索前行

（一）精心备课，奠定基础

备课是教学的重要环节，它为高质量的教学奠定了坚实的基础。在实习过程中，我认真研究教学大纲，明确教学目标和要求，熟悉教材内容，深入挖掘其中的知识点和内在联系。通过分析教材，我努力掌握教学的重点和难点，以便在教学中有针对性地进行讲解。

在设计教学方法和编写教案时，我充分考虑学生的实际情况，根据学生的年龄特点、学习能力和兴趣爱好，选择合适的教学方法。同时，我精心设计教学过程，使教学环节紧密相连，逻辑清晰。例如，在讲解一个复杂的知识点时，我会先通过一个生动的例子和视频引入，激发学生的兴趣，然后逐步深入讲解，最后通过练习和总结巩固学生的学习成果。

我深知备课的重要性，只有充分准备，才能在课堂上自信地面对学生，为他们提供优质的教学服务。

（二）课堂教学，实践成长

在课堂上，我积极运用各种教学方法，努力与学生进行互动。例如，采用提问法引导学生思考，激发他们的学习兴趣；运用小组讨论法，让学生在合作中学习，培养他们的团队合作精神和沟通能力。

在教学过程中，也会遇到各种课堂突发情况。有一次上课的时候突然下雨了，有一只鸟雀飞进了课室，学生的注意力马上被小鸟吸引了，并且和周围的同学叽叽喳喳地讲闲话。我当时想，如果我直接说"安静一下，一只鸟而已，有什么好看的"之类的话，不仅扫兴，而且无效。最终，我决定试着和他们一起"走神"。我说："所有事物的自由都是有限的，即使自由如鸟，平日大部分时间都在广阔的天空翱翔，也会有被暂时困在室内的可能。因此，自由不是绝对的，而是有条件的"。不久后停雨，鸟雀就飞出去了，同学们也就不再纠结于课堂上的一只鸟，而能把它作为一个自由的意象了。这样既保持了课堂的秩序，又让学生在轻松愉快的氛围中学到了道理。

通过这些教学实践，我不仅提高了自己的教学能力，还更加了解学生的需求和特点。我努力根据学生的反应及时调整教学节奏，以确保教学效果。不过，遗憾的是，我还是没有把握好，常常因语速太快而提前讲完课程内容。

（三）教学反馈，反思进步

教学反馈是提高教学水平的重要途径。每次课后，我都会认真分析教学效果，总结成功经验和不足之处。通过观察学生的课堂表现、作业完成情况，我了解了自己的教学方法是否有效，以及哪些地方需要改进。

在课后，我通过发放小纸条的方式，积极听取学生的意见和建议。我听到了不少他们的真实建议：PPT过得太快了，还没来得及看完就已经切换；希望老师将知识点梳理得更清晰一些；希望在课堂上多一些互动环节，而不是自己干讲；希望我不要紧张，不要说"重复"的话……我认真对待这些反馈，不断改进自己的教学方法，努力提高教学水平。通过反思和改进，我相信自己在教学之路上会不断进步，更加符合学生的期待。

三、班级管理，事事关己

（一）了解学生，建立和睦关系

在班级管理中，了解学生是建立良好师生关系的基础。为了深入了解学生，我积极与他们交流，利用课余时间与学生聊天，询问他们的兴趣爱好、学习情况和家庭背景。通过交流，我发现学生们性格各异，而这些差异，一部分是所谓的"天性"，而更大的一部分则来自他们的原生家庭。

不幸的是，我的部分学生必须克服常人无法想象的困难，才能赶上别人的"起跑线"；但幸运的是，他们自强不息，没有将自己褶皱的人生剧本视作自己演出"失败"的理由，而是用自己的顽强、坚韧和乐观，将这些褶皱一点点熨平。

（二）加强班级制度建设，树立规则意识

良好的班级秩序是营造良好学习氛围的重要保障。为了维护班级秩序，在班主任指导老师的带领下，我与学生共同制定了班级规章制度，明确到校早读、午练、晚练的时间。

在维护课堂纪律方面，我采取了多种措施。首先，我注重提高课堂教学的趣味性和吸引力，通过生动的讲解、有趣的案例和互动的教学方法，吸引学生的注意力，减少课堂违纪行为的发生。其次，我加强了课堂管理，对于违纪的学生及时进行批评教育，并根据违纪程度深浅，按照规章制度进行处理。最后，我还注重培养学生的自律意识，引导他们自觉遵守课堂纪律。

（三）关爱学生，引领成长

关爱学生是教师的职责所在，也是促进学生全面发展的重要保障。在班级管理中，我始终关注学生的学习和生活情况，通过鼓励、引导等方式帮助学生解决问题，引领他们成长。

对于学习有困难的学生，我会给予他们更多的关心和帮助。我会利用课余时间为他们辅导功课，帮助他们掌握学习方法，提高学习成绩。同时，我还鼓励他们树立信心，相信自己能够克服困难，取得进步。

此外，我还注重培养学生的品德修养和社会责任感。我通过主题班会、学校社团实践等活动，引导学生树立正确的价值观和人生观，培养他们的爱心、责任感和奉献精神。通过这些活动，学生们不仅学会了关心他人，也增强了社会责任感。在最后一节课上，我给同学们分享了"告别礼物"——八字箴言：真心，正义，无畏，担当。我跟他们坦白，也许对大部分同学来说我们以后不会再见，但我希望他们在未来的人生道路中，成为一个真诚待人的人，成为一个正气凛然、讲道德的人，具有"初生牛犊不怕虎"的勇气和胆识，对自己、家人、朋友和未来的伴侣担负起责任。有些同学在课后给我的留言中说自己深受感触，会努力成为"我所说的这种人"，希望我也能牢记自己第一次站上讲台时的初心。

四、山山而川，人生海海

教育实习，如一场充满挑战与惊喜的旅程，让我收获颇丰，感悟至深。

在这段实习经历中，我深刻体会到了教师这一职业的复杂性与神圣性。从初入实习时的忐忑不安，到逐渐适应教学与班级管理工作，每一个阶段都充满了挑战与成长。

教学方面，精心备课让我明白了扎实的专业知识和充分的准备是成功教学的基石。课堂教学中的实践成长，让我学会了灵活运用各种教学方法与学生积极互动，应对各种突发情况。教学反馈则促使我不断反思自己的教学行为，及时调整教学策略，以提高教学水平。

班级管理方面，了解学生是建立良好师生关系的关键。通过对学生的观察和谈话，我深入了解了他们的个性、学习习惯和家庭背景，为个性化教育提供了依据。关心学生学习之外的事，则更让我体会到了教师的责任与担当。通过帮助他们解决问题，引领他们成长，我感受到了教育的力量和价值。

回顾这段实习经历，我也认识到了自己诸多的不足之处。在教学中，我还需要不断提高自己的教学能力，丰富教学方法，使课堂更加生动有趣。在班级管理中，我还需要进一步提高自己的沟通能力和应变能力，更好地处理与学生之间的矛盾和问题。

然而，正是这些挑战和不足，更加坚定了我想成为一名优秀教师的决心。我相信，通过不断的学习和实践，我一定能够克服自己的不足，提高自己的教育教学水平。

山山而川，人生海海。回到家乡进行教育实习是我人生中的一段宝贵经历，它让我看到了教育对于"改变人生"的无限可能，让我看到了课堂以外，教育"鸡毛蒜皮"的另一面，让我更加明确了自己的人生方向。山与山不相遇，但人与人要相遇，而且人与人会重逢。我将带着这一百颗真心给我带来的感悟和收获继续前行，为教育事业贡献自己的力量。

以心为舟，扬帆托起明天的太阳

卢 婧

个人简介：我是华南师范大学历史文化学院历史学（师范）专业的卢婧。我性格开朗而富有耐心，对生活充满热爱。秉持"托起明天的太阳"的教育理念，我深知教育的力量在于引导与启发，致力于成为学生成长路上的引路人。实习期间，我深入教学一线，从最初的青涩紧张到后来的自信从容，不仅教学技能得到了显著提升，更学会了如何用爱心与智慧，点亮学生的心灵，激发他们的潜能与梦想。这段经历，如同播种希望的田野，让我更加坚定了成为教师的决心。我期待未来能在讲台上，继续用爱与智慧托起更多孩子的梦想，照亮他们前行的道路。

人生格言：轻描淡写地说，浓墨重彩地做。

图 1 首次独立授课

时光荏苒，岁月如梭，我的实习生活在忙碌与充实中悄然落下帷幕。记忆回溯到三个月前，第一次踏进广州大学附属中学（以下简称"广附"），偶遇晨光洒落在正对校门建筑最上方矗立着的一排字，那是习近平总书记所题——托起明天的太阳。沐浴在灿烂的阳光之下，金色的字迹仿佛被赋予了生命，熠熠生辉，而那字里行间蕴含的深意，更如同镌刻般深深烙印在我的心田。怀揣着这份坚定不移的信念，我踏上了在广附的教育征程，开启了知识探索与心灵成长的崭新篇章。

"以心为舟"凝结了我对这段实习经历的深刻体会。在这片浩瀚的教育海洋中，我们每一位教师都是那艘承载着梦想与希望的小船的引航人，以满腔的热情和不懈的努力，引导着心灵的舟楫，穿越知识的风浪，向着那片名为"未来"的彼岸勇敢前行。而每一位学生都是祖国未来的太阳，这是对他们未来无限可能的期许，作为教师，我们应当用心血浇灌每一颗小太阳，用智慧启迪每一个心灵，只为有一天，孩子们能够以更加自信、坚强的姿态站在人生的舞台上，勇敢地追逐自己的梦想，成为照亮这个世界的一束光芒。

实习期间，我一直在思考：如何成为一名好老师？如何"托起明天的太阳"？我想，我已经找到了答案。接下来，我将对实习中的一些经验进行总结，希望自己能在总结中进步。

一、心舟初启，踏上教育实习的征途

（一）梦想启航：对教育事业的憧憬与期待

若要追溯我心中何时萌发成为教师的种子，那或许是始于高中时光。当我初次踏入高一门槛时，我的世界被我的班主任老师点亮，她如同一盏明灯，照亮了我前行的道路。她管理班级，如同编织一幅细腻的画卷，每一笔都恰到好处，既不失严格，又饱含温情，让班级成为一个和谐共生、团结友爱的大家庭。在学科教学的殿堂，她更是那位手持钥匙的智者，引领我们一步步打开知识的大门。她循循善诱，诲人不倦，让我们在探索与发现中，感受学习的乐趣和魅力。她用自己的言行，诠释了教育的真谛，不仅仅是教书，更是育人。她教会我们如何面对困难，如何珍惜友谊，如何怀揣梦想，勇往直前。"润物细无声"，这份对教育的热爱和执着，如同一股暖流流淌在我的心间，激发我内心深处的渴望，我也想成为像她一样的老师，用智慧启迪学生，用爱心温暖学生，托起明天的太阳！

如今，我终于有机会亲自踏上这片充满希望的土地，用我的所学、所感去影响和塑造一颗颗年轻而稚嫩的心灵。这份期待与激动，如同晨曦初露时的第一缕阳光，温暖而明媚，照亮了我前行的道路。

（二）心路历程：初入实习学校时的忐忑

当我第一次走进广附的校园时，心中不禁涌起一阵忐忑和紧张。广附是一所优秀的学校，校园内的墙壁和宣传栏都在诉说着它的辉煌，而我只是一个初来乍到的实习生，能否在这里找到自己的位置，能否得到学生的认可和喜爱，这一切都是未知数。大学期间虽然我也曾多次参与微格课堂的模拟教学，并获得过一些师范技能竞赛的奖项，但那时我面对的始终是学校的老师和同学，真正的课堂终究与之不同，这一次我将面对真实的学生，等待我的是变化多端的课堂反应。在这个充满变数的舞台上，我深知，每一次的应对与引导，都将是我教育生涯中宝贵的财富，激励我不断前行，用心去感受教育的真谛，用智慧去点亮学生的未来。

二、以知识为帆，引领智慧的航向

（一）见贤思齐焉——在听课中学习

教学工作是我们教育实习的重点之一，而听课则是其中对于一名新教师尤为重要的一环。"三人行，必有我师焉。"本着学习前辈教师们经验的初衷，我积极走进了不同老师的课堂，倾听一堂堂他们精心准备的课，亲身领略他们对于历史新教材的深刻解读，感受他们对课堂重难点的准确把握，体会他们对学生的密切关注。他们的课堂如同一幅幅绚丽的画卷，充满了智慧与魅力。老师们时而激情澎湃，时而娓娓道来，引导学生积极思考，主动参与课堂互动。每每走进他们的课堂，我就像在与良师对话。在观摩课堂时我常常会思考，如果是我，这部分我又会如何讲解。在实习过程中，我有幸观摩了一场学校青年教师教学比赛，这是一场教育的盛宴，一次智慧的碰撞。每一位参赛的优秀教师，都如同璀璨星辰，对规定的四节课进行了别开生面的精彩演绎。他们各展所长，运用了多样化的教学方法和策略，犹如万花筒般绚烂多彩，充分展现了"同课异构"的独特魅力与无限可能。我从中汲取了丰富的经验，不仅学到了很多教学技巧和方法，也深刻感受到了教育的多样性和创新性。我听得最多的自然是我的指导老师王老师的课，除了教学方面的技巧，让我感受颇深的就是课堂调控的不易。由于初一年级学生正处于活泼好动的年龄阶段，充满了生机与活力，这样的年龄特点会带来一定的课堂管控挑战。在课堂上，他们时常会展现出强烈的好奇心和探索欲，难以长时间保持专注，导致课堂纪律稍显松散，这同样是在教学中令我头疼的问题。而王老师对课堂张弛有度的把控非常值得我学习。比如：预备铃响后，他会组织学生朗读课文，让学生在课间跳脱的思绪回归课堂；学生吵闹时，他点名让这些学生回答问题，有时也以一些轻松的玩笑引导学生回归课堂，因为严厉批评可能激起学生的逆反心理；他还时常采用"开火车"或者随机抽取学号的方式提问问题，提升学生课堂参与度，从而帮助学生将注意力集中于课堂。此外，我还发现王老师会着重强调笔记的记录，具体落实到课本的页数和位置。我想，这些都是基于学生年龄特点设计的，许多人刚上初中还未养成良好的记笔记习惯，而在强调回归课本进行记录时，既让学生把握了重点知识，也有助于一些思绪不知飘向何处的学生集中注意力，这些都是我从前在模拟课堂中不会注意的问题。我每听一节课，都认真做好听课记录，详细记录下每一个教学环节和学生反应，在课后与我的指导老师交流请教。老师总是耐心解答我的问题，给予我宝贵的建议和指导。通过听课与观摩，我学习到了许多宝贵的教学经验，为自己的教学实践打下了坚实的基础。

（二）凡事预则立，不预则废——在备课中雕琢

在听课和观摩的基础上，我也开始进行教学设计和备课。"凡事预则立，不预则废"，备课是教学的第一步，也是最为重要的一步。在一开始，我就与指导老师沟通好要上课的篇目，提前备课，以保证时间充裕、准备充分。我备的第一节课是"夏商周时期的科技和文化"。在了解了新课程标准后，我认真钻研新教材，并在与旧教材的对比中试图把握新

教材的特点。我发现，七年级上册历史新教材更凸显唯物史观有关社会形态的描述，旧教材虽大体按照唯物史观社会形态演变学说展现历史发展进程，但并未明确指出社会形态由低级到高级的演进。而新教材则在每一单元的标题处就明确指出社会形态的划分，如将原教材第一单元标题"史前时期：中国境内早期人类与文明起源"改为了"史前时期：原始社会与中华文明的起源"。此外，新教材在体例上更加强调了历史时序，使得教材的体例结构更加合理。新修教材也进一步充实和完善了知识体系，适当增加了一些内容，有的是新增单元，有的是新增课和子目，也有一些是新增课文内容，等等。本课就是新增的一课，是将旧教材中原第5课"青铜器与甲骨文"内容作为本课一个子目，并增加夏商周时期的天文、历法和医学，以及《诗经》和《楚辞》等内容，放置在本单元最后一课，讲述夏商周时期的科技和文化。这样的调整，一方面解决了通史与专题交叉的问题，另一方面也与后面各单元均设科技与文化一课的体例相一致。

在充分把握了新教材的特点和本课内容后，我又一头扎进了相关的历史文章和著作中。要给学生一碗水，教师首先要有一桶水，除了要熟悉教材上已有的知识内容，我们还应该广泛查阅更多的文献和资料，这样不仅能够补充教材未涉及的一些重要知识，又能吸引学生的注意力，同时也是为了我们自身能在学生提出相关问题时胸有成竹。

而在进行学情分析时，我感受到"纸上得来终觉浅，绝知此事要躬行"。在大学课堂中学习教学设计以及参与师范技能竞赛时，由于面对的是模拟学生，我对学生的学情分析或多或少有些笼统和理想化。而来到实习岗位，我面对的是不同班级、不同水平的学生。我要考虑和分析的更多，比如：这个班级的学生历史水平如何？我应该给他们讲到什么程度？这个班级的上课氛围是怎样的？我又该采取哪些教学方法和手段？学生的学习进度如何，对前面内容的接受程度又如何？等等。这些都需要根据不同班级的具体情况来考虑。例如我带的其中一个班是重点班，学生历史思维明显比其他班更活跃，在上他们班的课时我就可以拓展更多知识，对他们提出稍高一些的要求和目标。

在历经深思熟虑与细致规划之后，教学目标逐渐在我心中有了清晰的轮廓。我深知，要真正落实教学任务，就必须紧密结合新课标的各项要求，同时充分考虑到每个班级的实际情况与独特需求。因此，我致力于针对每个班级，量身定制具体而富有针对性的教学目标，旨在最大限度地激发学生的潜能，引导他们全面发展。在制定教学目标的过程中，我重视培养学生的历史学科核心素养。我深知，历史学科不仅承载着丰富的知识与文化，更是培养学生思维能力、人文素养和爱国情怀的重要途径。因此，我将核心素养的培养视为教学的核心任务，力求通过历史课堂，让学生在掌握基本历史知识的同时，更能够深入思考、理性分析，形成独立的历史观和世界观。我广泛参考了前辈老师们的教学经验和智慧，从他们的教学目标中汲取灵感和营养。同时，我也虚心向我的指导老师请教，听取她的宝贵意见和建议。在综合了多方资源和智慧之后，我终于制定出了既符合新课标要求，又贴近班级实际的教学目标。这些目标不仅为我指明了教学的方向，更为我提供了前进的动力和信心。

我注重教学内容的系统性和逻辑性，通常会以一条线索清晰的主线贯穿全课，帮助学生构建逻辑清晰的知识框架，并采用丰富的适合学生学情的教学方法，力求让学生在轻松愉快的氛围中掌握知识。我积极收集优质教学资源，尤其注重一手史料的使用，引导学生

论从史出，培养史料实证素养。比如，在备本课时我就发现课文三子目间是并列关系，没有明显的知识逻辑，那么我该如何组织本课的内容呢？按照课本顺序分别讲解并非不行，但我总觉得多少有些割裂，不便于学生理解记忆，而且这样平铺直叙的课堂也难免有些无趣。最终，我找到了一条能贯穿全文的线索——汉字的演变历程。围绕这一线索，我对授课子目进行了重新组织。课程分为导入、授课、小结升华三部分，线索清晰，子目间过渡自然，老师听后也对我的教学设计给予了鼓励。

一切准备工作就绪后，自然是将成果落实于课件。在现代信息技术发展背景下，多媒体课件几乎已经成为了每节课必备的资源。首先，历史课件可以通过丰富的图文、视频等元素，直观生动呈现历史事件，这种视听结合的双重刺激能够有效吸引学生注意力，激发他们的好奇心和探索欲。其次，课件可以为学生提供丰富的史料资源。在传统的课堂中，学生往往只能通过教科书和老师的讲解来获取历史信息，但课件制作则可以让学生接触到更多的历史资料，从而深化对历史的理解，拓宽知识视野。课件制作不仅是教学现代化的重要体现，更是提升历史教学质量的有效途径。在大学参与课件制作大赛时，我们会比较注重课件的华丽设计，有时却忽视了教学本身。一位评委老师在总结致辞时曾提到："课件是为教学服务的，精美的课件固然能够吸引学生的注意力，提升课堂的趣味性，但我们不应该舍本逐末，过分追求课件的形式美而忽视了其本质的教学功能。课件的制作应当始终围绕教学目标和学生的学习需求，确保内容的科学性、准确性和针对性。如果我们仅仅为了做课件而去做课件，过分追求华丽的视觉效果和复杂的动画设计，却忽略了课件对知识传递和思维启发的核心作用，那么课件就可能流于形式，成为教学的附庸，而非助力。因此，在制作课件时，我们应当坚持实用性与艺术性相结合的原则，既要注重课件的美观和吸引力，更要确保它能够有效地服务于教学，促进学生的全面发展。"这段话让我深有体会。实习过程中我曾听过一位初三老师的历史课，她的课件给我的第一印象就是素，太素了。这样的课件放在我们大学的课件制作比赛中恐怕很难获奖，但在实际教学中却恰到好处。简洁的背景，配上简明扼要的文字和问题，以及恰当的图片、视频资源，没有一处多余，却能将课程讲得异常精彩，在这背后是这位老师丰富教学经验的积累。在制作第一次上课的课件时，我恨不得把我要讲的内容一股脑儿全塞进课件，仿佛这样才给了我上课的底气。但我深知这样不行，于是我选取了重要知识点并将其呈现在课件上，其他的过渡和衔接、拓展等则由我口头讲述。但没有了"提词器"在课件上我有些紧张，担心授课时会磕巴或者忘词，于是我为课件撰写了逐字稿，在无人的教室反复练习。我逐渐发现我能面对课件流畅地表述，这大大增强了我的信心。随着备课次数的增多，我制作课件的速度也慢慢提升，终于不像最开始那样做一节课件要花好几天才能完成，而这都是在实践中锻炼出来的。

（三）教学相长也——在教学中成长

经过充分的准备，我终于迎来了自己的课堂教学实践。初次登上讲台，我的心中充满了紧张和兴奋。看着台下一双双充满期待的眼睛，我深吸一口气，努力让自己平静下来。而随着课堂的深入，我也渐渐放松了下来，在讲台上侃侃而谈。尤其是随着上课次数越多，我在讲台上越感到如鱼得水般自在，我享受着每一次站上讲台的机会。

作为一名实习老师，最初的几节授课暴露出了我的一些问题。首先，我对学生的关注不足，缺乏充分的互动，造成常常是我一个人在讲台上滔滔不绝的局面。这或许是受从前竞赛时的影响，在模拟课堂中由于时间限制，即使存在师生互动也往往是我提前沟通过的学生，他们总能直接得出我想要的答案。然而真实的课堂却变化多端，我们需要多多留意学生的反应。像在第一节课后就有同学找到了我，和我说课上得好快，他们来不及做笔记。我听后深深反思自己，课堂不是我一个人的舞台，不应该是我一个人在讲台上唱独角戏，而应该是全班同学共同参与的活动。在这一方面，经过一段时间的授课后，我已经有了很好的改善。此外，对我来说最大的挑战就是如何让学生喜欢听我的课。在（12）班，面对一群理科尖子生，在课堂上我努力营造轻松愉快的教学氛围，激发学生的学习兴趣和积极性。我采用多种教学方法，如讲授法、合作探究法、角色扮演法、史料研读法等，引导学生在丰富的教学活动中掌握知识，吸收指导老师的经验。我注重启发式教学，引导学生积极思考，主动参与课堂。在教学过程中，我也关注到了不同班级、不同学生的个体差异，注重教学反馈，及时根据学生学习情况调整教学节奏。通过课堂教学实践，我不断提高自己的教学水平，逐渐适应了教师这一角色。在这个过程中，我的老师也给出了具体的指导，她曾建议我在教学有关学法指导方面加以完善。例如在第一节课中讲解商周时期青铜器的特点时，我最初是直接向学生讲述，而老师则提出对于类似特点、原因等在考情中频繁出现的题型我们应当对学生进行学法上的指导，培养他们提取信息的能力。于是，我在第二次讲解这个知识点时就选取了一段有代表性的史料，引导学生从中获取信息，培养史料实证素养。此外，在引导学生回答问题时我也略显生疏。比如，在我看来简单的问题，本来预设学生能直接回答，可是学生却答不上来。第一次上课时，我请学生坐下后，就直接开始讲解答案。老师则指出我们应当一步一步引导学生自己得出答案，而不是直接把答案灌输给他们，这样虽然这道题学生会做了，但是却没有学会真正的方法。我听后受益匪浅，以上这些问题很多是我教学经验不足导致的。教育是一生的事业，在教育的田野上我仍需不懈耕耘。经过这一次实习实践，我才真正明白了"学无止境"的含义。在实习过程中我遇到了不少困难与挫折，所幸的是老师对我的鼓励成为了我不断前进的动力。每每上完一节课，我都会收到老师对我温暖的评价和建议，老师的肯定让我获得了满满的成就感。在这里，我想由衷地感谢我的指导老师，她给我的实习提供了许多帮助，她在讲台上侃侃而谈的身影在我心里留下了深刻的印象，希望有一天我也能成为一名像她那样优秀的老师！

（四）学而不思则罔——在反思中进步

教学反思，作为教育旅程中不可或缺的导航灯塔，始终是我提升教学质量、精进教育艺术的核心动力。在每堂课落下帷幕之际，我都秉持着一颗谦逊而热忱的心，投身于细致入微的教学反思与总结之中。这不仅是对过往教学实践的一次深情回望，更是对未来教学创新的深刻展望。

我悉心回顾整个教学过程，宛如一位匠人审视着自己的作品，既欣赏其独特之美，也不避讳其瑕疵之处。我深入分析教学中的闪光点与不足之处，犹如淘金者般从每一次尝试中提炼出宝贵的经验与教训。我追问自己：教学目标是否如预期般精准达成？教学方法是

否如同钥匙般巧妙开启了学生的智慧大门？学生的参与度是否如潮水般汹涌澎湃，让课堂充满了生机与活力？教学过程之中，是否还潜藏着未被察觉的挑战与机遇？

在此基础上，我更是广泛吸纳各方智慧，积极倾听指导教师的宝贵建议，那些如同灯塔之光般的指引，照亮了我前行的道路。同时，我亦不忘俯身倾听学生的声音，询问他们对于课上内容的理解程度。那些直接而真挚的反馈，如同雨露般滋润着我教学的土壤，促使我不断调整教学策略，以期达到最佳的教学效果。

通过这一系列的反思与总结，我犹如一位在知识海洋中不断探索的航海者，不仅积累了丰富的航海图与航海日志，更在每一次风浪中锤炼了自己的教学技艺与综合素质。这些宝贵的经验，如同璀璨的星辰，点缀在我的教育天空中，照亮了我前行的方向，更为我今后的教育教学工作铺设了一条坚实而光明的道路。

三、以德心为舵，守护成长的航程

在本次实习的宝贵经历中，我不仅投身于学科教学的实践探索，还荣幸地肩负起了（12）班实习班主任的职责。（12）班的班主任，如同一位温暖而贴心的大家长，以其卓越的领导力和深厚的教育智慧，引领我深入理解了班级管理的精髓。在她的悉心指导下，我汲取了丰富的班级管理经验。她高度重视班级文化的培育，于开学之初便携手学生共商班级布置方案，旨在让教室的每一面墙壁都成为传递正能量、激发潜能的生动载体。此外，她还与学生共同制定了班级公约，以此激发学生的主人翁意识，在井然有序的环境中培养他们的自律精神。班级定期举办的团建活动，如九月的生日会等，更是加深了同学间的情谊，促进了班级的和谐团结。

此番实习，除了班级管理的宝贵实践，师风师德的重要性亦在我心中留下了深刻的烙印。《礼记》有云："师也者，教之以事而喻诸德也。"这启示我们，传授知识的同时，更需注重对学生道德品质的塑造。身为教师，我们首先要做到为人师表，以身作则，因为我们不仅是知识的传播者，更是学生心灵的塑造者，肩负着塑造灵魂、培育新人的时代重任。对于班主任而言，这一责任尤为重大。正所谓"其身正，不令而行；其身不正，虽令不从"。在实习期间，我始终秉持这一信念，凡是要求学生做到的，自己必先做到。我以身作则，用文明的举止、对同事的尊重以及对学生的关爱，慢慢地影响着学生，努力以自己的人格魅力塑造他们健全的人格。

同时，作为历史教师的我，更深刻体会到在历史教学中融入师德师风的重要性。历史不仅是一门有温度的学科，更是情感共鸣与价值引领的源泉。在参与教研活动时，一位老师的话语深深触动了我："教师应怀揣信念站上讲台，对教育保持忠诚与热爱，用激情感染学生。"这句话成为我教学路上的座右铭。我努力在尊重历史事实的基础上，以富有感染力的讲述，让学生触摸到历史的温度与深度，激发他们的爱国情怀。在课堂内外，我以开放包容的态度与学生交流，鼓励他们勇于探索、敢于质疑，成为有担当、有情怀的历史传承者与时代新人。

总之，此次实习让我深刻认识到师德师风在教育中的不可替代性。对于班主任而言，它关乎学生的信服度与班级的整体风貌，班主任的言行举止直接影响着班级的走向。而对于历史教师来说，师德师风不仅关乎个人修养与职业素养，更关乎历史文化的传承与创新。在实习过程中，我不断向老师请教、琢磨、实践，努力提升自己的班主任业务素养。实习结束后，我进行了深刻的反思与总结，回顾自己的工作过程，分析优缺点，总结经验教训。我更加深刻地认识到班主任工作的复杂性与挑战性，同时也更加坚定了自己做好班主任工作的信念与决心。

展望未来，我将把实习期间积累的宝贵经验转化为实际行动，不断提升自己的专业素养与师德修养，努力成为一名既有深厚历史底蕴又具备高尚师德情操的历史教师。我将以满腔的热情与坚定的信念，为培养更多具有历史视野与文化自信的新时代青年贡献自己的力量，让教育的光芒照亮他们前行的道路。

四、心舟归航，满载收获与希望

经过教学工作和班级管理实践的磨砺，我在教学与班主任工作的双轨上均取得了显著的成长与进步。我的教学能力实现了质的飞跃。"千淘万漉虽辛苦，吹尽狂沙始到金"，本次实习中，我在教学设计的创新、课堂教学的掌控以及教学反馈的精准性等方面均得到了全面的锻炼与提升。在教学的广阔天地里，我不断积淀经验，优化方法，不仅提高了教学水平，更深化了自身的综合素质。

实习期间，我深切体悟到教师职业的崇高与肩上的重任。我始终秉持高度的责任心与使命感，对待每位学生如同雕琢璞玉，精心备课、激情授课、细致批改作业，致力于提供高质量的教育服务。同时，我树立了科学的教育理念，深信"随风潜入夜，润物细无声"，教育应着眼于人的全面发展，于细微处塑造学生正确的价值观，而非单纯的知识灌输。我注重激发学生的创新思维与实践能力，尊重学生的个性差异，因材施教，力求让每位学生都能在知识的海洋中自由遨游。

在班主任工作的实践中，我同样满载而归。我深刻认识到班主任不仅是班级的领航者、组织者，更是学生心灵的塑造者，班主任的一言一行都对学生的成长影响深远。我坚持以生为本，构建和谐师生关系，注重品德教育与习惯养成，同时加强与家长的沟通协作，共同为学生的成长撑起一片蓝天。

此外，我的个人能力也在实习中得到了显著提升。我学会了与各方有效沟通的艺术，无论是学校领导、指导教师，还是学生及家长，我都能游刃有余地交流互动，这不仅锻炼了我的语言表达能力，更增强了我的人际交往技巧。在团队合作中，我懂得了协作的力量，学会了如何发挥个人优势，为团队的成功贡献力量，共同创造良好的教学与班级管理成果。

实习的经历，是我职业生涯的宝贵财富。它不仅见证了我的成长与蜕变，更让我深刻认识到自身的不足与未来的努力方向。"路漫漫其修远兮，吾将上下而求索。"展望未来，我将以更加饱满的热情，持续深化教育教学理论学习，不断创新教学方法，积极参与实践，不断提升自我。正如一踏进广附校门就能看见的那句话一样，"做最好的自己"，我相信，在我的努力下，我一定能够成为一名优秀的教师，为教育事业添砖加瓦，贡献自己的力量。

总之，这次实习是我人生旅途中一段不可磨灭的印记，它赋予了我成长的力量，激发了我前行的动力。我将珍藏这段经历，勇往直前，为实现个人价值与教育理想不懈奋斗。

用一个灵魂去唤醒另一个灵魂

黄　丽

个人简介：我是来自华南师范大学马克思主义学院思想政治教育专业的一名师范生，做事认真负责，性格开朗活泼。

人生格言：但知行好事，莫要问前程。

"教育的本质意味着一棵树摇动另一棵树，一朵云推动另一朵云，一个灵魂唤醒另一个灵魂。"在决心成为人民教师的前后，我曾不断问过自己为什么。我反复地咀嚼这句话，它让我想起我接受教育以来遇到过的无数看似平凡却闪着光芒的老师们，无数个日夜他们一心一意扑在教学岗位上，在一代代学生心里种下一颗颗种子，然后在如水的日子里静待花开。而当我走上讲台以后，当理论的光辉真正照进现实以后，我才看到它本身蕴含的力量，体悟到其中深刻的意义。因而，教育实习的这两个月，于我而言弥足珍贵，我将会将其铭刻于心。

我深刻地记着我第一天来到实习学校的情景——这所九年一贯制学校三栋楼连为一体，从一楼到五楼自下而上容纳了小学一年级到初三年级的学生，我从一楼活蹦乱跳的幼童中穿梭而过，逐层上升走到五楼，那里聚集了一群少男少女在恣意昂扬地欢笑打闹着。短短十分钟却似走过了人生中从童年到青春期急速蜕变的那九年。当初我也是这样走进校园，逐渐成为了今天的模样。台下那一双双懵懂纯澈的眼睛里曾经也有我的影子，渴望长大，向往未来。那时候我在想什么呢？那时我看着台上的老师，渴望考上一所好大学，以后当一名好老师，教书育人一辈子。如今我渐渐循着自己理想的轨道走去，这一天开始我也将走上讲台，成为一名老师。当年我瘦小的身影与如今成人的身影重叠在一起，没有哪一刻比此刻更清醒地认识到自己肩膀上的责任与使命。

初来乍到，我被安排到一个令级长和班主任头疼不已的班级当副班主任。我拿起座位表，在班里认着台下的一张张面孔，低声询问班里的情况。带教班主任罗老师用指尖圈出一个又一个名字，一脸苦涩地悄声对我说，我们班上需要转化的学生太多了，现在我们能做的就只有保持耐心、逐个击破。我不由得紧张起来，我这样一个年轻的老师，如何能够管得好这五十名学生？这两个月，该如何度过？

果然不出老师所料，第一次看自习课我就"领教"到了班里学生的"热情"。尽管我已经极力板住面孔，面无表情地将目光从全班学生脸上逡巡，但学生显然不吃这一套，很是想"欺负"我这个新来的实习老师。好不容易这个角落安静下来，那边角落又开始窃窃私语。我在班里维持了好一会儿纪律，他们消停了没多久，就有学生举手大喊："老师今天的数学作业是什么？""老师我没有语文练习册！"又引起一阵喧哗。我刚解决完这个同学的数学难题，又被那个学生挥手招去解决语文困惑。正在途中暗暗叹气时，一个同学碰了碰我的手肘，悄悄问："老师，你是不是在装凶啊？你看起来好像社恐哦……"唉！两小时的自习下来，我反复深呼吸，让自己保持冷静，心想，这可真是万事开头难啊！

开学后两周的时间里，我几乎都在头疼如何管好班级纪律这件事中度过，甚至有一次管理纪律时被学生的一句话气得回办公室直抹眼泪。但好在，在带教班主任的支招下，随着班级各项规章制度的健全，班级管理总算是走上正轨了，自习课的纪律也慢慢好起来了。但班里的情况仍层出不穷。

比如班上一男生T，由于新进班级，一些不守纪律的表现被科任老师和班干部点名批评后，心理出现了逆反情绪，一度表现为对外的攻击性——不仅在班干部提醒别说话的时候对班干部指指点点，破口大骂，还在科任老师批评教育之后碎碎念，嘴里全是谩骂之词。我得知这个情况后，大为震惊，T同学在我眼里是一个热心助人的学生，在我第一天来到班里的时候曾经热心地帮助过我，怎么两周时间变成了这样？后来的某一次活动里，罗老师外出学习，托我单独带班，我总算"领教"到了他极具攻击性的一面，因为升旗台上老师讲话时间超出他的预期，被太阳晒得不耐烦的他站在队伍最后一排，一直指着台上的老师在后面指手画脚，破口大骂。眼看着其他同学要被他的念念有词逗笑，我赶紧上前制止，批评了他不尊重老师的行为。他的脸色肉眼可见地变差，此时我福至心灵，用不大却足以让周围同学听到的声音说："T同学，老师记得你，原来你就是我第一天来的时候给我指路、帮我搬书的那个同学啊！我还没有好好谢谢你呢，你让我看到原来我们班的同学这么有爱。今天我还想拜托你一件事情，你可以在接下来十分钟里保持住安静、不要说话吗？一会儿我还会下来看你，希望看到你安静的样子。答应我，可以吗？"周围的目光聚集在他身上，T同学的表情变得复杂起来，收起了攻击性的一面，有点得意又有些不好意思，对我点了点头。于是接下来的十分钟里，每次只要我将目光投到他脸上，他都如临大敌般捂着自己的嘴，一动不动地站定在原地。再后来，我给班里每一个同学准备了一份小礼物，附带一张手写的卡片，在写给他的那张卡片里写上了我对他的肯定与期许。这个看起来脾气古怪的T同学捏着手里的明信片看了又看，小声地请我在他的笔记本上签个名字，让他留作纪念。我为他的变化所触动，原来温和的鼓励有时也是化解学生攻击性的有力武器。

再如班里一位背着红色书包的内向腼腆的女生小S。每次来到班上，我总会遇到学生围起来叽叽喳喳地问很多问题，或是七嘴八舌地对我喊："黄老师！好想你！你终于来了！今天你好漂亮！"我都笑着一一回应，直到某次我注意到这个女孩，她站在人群的外围，小心翼翼地想挤进来，又不好意思地退缩。我用余光看到她的嘴唇开开合合，终于在某个间隙里缓慢地对我说："黄老师，你笑起来真好看。你的包真可爱……"我下意识地捏了捏她的脸，揽着她的肩膀跟她说："哇！你的嘴真甜！你笑起来比我好看，多笑一笑！"她立马就咧开嘴、如释重负地笑了。后来我慢慢发现，她在班里并不怎么与同学交流，也有学生偷偷告诉我班里也没有同学愿意跟她讲话，"总觉得她说话怪怪的，听也听不清"。而在校运会的两天里，我也发现她总是一个人背着她的红色水壶在一边待着，看到我的时候总是凑过来小声地问我一些奇怪的问题，但我忙着处理班里的事情，没有太多精力去仔细听她说了什么。当我闲下来的时候看到她一个人闷闷不乐地坐在那里，我心里有些愧疚，于是拉着她来到跑道边上，让她和我一起拿着大卡纸给班里的同学加油。后来，我了解到她开始和同桌交流起学校里布置的作业了，我为她感到开心，希望她在这个热闹的班级里也能有自己的一方天地。道别的那天，我在班里依然被学生里三层外三层地围着，但我看到她站在人群的外围，手里拿着我写给她的卡片，悄悄抹着眼泪。其实班里亦有几个像她一样听话安静的学生，他们也许没有突出的学业表现，在班级生活里也并不主动，但我发现只要用心去感受他们的内心，从心出发给予他们关心与肯定，让他们知道他们也有被看到，慢慢地他们也会尝试着走出自己的小世界。更多时候我想，"苔花如米小，也学牡丹开"，这样的学生也自有他们的美好。

　　班里其实更多的还是活泼外向的学生。女生每次见到我都爱跟我大声"表白"，缠着我要和我聊天，总让我受宠若惊；男生见到我总爱做些调皮的小动作，比如学我说话，模仿我的表情，有时把我惹得气不打一处来。他们总爱把我围在中间，问一些五花八门的问题。我置身其中，常常感觉自己不仅是老师，还像是他们的大朋友一样，平等快乐地交流。我理解他们对成年人世界的好奇，就像理解当年憧憬长大的自己一样。

　　就像我们平时所看到的那样，女生的情感总是细腻温柔，更能直接地表达出她们对我的关心和想念。而男生总是大大咧咧，似乎漫不经心。但我发现班里调皮的男生也有他们用心的一面，只是他们不善于直接地表达。我曾"抓"了其中一个最爱开我玩笑的男生来谈话，了解过后发现他看似什么也没放在心上，实则有着自己对世界的思考。他告诉我，他了解中华上下五千年的历史，希望有一天流落在外的文物能够回到祖国的怀抱。他还希望学好生物来了解生命何去何从。我感受到他对于世界有着旺盛的探索欲与好奇心，对于未来有自己懵懂的期许，对于当下的学习又有着自己的规划。不仅如此，在班级里他也总是乐于奉献，做着一些让他觉得有价值感的事情。通过这次谈话，我知道一个学生是多面的，需要保持耐心去慢慢了解，才能对症下药。聊天之余，我还看到了家庭教育在一个孩子身上会留下怎样的影子。后来，我还惊喜地发现，他还是一个有感恩之心的孩子。聊天过后的第二天，他就给我写了一封感谢信；又在我要离开学校的时候，跑到校门口依依不舍地目送我离开。

　　其实不光是他如此，其他看似调皮的学生也有着温情的一面。比如在校运会 4×100 米的接力赛项目上，终点处被围起来不让学生随意进入，有几个平时小动作不断、让人头疼不已的学生热心地递给我两盒葡萄糖补剂，嘱托我一定要给运动员们喝上，又召集班里的同学在跑道边上给运动员们加油。这个年纪的学生有善良的一面，也有着冲动的一面。校运会上，隔壁班的学生打闹，"误伤"我班的一个学生，导致他被泼了一脸水。几个学生气愤地找到我告状，说着就挽起袖子，怒气冲冲要"去砸了他们班的场子"。我赶紧把他们拦下来，先是关心被泼了一身水的学生的情况，然后教育他们遇事不要冲动，更不要用武力说话，做一个讲道理的文明人，告诉他们我一定会代他们去找到"肇事者"的班主任说明情况，让泼水的学生给我们班的学生一个交代，好说歹说他们才冷静下来。

实习两个月很快就结束了，学生知道我快要离开，私下组织给我写了信，课间的时候从教室跑来我的办公室，一副生怕我悄悄离开了的样子，对我说："太好了！老师你还没走！这是我们给你写的信，你等下再看！"我看着他们气喘吁吁的样子，突然很想为他们做些什么，哪怕我只能在他们的生活里短暂地留下一点痕迹。

图1　我为学生准备的50份小礼物

于是我给班里每个学生准备了一份小礼物，里面有一支笔，一个本子，还有一张明信片，里面写满了我对每个学生的印象与期许。我曾忐忑不安地想着，我送的本子和笔并不是什么值钱的礼物，他们自己能买比这好得多的文具，会不会对我的礼物嗤之以鼻呢？没有想到送礼物的那天，学生都舍不得放学离开，每个人都开心又激动地领取着专属自己的那一份，读着我写的祝福。有些学生叽叽喳喳地对我说："老师，原来这些事情你都记得！""老师，每个同学你都记得吗？"有些学生默默地看着手里的明信片，眼眶红红地看着我。我看着学生把礼物视若珍宝地放进书包里，心里的一颗石头落了地，原来我的心意是会被学生看到的。

第二天就是实习的最后一天，按照约定我中午放学后来到班上和学生道别，拍照留念。没有想到学生们也给我准备了礼物和卡片，甚至还有一大捧鲜花。他们闹哄哄地围着我，让我给他们签名、写祝福，排着队和我拍照，结束后又拉着我一起去饭堂吃饭。那一刻，处在学生中间的我被一种巨大的幸福感包围，我第一次意识到原来师生之间的情感是双向的，用心地对待学生，也会被学生用心地对待。

那天在离开实习学校的路上，这句话在我的脑海里萦绕不散："教育的本质意味着一棵树摇动另一棵树，一朵云推动另一朵云，一个灵魂唤醒另一个灵魂。"班里的孩子们各有各的特色，有些活泼好动，有些内向安静，有些成绩优异，有些特长突出，也有些好似并不起眼，但他们都有着这个年纪特有的天真与纯粹，有着他们自己独特的光芒，需要我们教育者具有足够的耐心去发现。我开始理解我的老师所说，做有温度的教育，要将教育当作是农业，而不是工业，要深耕细作，因材施教。短暂的实习生活结束了，这是我真正走进教师身份的一段时间，这是一段非常充实的日子。我想，未来想要成为一名优秀的人民教师，我还有很长很长的一段路要走，还有很多需要学习、提升的地方。

双手扶持千木茂，一心培育百花开

——以我之力，追我所愿

洪悦冰

个人简介：我是华南师范大学外国语言文化学院英语（师范）专业的学生洪悦冰，我开朗活泼，真诚友善，做事认真细致。我拥有敏锐的观察力，喜欢捕捉生活中的细节之美。这种能力让我能够迅速与学生建立起亲密的关系，帮助他们发现并发挥自己的独特优势。我相信每个学生都有潜在的才华，而我的角色就是引导他们挖掘这些潜力，让它们绽放光彩。倾听是我与人沟通的重要方式，我始终相信，通过倾听可以理解学生的内心世界，从而更有效地指导他们。我渴望成为学生的良师益友。在教学的过程中，我们不仅是知识的传递者和接受者，更是共同成长的伙伴。我期待与学生们一起探索知识的海洋，共同经历成长的旅程。

人生格言：让花成花，让树成树。

金秋九月，怀揣着对教师身份的期待，我来到了祖国边陲——新疆喀什，开启属于我的为期四个月的支教实习任务。新疆的早晨是宁静而美丽的，阳光洒在校园的每一个角落。我在这里的每一天，都是与学生共同成长的日子。我学会了如何与他们交流，如何理解他们的文化和背景，这让我的教学更加贴近他们的生活。

走进疏附县第二中学，吸引我的是位于学校正门的石头，上面刻着"筑梦"二字，还有行政楼上方习近平主席和托克扎克镇的学生们合照里的灿烂笑容。李大钊先生"以青春之我，创建青春之家庭，青春之国家，青春之民族，青春之人类，青春之地球，青春之宇宙，资以乐其无涯之生"的话语在脑海中浮现，我意识到在教育的广阔天地中，我不仅是知识的传递者，更是梦想的筑造者。每一个孩子的心灵都蕴藏着无限可能，我们的使命就是引导他们发现自我，激发潜能，让梦想的种子在知识的沃土中生根发芽。我希望我能够像李大钊先生那样，关怀青年，倾尽所能，在教育的道路上，为孩子们筑梦，助他们展翅高飞。

一、提灯引路，路漫漫其修远

在新疆喀什的疏附县第二中学，我开始了我的教学实习之旅。这里的每一天都是新的挑战，也是新的启示。我带高一（6）班和高一（8）班两个班级，一个极其活泼，而另一个极其沉稳。实习的每一天，我都带着"每一堂课都值得期待"的心态走进班级。每个学生都有很长很长的名字，我尝试记住他们每一个人，这有利于我进行课堂管理，也有利于我与他们有更近的距离。我逐渐适应新疆这片神奇的土地早八晚十的白天生活，我会利用课余时间向备课组老师学习，也会毫无保留地分享我在华南师范大学外国语言文化学院学习到的新教学理念、多媒体技术等经验。有时候晚自习需要我们进班辅导到晚上11点，我很享受这段与学生进行知识碰撞的时光，为学生解答疑难困惑，为他们寻找前进方向，帮助他们纠正学习方法，等等。

虽然疏附县第二中学的高中生已经是历经中考筛选出来的成绩优异的学生，但孩子们的英语水平普遍不高，原因有以下几点：孩子们在小学阶段没有接触过英语这门课程，大部分学生未能吸收初中三年学习的英语知识，初中三年的英语学习也只是为了应付中考；大部分学生家长不会讲普通话，学生只有在学校才会接触普通话和在课堂上接受少量英语，他们面临的语言学习挑战是巨大的。极少部分学生能够完成句子的成分分析，大部分学生出现"单词拼写错误、书写不工整、句子成分分析不清晰、不理解句子"等情况，这让我有些头疼。作为一名大三的大学生，我还未系统学习教学方法，我不知道我能不能传授好知识点，不知道我能不能上好一堂课，内心总是忐忑不安。

我记得刚到疏附县第二中学的第一天，在领取完教材之后我便收到一项紧急任务——在上午第三节课时去高一（8）班上课。突如其来的任务让我措手不及，但我很快反应过来，利用下课时间去高一（8）班跟学生们了解上课进度，向学科老师请教课程需要覆盖的要点，接下来我利用半节课的时间简单梳理教案，怀着忐忑的心情走进高一（8）班的教室，进行我作为英语教师的第一次课程。那个时候的我觉得自己像是一个假扮教师的小孩，像我学生时代的老师那样站在讲台上，眼神努力变得更犀利一些，声音努力变得更沉稳一些。我没有想到，40分钟过得如此快，学生们在课堂上积极配合，而这节课的教学难点和要点我都讲完了，这堂课顺利地完成了。下课后，学生的眼神在发光。一个名叫小布的学生对我说："老师，你的课很有趣，我学到很多。"这样简单的话语，对我来说却是莫大的鼓励。它让我知道，我的努力正在一点点影响着他们。

后来，我设计了一堂关于"梦想"的英语课。我让学生们用英语描述他们的梦想，并以小组合作的方式，共同创作一个关于实现梦想的短剧。这堂课不仅提高了他们的语言能力，更重要的是，它激发了学生们对未来的思考和规划。课后，一个学生跑来告诉我，他的梦想是成为一名医生，这堂课让他更加坚定了这个梦想。这样的互动让我深刻感受到，教育的力量在于激发和引导。学生的肯定无疑打消了我的部分疑虑，我的自信心在学生和二中老师们的期待中逐渐增强，我越来越肯定自己作为一名英语老师的身份，我对一切都感到好奇，我有对课堂的期待，对学生们的期待，我迫不及待想看到自己的成长。

很快，迎来了我们的第一场月考，尽管我是中途接手了两个教学班，但我内心还是很期待学生在考试中的表现。第一次测试的结果并不是很理想，一个班排年级倒数第一，另外一个班排年级倒数第三。学生的测试结果无疑是给我增压，我利用课余时间对每一道题的考核情况进行统计并做出对应分析，发现了一些问题，比如大部分学生因为单词量少导致看不懂，单词拼写错误，没有吸收课文的精彩部分，语法知识点理解模糊，等等。我利用晚自习的时间和学生进行一对一面批，建立班级"一生一案"，以便于了解学生学习英语的真实情况；利用班级分组制度在每天的日日清阶段帮助学生巩固薄弱知识；随后我同我的指导老师涂老师进行沟通交流，及时调整我的教学策略。此外，我也向广州援疆的教师蓝老师请教英语课堂的教学方法，蓝老师同我分析了当地学生与广州学生的差异，并向我分享更适用于当地学生的教学方法，令我收获颇丰。后续我也鼓励学生重新做一遍试卷上的题目，积累生词和生词搭配，积累素材，将试卷的精彩部分发挥到极致，帮助学生养成良好的学习方法。即便考试结果不尽如人意，但我在教学过程中对学生的做题思路给予肯定，在面谈中纠正学生的学习方式，唤起学生学习英语的信心。正是因为学生和我心往一处想，劲往一处使，拧成一股绳，在临近期末的一次全县统考中，我的两个教学班在全县排前十名，学生的成绩得到了学校领导和我的高度认可，学生对于英语学习的兴致大大提高。每当我看到他们因为理解了一个难点而露出的笑容，我的心中就充满了成就感。

我将我的实习经历分为几个阶段：适应期、挑战期和成长期。在适应期，我适应了学校的教学环境和学生的特点；在挑战期，我面对了教学中的困难和学生的不同需求；在成长期，我通过不断的尝试和反思，逐渐找到了适合自己的教学风格，也坚定了从事教师行业的决心。

二、言传身教，教谆谆而明道

作为一名教师，我的每一个动作、每一句话都可能成为学生模仿的对象。因此，我尽力做到诚实守信、尊重他人、勤奋工作，希望我的行为能够成为学生的榜样。例如，在学生运动会的工作中，作为班级包班老师，在班级运动员上场后，我组织学生为班级同学加油鼓劲，共同为班级争光，增强集体荣誉感。作为一名英语教师，我参与教师组的女子组"板鞋比赛"。那天阳光正好，我们在跑道上穿上板鞋进行团体赛，那一刻我好像回到了我的高中时代，向前方奋力一搏，最终获得女教师组第一名。我任教的两个班级也获得了不错的结果，高一（8）班是高一年级的第一名，高一（6）班是高一年级的第二名。后来，我也经常鼓励他们把体育精神运用到英语学习中。我注意到，一些学生开始在课后找我背书。在日日清阶段，我总会在班里和学生一起背书，我们彼此互相学习，一起进步。

在日常的师生互动中，我建立了班级"一生一案"制度，指导学生学习的方向，努力传递正面的价值观。例如，当学生面临困难或挑战时，我会鼓励他们勇敢面对，而不是逃避。我记得有一次，一个学生因为考试成绩不理想而感到沮丧，我与他进行了深入的谈话，帮助他分析问题所在，并鼓励他从失败中学习。这次谈话不仅帮助学生重拾了信心，也让我更加坚信，教师的鼓励和指导对学生的成长至关重要。

在教学任务中，我尽可能融入中国传统文化，通过分享我国各个地区多元的节日庆祝、文化活动等呈现方式，让学生体验和传承文化。例如，我向学生展示非遗文化英歌舞，以及华师的美食文化节，拓宽学生的视野。在课堂上，最初我在讲课时，其他学生总是急于和同学分享自己的想法，或者呆呆地看着眼前的课本，而后来每当我邀请学生回答问题时，我总会邀请学生们跟我一同认真聆听其他人的见解，学生们变得更加尊重他人，更愿意参与课堂讨论，也更能够接受不同的意见。这些变化让我深刻感受到，教师的言传身教对于学生的成长有着不可替代的作用。

通过实习，我更加坚信，教师的言传身教对于学生的全面发展至关重要。在未来的教育工作中，我将继续以身作则，传递正面的价值观，引导我的学生成为有责任感、有同情心、有追求的人。

三、以我之力，遂我所愿

实习期间，我有幸参与一次植树主题党日活动。我们走进戈壁，在那片贫瘠的沙地里种下一棵棵沙枣树。我曾对那一根根小小的、光秃秃的树干感到怀疑，我不太相信它们能够生存繁衍于这片贫瘠沙地，直到同行的一位老师给我分享一张硕果累累的图片，我的心里久久不能平静。我想到十几年前老家后院那棵不起眼的芒果树，在我成长过程中它似乎也是那么矮小，可多年后的现在，它已冲破屋顶，为我们遮风挡雨。是呀，如今我跨越万里，来到新疆支教，我也像那棵芒果树一样不断生长，希望能够为我的学生们树立榜样。四个月的实习生活已经结束了，但我相信我的学生们，就像那戈壁里的沙枣树一样，能够在学校老师们的指导下汲取更多养分，拥有向下扎根的力量，成就向上生长的繁华。他们终将枝繁叶茂，绽放出美丽的花儿。

"一名优秀的教师应当润物无声、以文化人，在学生心中播下启蒙开智的种子，让每个学生都有人生出彩的机会。"回到母校后，我时常会记起那块名叫"筑梦"的石头、贫瘠沙地上的沙枣、学生渴望的眼神，这段经历逐渐变成我的养分，让我像树一样生长，我会继续学习先进的教学理念，夯实专业基础，用丰富的理论武装自己，在感兴趣的学术科研领域进行长期、深入的研究，在时光中沉淀，在风雨里坚守，成为自己的大树，为成为一名深耕教学领域的研究型教育实践者撑起一片绿荫，绽放生命的璀璨。

筑梦高原，薪火相传

何佩誉

个人简介：我是华南师范大学文学院汉语言文学（师范）专业的何佩誉，因为一个梦，所以出发去支教。在这里，我播种梦想，收获希望，愿我的学生们能够做高原雄鹰，展翅翱翔。

人生格言：脚踏实地，仰望星空。

图1 参加林芝市职业技术学校（以下简称"林芝职校"）教师节活动

癸卯年中，余往西藏。望雪山之巍峨，天空之澄澈，喜不自胜。至林芝职校，承蒙师生照顾，过四月，去藏。忆往昔，吾终得志，如梦似幻，喜乐长存。遂知，此乃桃花源也。

——题记

写这篇总结，实在是难以下笔。思考良久，才能写出两行字。一桩桩、一件件事，就在眼前，仿佛我还在林芝那般记忆犹新；可一切的确是真实地结束了，没能在林芝等来3月的桃花盛开，我在广州温暖的冬季里，记录着这四个月以来的事情。内心因这四个月的时光而变得无比充盈，却又因突然的别离而感到空虚。我回头望，不断寻找当时的心境，却发现：林芝是桃花源——人生中只会出现一次的桃花源。

在林芝时，我曾和学生们分享过我到林芝支教的过程。我说，从认识大家到现在，只有四个月，可是为了这四个月，我从2023年上半年开始准备面试、考核，过程中我跨越了一年；在面试之前，我给家里人做思想工作，整整半年，其实我跨越了一年半；但是我仍然记得，18岁那年，我刚上大学，第一次看到招支教志愿者的推送，我告诉自己，大学四年，我一定要去这里；为了和大家见面，我跨越了整整三年，从18岁到20岁，从大一到大三。

所以说，一切都是缘分吧！我居然在大三这一年，实现了自己大一的愿望。

此乃桃花源之一。

有时候我会觉得，自己是一个满怀着教育理想的人，但却不是那么合格的老师。我到底要把我的孩子们培养成为什么样的人？我要把什么留在祖国的边疆？职校的孩子们到底需要什么？无数的问题，在支教期间，我无数次问自己，不停地思考，当然也在身体力行地践行着自己的教育理念。第一次给2023级旅游服务与管理"3+3"班级上课，我让学生们全部上台做自我介绍，孩子们都很害羞，要么扭捏不上台，要么在台上捂着头。我不断地鼓励他们，示范给他们看大方的姿态是多么漂亮，也不为难实在不愿意上台的孩子，因为我想让他们拥有拒绝的勇气和被尊重的感受。不仅在这一堂课上，每一次上课我都给孩子们灌输"互相尊重"的这个概念，想要让他们成为更自信、更勇敢、更真诚的人，拥有更多塑造自己人生的美好品质。

最让我感动和深受鼓舞的是，我的学生们能够感受和了解到我的所作所为有何含义。他们说："老师，你很好，你会给每个同学尊重，从来不强迫我们，还很会鼓励人。"孩子们，其实老师就是想让你们成为这样一个人！我仍然相信，将心比心、真诚付出，能够得到回报。

在这里，我的教育理念得到了践行，我的教学得到了正反馈。

此乃桃花源之二。

人的成长离不开良师益友。在林芝职校，毫不夸张地说，老师们都把我们当成了小朋友一样照顾，在生活上充满关怀，在教学上一方面鼓励我们，另一方面又把我们当成正式老师甚至有经验的老师一样，让我们参加各项教研活动、比赛等等，让我在林芝职校既能感受到作为"大学生"这个身份的照顾，又能感受到作为"支教老师"的责任。至于益友，则是有两部分。一部分，是我的学生们，虽然从我的角度出发，老师不能和学生真正地像朋友一样玩耍打闹，但是他们在学习和生活中给我带来的反馈，确实带来了莫大的益处，因此这里也暂称他们为"益友"。另一部分，则是我的职校队友们。有时候我会愿意称他们为"战友"，我们纯粹地为了共同的目标在奋斗，有时候是活动，有时候是表演，有时候是教学。我们会为了一个大型活动的成功举办而共享喜悦，也会为没有改完的卷子而一起焦头烂额。我能够从他们身上汲取前行的力量，感受到青春最美好的热情。

和良师益友们相处，我可以做最真实的自己，做最理想化的自己，做一切"冲破人生7.9公里每秒"（7.9公里/秒是人类航天器克服地球引力的最低速度，也被称为"第一宇宙速度"）的事情。

此乃桃花源之三。

桃花源虽美，但终不是栖身之地。我把梦想寄到了桃花源，收获了热烈的时光；我把梦想种在了桃花源，收获了今后前行的力量。梦想在桃花源中长成希望，愿我的孩子们都能够收获更灿烂辉煌的明天。

美梦终醒，桃花不败。热爱长存，亦会相见。

本人于 2023 年 8 月至 12 月，参加华南师范大学 2023 年秋季援藏支教工作，担任华南师范大学第十一批赴林芝支教服务队职校分队队长，服务于西藏林芝职校。现将一学期来的主要工作总结如下。

一、主要工作内容

培根铸魂，落实立德树人根本任务。为把思想政治工作贯穿教育教学全过程，实现全程育人、全方位育人，搞好民族团结进步教育，建设各民族共有精神家园，本人坚持将立德树人贯彻在支教的全过程中，协助林芝职校举办"中华民族一家亲　同心共筑中国梦"主题红色研学活动 1 次；担任学校 VR 党建馆讲解员，为学校超过 800 名新生讲解党史；参与"三联三进一交友"主题党日活动 1 次、地震应急疏散演练 1 次、导游实操实践活动 1 次，为帮助学生坚定理想信念，培育和践行社会主义核心价值观贡献了青春力量。

聚焦主责主业，做好基础教育教学工作。我认真钻研教材，研究职校新课标新要求，参加学校语文组教研活动 3 次；承担学校语文、英语科目授课，授课班级共计 8 个，覆盖学生 297 人，授课课时 282 节；担任副班主任工作，参加每周班主任工作例会，给学生们上主题班会课，如推广普通话、节约粮食、预防校园霸凌等；参加学校中段考、期末考监考、改卷工作，担任职校语文 2023 级期末考试试卷出题人；指导学生参加学校"大美中国"比赛，获得系、部三等奖两项。

坚持品牌活动，发挥粤藏连线优势筑牢民族团结。借鉴上一批支教服务队举办的活动，本批支教队联动华南师范大学文学院、数学科学学院以及广东技术师范大学支教队，延续了"雪域雄鹰班"（语文、数学）培优活动，完成了 7 周的培优计划，共计 56 课时；联动马克思主义学院，完成民族团结、国庆、宪法宣传主题粤藏连线活动共 3 次；联动马克思主义学院、数学科学学院开展"信件连心　寓教于情"粤藏书信活动，覆盖 166 名职校学生、94 名华师学生志愿者，共完成了 2 轮书信往来。

共建和谐校园文化，积极参与多彩活动。为展现志愿者积极向上的精神风貌，建设良好的校园文化，本人代表林芝职校参与林芝市"园丁杯"女篮比赛，荣获第四名；参与林芝市市直系统喜迎国庆合唱比赛；参加林芝职校教师节表彰大会节目表演。

二、收获与反思

还记得在华南师范大学建校 90 周年校友座谈会上，援藏校友跟我们说的"进藏为什么，在藏做什么，离藏留什么"。虽然在藏只有短短 4 个月，但是我仍然记得进藏时想要给孩子们带来不一样的世界、带去更好的教育的那份初心。在藏期间，在教育教学上，我能够看见西藏和内地教育的差距，更加理解了教育援藏的意义所在；我能够在课堂上给孩子们讲授知识，并且从孩子们的反馈和每一次钻研教材取得的收获中不断提高自己的教学能力；我能够在每一次校园巡逻、进宿舍谈心、个别教育时，更加明白教师身份肩负的责任，了解到如何把立德树人落到实处；我能够在孩子们淳朴的问候和离别时不舍的眼光中，感受到跨越三千公里的真情。

因此，我认为，这次援藏经历最大的收获，便是在这 4 个月里，切切实实地做了自己想做的事，并且有来自学生和职校老师的正反馈。

"离藏留什么"，我想这是我在工作当中的不足之处。总觉得时间紧任务重，很多时候没有办法给孩子们留下一些能够"无限翻阅"的痕迹，只能把记忆留在孩子们的脑海里。

可能总是要有些缺憾，才让回忆更加动人。筑梦高原，薪火相传，我接过志愿的火种，又将它传递。高原上的支教故事，永远未完待续。

培道躬耕三华章，思政育人觅良方

朱沁瑶

个人简介： 我是华南师范大学思想政治教育（师范）专业的朱沁瑶。沁人心脾，启智润心，在师范生成长求索之路上，名字的寓意早已融进我对教育的始终热爱与不懈坚持里，塑造着我的教育理念，指导着教育实践——上好每一堂思政课，启发心灵，滋养人格。得益于在师范技能大赛中取得的优异成绩以及大三兼职班主任的工作经验，在实习期间，我不仅能够担当好"实习队副队长"一职，更能站稳"班级"与"学科"两个阵地，走进班级学生的心中，成"良师"，为"益友"。

人生格言： 浇花浇根，育人育心；以爱心为水，以五育为肥。

图1 上课实录

一、乐教爱生，怀抱教育热情和一份初心

"乐教爱生、甘于奉献的仁爱之心"是对教育家精神内核感情的直接表达，揭示了教育家精神的情感底色。教育是人与人之间相互成就的世界，而情感恰恰是人之为人的重要属性，没有情感作为中介，真正的教育是很难实际发生的。对此，我常常思考，究竟什么样的教育才算是好的教育，什么样的教育才能瞄准人类从心底迸发出来的心之所向？我

想，对于这个问题而言，"爱"或者说"爱的教育"是一个高度浓缩且能完整展示教育情感力量的关键词。只有好好珍惜并发扬人的天赋情感，将这份"爱的心连心"融入教育，教育才能有支点、有动力、有温度，才能持久，才能鲜活，才能让"爱"的人教出"爱的人"。

（一）乐教之始，自我先成"爱"的人

"乐教"指向教师与其所从事的事业之间的关系。"乐"彰显"爱"，表明教师对教育事业有一种发自内心的情感认同，并将其与个人职业幸福乃至人生幸福主动关联。"我爱我正从事的教育事业吗？"我一直对我会做出正向回答的"当然"二字深信不疑，直到我真正站上班级讲台，望向面前穿着蓝白色校服、青春洋溢的学生们的刹那，这种兴奋感、自豪感夹杂着不真实感的冲击，才让我心底被肯定已久了的答案得到了印证。我知道，始终怀揣着的这份对教育事业的无限热爱与憧憬得以具象化，播种在心底的教育种子早在不知不觉中生根发芽、枝繁叶茂。作为师范生的我，长大了，蜕变了，这颗"乐教"的小种子在热爱与坚持的沃土里得以滋养然后生长，打心底里告诉讲台上的我："亲爱的小老师，此时此刻，我很幸福。"

从高考择校时毅然决然地选择师范院校就读师范专业，到如今站在高中政治课的讲台上，教书育人这份初心从未改变。我深知，教育不仅仅是知识的传授，更是心灵的启迪与人格的塑造。在得知我将为学生们讲授高中政治必修一"社会主义制度在中国的确立"这一课时，我的第一想法是"我好荣幸，我要把我人生中的第一节政治课备好、上好"。好的开始是成功的一半。面对即将到来的高中政治40分钟课堂考验，为了落实好课标要求，我翻阅了教师用书，研读了相关论文，查阅了大量知识性、教学性辅助资料，听取了网络平台上多位前辈们的教学经验分享，最终修改打磨出教案与课件，并充分利用华南师范大学微格训练室和实习学校空教室等多场地进行磨课。在一次次反思、修改与实践中，我最终有底气、有勇气站上我向往已久的三尺讲台。在这个精益求精的过程中，是这份最淳朴、最内发、最本真的对教育的热爱在驱动着我，我是有所"爱"的人，我因为爱变得更好，我也期待通过课堂将我的"爱"传递给"爱的人"，培育他们成为更好的人。

（二）爱生之本，教育培养"爱的人"

"爱生"则指向教师与学生的关系，"爱"表明教师对学生的真正在意，而学生正是热爱教育者所"爱的人"。我想，对于一位有"爱"的教师而言，"爱"不仅仅是一种个人品质，而且应当是一种关系状态，这种爱的本质就是用爱去连接"爱"的人与"爱的人"，爱的教育便是有爱师生关系的构建。

课前，我认真备课，精心设计教学方案，在力求将复杂的历史进程和马克思主义理论的底层逻辑以专业且生动有趣的方式呈现给学生的时候，我期待我能引导学生懂得对马克思主义的理解认同之"爱"。课上，我满怀激情地授课，与学生积极互动，引导他们深入思考社会主义制度的优越性和中国发展的辉煌成就时，我期待学生能懂得对马克思主义中

国化的实践探索之"爱"。课后，我主动与学生交流心得，倾听他们的疑惑与见解，我期待学生能懂得作为新青年的他们自觉担当时代重任的挺膺担当之"爱"，成为一个心怀大我、至诚报国，理解爱、学会爱、拥有爱的人。

在这一过程中，我深切感受到了教育家们所倡导的"以学生为中心"的教学理念之重要。只有有爱的教育者，真真切切在意关注学生，用"爱"这一力量唤醒学生，启迪学生，在思政课程和班级管理中融入"爱"这一情感，才能激发他们的"爱"，助力他们成长为有理想、有担当的新时代青年，成为"爱的人"。

二、躬耕教坛，站稳学科、班级两个阵地

（一）站稳学科阵地，做思政课堂的创建者

（1）开展政治课教学工作。在研读课标、阅读论文、精心备课、用心打磨中，逐渐掌握新课标要求下思政课议题式教学要领，将所学的教育学、心理学知识运用到教学实践中开展教学。

（2）开展政治学习质量评价工作。批改班级课后作业，将学生的作业评价划分为"阅""A""A+"三个等级，写评语指出问题或予以肯定。同时，鼓励学生将困惑的知识点在政治作业上予以标注，以便通过书面或面对面的方式给学生解答。

（3）开展政治课后辅导工作。课后以线上线下相结合的方式回复学生疑难问题，主动提供政治科目学习点拨，关心了解学生学习状况，累计辅导学生 13 人次。

（4）开展政治测验改卷工作。参与政治科目高二年级区属学校统一改卷工作，并在当月末参加政治科目高一年级期中考改卷工作。

（5）开展教研自我提升工作。跟随带教老师一起走进广州华侨博物馆，参加越秀区教研活动，共同探究"如何用好丰富的爱国主义教育资源，上好更高水平的'大思政课'"，与越秀区教师共同学习、互动交流，提升教育本领，促进专业发展。

（二）站稳班级阵地，做班级发展护航者

（1）进行班集体创建工作。进行班委选举、班委培训、座位安排、小组安排、值日安排、班级布置、班级精神文化创建，制定了班级规章制度和各项细则，凝聚共识、增强学生班集体意识，保障班集体得以顺利运转。

（2）跟进班集体日常事务。每日及时跟班听课，与学生沟通交流，了解学生近况，进行关心和针对性指导。

（3）开展班集体特色活动。策划主持班级中秋茶话会、"生涯规划"主题班会；协助引导校运会开幕式编排并获得一等奖的好成绩；制定小组合作学习、班级积分制运作细则，联系实习教师与科任教师对接每个小组进行指导，以小组为单位共同发展进步；创建班级微信公众号并运营，展示班级风采。

三、立德树人，践行课堂内外三全育人

（一）全员育人，形成教育合力

"全员育人"，狭义来看是指校园内每一位成员都是教育的参与者、实践者和推动者。这一理念打破了传统教育中"教师教、学生学"的单一模式，强调了一个更加开放、包容、协作的教育生态系统。教师共同体集体育人，将班级同学划分为八个小组，每个小组配备一位科任教师和一位实习教师予以指导，班级教师全员参与育人活动，提质增效。

放在更大背景里，"全员育人"更广义来看是指家庭社会等多元环境中的人员也一同参与到育人中来。比如与家委会积极沟通交流，邀请学生家长共同参与茶话会、为校运会准备物资、共同运营班级公众号，呼吁家长积极参加家校互动活动，主动参与家长委员会有关工作，构建正向的家校关系，充分发挥家校协同育人合力。

（二）全程育人，着眼人生成长

"全过程育人"强调的是教育的连续性和系统性，这要求我们将教育的目光放得更远、更深、更细，关注学生的成长全过程，将学生从入学到毕业乃至未来的职业生涯规划都纳入我们的视野之中。

在高一伊始这一全新起点上，我开展了"乘风破浪有方法，幸福生涯靠规划"的生涯规划主题班会，以航海情境结合心理测验帮助学生认识自己、找准方向、开展规划，培育学生整体意识，启发学生用长远的眼光看待问题、看待人生。

（三）全方位育人，促进全面发展

"全方位育人"强调的是教育的全面性和综合性，这要求我们在教育内容、方法、手段等方面不断创新和完善，以满足学生德智体美劳全面发展的需要。

德育方面，我落实好课程育人，讲好每一堂讲台上的思政课；智育方面，我坚持两点论和重点论的统一，鼓励高一学生全面系统地学习好九门课程的同时，有所侧重地学习自身所长或感兴趣的课程，既重视知识的广度，也重视知识的深度。体育方面，我鼓励学生加强营养、积极锻炼、培养运动爱好、参加体育比赛。美育方面，我支持学生基于自身美育素养，充分发挥想象力和创造力开发优秀作品，引导学生进行具有美感的开幕式设计、班服设计、海报设计，给学生的运动会手抄报评选打分表彰，肯定学生的创意，启发学生对美的感知、认识、学习与创造。劳育方面，我编排班级值日表，要求学生完成好班级日常值日工作和特殊时间点例如考场布置的工作，并予以及时指导监督。在与学生的交流谈话中，作为曾经的华师校志愿服务队的一名干事，我主动向同学们介绍志愿服务活动，鼓励学生走出课堂，走入社会，投身实践，热心公益，自觉将自己置于更广阔的背景中奉献劳动，开展更为广泛的学习，心系社会、心系人民。

四、写在最后

"青青四叶草，悠悠忘不了，寸草报春晖，天地更美好。"这是每天早晨迎着朝阳，步入培道校园，大广播里播放着的悠扬旋律。"岭南红棉七中艳，百度春秋培道缘，薪火相传声名远，春风化雨桃李妍。"这是每周一升旗仪式全校齐唱的校歌——《七中艳》。"爱是心中善良，爱是人间温暖的源泉，有爱让我们更有力量。"这是每天中午享用午餐的陪伴之歌。一曲曲音乐扣人心弦，浸润在广州市第七中学（简称"七中"）的书香文化里。作为实习老师的我和同学们一样，被感染着，鼓舞着，熏陶着。

红墙绿瓦，古朴典雅，是我对七中的初印象。还记得第一次的相遇是我刚来广州步入大学的时候，和三两好友相约来东山口游玩，偶然经过七中门口，便被里面的校园环境深深吸引，心想，在这样一所文化底蕴深厚的学校教书抑或是读书，一定是一件非常幸福的事情。很幸运，心想事成，三年后的我竟真的有了这样特别的机会。我对自己说："在梦想的七中校园里，在热爱的教育事业里，一定要常怀感恩、倍感珍惜，做好每一件重要的事情，在喜欢的领域里持续发光发热。"

在这两个月里，我十分幸运，遇良师、得益友，和同学们相处也愉快顺利。是优秀教师前辈们的带领帮助了我茁壮成长，成长为一名兼具教育理想、教育情怀和教育本领、教育素养的准教师。而我也有幸得到上完课后学生们的掌声，老师们眼神和话语的肯定，以及其他同事们对我实习工作的认可，被评选为了"实习积极分子"。我将带着这份爱与期待继续前行。培道躬耕，上下求索，这份来自七中的深深师恩与难忘经历将在我的心里化为教育初心的一部分，在我人生的教育长河里，熠熠生辉。

自信灿烂，以爱织梦

刘海婷

在历史的长河中，每一滴水都承载着过往的记忆，每一片叶都镌刻着时代的痕迹，每一缕风都轻拂着岁月的面庞。作为历史学师范生的我，怀揣着对过往的追溯与敬仰，踏上了实习的征程，希望将这份对历史的深情与热爱，播撒在未来的学子心中。

一、"赶鸭子上架"

"你好，侨中"。司机师傅说，"侨中初中部到了"，我拖着两大箱沉甸甸的行李，来不及仔细地瞧一眼中山市华侨中学（简称"侨中"）的正门口，只想着尽快地安顿好自己，因为一路上舟车劳顿，以及还有好多生活用品要去购买。直到第二天早上打车从初中部门口出发去高中部的时候，我才看清楚了侨中"正脸"——半圆拱形的大门口，浅白的乳漆色，七个鲜明的大字"中山市华侨中学"。学校隐藏在老城区之中，门口是窄窄的双行单向车道，往西一百米是当地人最爱逛的菜市场，这样的侨中给人一种"大隐隐于市"的感觉。

首次踏入侨中的教职工大会，我内心激荡起难以言喻的震撼与感慨。竟有三十一位新星璀璨加盟侨中，他们皆以"211"研究生及以上学历为舟，扬帆启航于教育之海——相比之下，我的华师本科背景，在这星光熠熠之下，不免隐于一隅，苦笑中带着几分自我激励。令人动容的是，侨中以一种前所未有的礼遇，将我们这些实习教师亦纳入其荣耀的殿堂。当主持人的声音在会场回响，我的名字被庄重地提及，那一刻，我们起立，在全校教职工的瞩目下，以一次温暖的问候，搭建起尊重与接纳的桥梁。侨中的这份礼数，不仅仅是大会上的片刻光辉，它如同涓涓细流，渗透于日常每一处——从保安到保洁，从行政人员到资深教师，乃至校领导，皆以真挚之心，视我们为并肩作战的同仁，赋予我们真正的教师尊严与荣耀。这，便是中山名校独有的风范，一种包容万物、尊重每一份努力与梦想的气度，让人由衷赞叹，心生敬仰，不愧是中山市排名第三的名校。

午后，阳光正好，我踏进了历史科组会的神秘殿堂，在那里，我有幸结识了我的历史引路人——初一历史科的掌门人，周老师，他也是我即将跟随学习的带教师父。会上，一个令人瞠目结舌的消息如晴天霹雳般砸向我：我竟然要独挑大梁，接手（13）至（18）班共六个班级的初一历史课程，每周十二节！这消息，对我来说，简直是"实习生涯的大冒

险"啊！要知道，我可是个讲台上的新手小白，连一节完整的课都未曾上过，心里的小鼓敲得咚咚响，感觉自己就像是被推上了历史车轮的实习生，生怕自己成了"知识的误传者"。我心里暗自嘀咕："这……这是要我'一战成名'的节奏吗？"侨中的这份沉甸甸的信任，让我既感动又慌张。虽然我的心里感激之情如潮水般涌来，但我的脸上却写满了"愁云惨雾"。一想到9月2日开学的钟声即将敲响，而我只有一天的时间来准备这场"历史大戏"，我的心跳就加速到了百米冲刺的速度。更有挑战性的是，我们初一的学子们即将使用的是2024年版全新历史教材，这教材不仅与高中历史无缝对接，内容更是海量升级，难度直线上升，仿佛是在向我发出"挑战书"。我手里拿着这沉甸甸的新教材，课程表在眼前晃悠，就像是在进行一场寻宝游戏，最终在办公室找到了我的"小小根据地"（我的工位）。那一天，我就像是被信息洪流冲刷的小舟，脑袋里嗡嗡作响，却也在心底暗暗发誓："既然选择了远方，便只顾风雨兼程。"就这样，我在一片混乱与兴奋中，开启了我在侨中的奇妙实习之旅。

当我初次踏上那神圣的三尺讲台，面对着那一双双充满好奇与期待的眼睛，那一刻的心情，如今回忆起来，竟像是被时间的迷雾温柔地藏匿了。学生们那一张张稚嫩的脸庞上，分明写着对我"温柔如水"的第一印象——我始终挂着和煦的笑容，仿佛春日里和煦的阳光，温暖而不刺眼。然而，这份温柔，在学生们的私下评语中，竟悄然变成了"易于亲近，易于摆平"的代名词，让我哭笑不得，心里暗自嘀咕："难道，温柔也是种错？"起初的十分钟，我的心跳如同鼓点，紧张得几乎要跳出胸膛。但渐渐地，随着相同的开场白在六个班级间轮回播放，那份紧张感竟如同晨雾般散去，取而代之的是对课堂节奏的自如把控。毕竟，一节导言课40分钟，当"什么是历史""历史学什么""为什么要学历史""历史该怎么学"这些话题在我的唇齿间流转，从新奇到熟悉，再从熟悉到略显乏味，我也算是在"胡言乱语"中找到了自己的节奏，"赶鸭子上架"的我也是较为快速地适应了"从学生到老师"的身份转换。

二、"照葫芦画瓢"

新课的准备，对我来说，就像是一场精心策划的探险之旅。我翻阅厚重的历史书籍，搜集各种资料，试图将那些遥远而神秘的故事，以最完美的姿态呈现给学生们。然而，当我第一次讲新课，面对那些稚嫩而好奇的脸庞，我却发现，自己精心编织的"历史画卷"，竟然如同一潭静水，波澜不惊，连我自己都困在了那份难以言喻的沉闷之中。那一刻，我的心仿佛被一层厚重的迷雾所笼罩，沮丧与自我怀疑如同潮水般涌来。我开始反思，为何自己如此认真地备课，却仍然无法让课堂变得生动有趣？难道，我真的不适合成为一名教师吗？那份曾经坚定的信念，在那一刻变得摇摇欲坠。然而，正是这份挫败感，激发了我寻求改变的决心。我走进带教老师的课堂，企图从他那里找到那把打开学生心灵的钥匙。我观察到，带教老师总能以生动有趣的故事和贴近生活的例子，将枯燥的历史知识变得鲜活起来。他的话语，仿佛有魔力一般，能够瞬间吸引学生们的注意力，让他们沉浸在历史的海洋中，流连忘返。那一刻，我仿佛找到了新的方向。我开始尝试模仿带教老师的教学方法，用更加生动、贴近学生生活的语言去讲述历史。我尝试着将历史事件与学生们熟悉的场景相结合，用他们听得懂、感兴趣的话语去描绘那些遥远而神秘的故事。在这个过程中，我深刻体会到了"教学相长"的真谛。每一次与学生的互动，都让我更加了解他们的喜好与困惑，也让我不断调整自己的教学策略。我开始意识到，教育不仅仅是知识的灌输，更是情感的交流与共鸣。我尝试着用更加开放的心态去接纳学生们的意见和想法，鼓励他们进行质疑，引导他们独立思考。

在侨中几大幸事之一就是遇到了我的带教老师，他是一位充满智慧与魅力的灵魂导师，因为有他才能有我的"现学现卖"。他年约半百，岁月在他的脸上刻下了淡淡的痕迹，却丝毫未减他那温文尔雅的气质。他的眼神深邃而温暖，仿佛能洞察每一个学生的内心世界，给予他们最需要的关怀与引导。他对待历史教学严谨而热情，每一个细节都透露出他对这份职业的热爱与尊重。他深知，历史不仅仅是过去的故事，更是连接现在与未来的桥梁，是激发学生思考与想象的宝库。在他的课堂上，历史不再是枯燥的文字与数字，而是一个个鲜活的故事，一段段动人的传奇。他总能以最恰当的方式，将那些遥远而神秘的历史事件，转化为学生们听得懂、感兴趣的语言，让他们在轻松愉快的氛围中，领略到历史的魅力。而对于我这个初出茅庐的实习生，带教老师更是给予了无微不至的关怀与帮助。他担心我初来乍到，不适应新环境，时常关心我的心情与状态，用他那温暖的话语，为我驱散心中的阴霾。在历史教学上，他不仅给我提供了许多宝贵的建议，还亲自上示范课，让我模仿学习。他耐心地听我上课，指出我的不足，并给予鼓励与肯定，让我在一次次的尝试中，逐渐找到了自己的教学风格。除了教学上的指导，带教老师还非常关心我的生活。他担心我在中山这座陌生的城市里感到孤单，于是热情地向我推荐了许多好玩的地方，还时常邀请我一起吃饭、逛公园，与办公室的新老师们增进感情。在他的带领下，我逐渐融入了这个大家庭，感受到了团队的温暖与力量。

三、自信大方放光芒

在初一这个充满无限可能的阶段，我这六个班学生的心灵犹如未被雕琢的璞玉，纯净而闪耀，他们无条件地信任着每一位踏入他们世界的老师，每一次和他们的交流都仿佛是在心灵的原野上播撒智慧的种子。在这样的环境中，作为教师的自信便成为了那把开启学生心灵之门的钥匙，无论教学的方式如何变换，只要那份源自内心深处的自信如磐石般坚定，就能引导学生顺利地踏上探索知识的征途，让学习成为一场充满乐趣与发现的奇妙旅行。与学生沟通时，自信不仅是老师魅力的源泉，更是老师传递知识与信念的灯塔。它照亮了我们的言语，让每一个字句都充满了力量，让学生感受到知识的深度与广度，从而在他们心中种下对学习的热爱与追求。在与同事及班主任的交往中，自信更是我们平等对话的基石，它让我们敢于表达，勇于承担，不会因为自己实习生的身份而有所退缩。在家长会、校运会上，教师的自信更是成为了家长信任与安心的源泉。无论家长问我什么，我都以坚定的自信向家长展示对教育的执着与热情，让他们相信，我有能力成为孩子们学习路上的坚实后盾，引领他们走向更加辉煌的未来。总之，请记住：自信大方放光芒，是每一位新手老师的"制胜宝典"。

四、唯热爱可抵岁月漫长

"因为热爱，所以全力以赴"，这句话在我心中回荡。在侨中这片充满活力与智慧的土地上，我不仅遇到了我的带教老师，还邂逅了几位真正让历史活起来的出色的历史老师。他们的课堂，对我而言，就像是一扇扇通往过去的大门，每一次踏入，都能让我深切地感受到历史的魅力。当我坐在他们的课堂上，我仿佛穿越了时空，亲眼见证了那些曾在书本上读过的历史事件。他们的语言，如同历史的低语，将古老的故事娓娓道来，让我仿佛置身于那个特定的时代；他们的每一个动作，每一个眼神，都恰到好处地勾勒出历史的轮廓，让我仿佛看到了那些历史人物的身影；他们讲述的知识，就像是一颗颗璀璨的珍珠，串联起历史的脉络，让我对历史的了解更加深入；而他们讲述的故事，更是引人入胜，让我仿佛亲身经历了那些或辉煌或沧桑的岁月。起初，每每听完他们的课，我常常感到沮丧，觉得自己无论如何也模仿不来他们那种独特的讲课风格。我开始反思，最终发现问题的根源在于我并没有像他们那样，对历史怀有一颗真挚而热烈的热爱之心。他们的课堂之所以如此吸引人，是因为他们真的热爱历史，热爱到每一个细节都能触动人心。

作为历史老师，除了热爱历史，更要热爱学生。教了几个月六个班的历史，我认识了六个风格迥异的班级：（13）班是可爱仔，你往哪里走，他们都会追过来，甜甜地问"历史老师今天有什么八卦吗？"；（14）班是夸夸群主，他们会说"历史老师你真美"，不管我胡说八道啥，他们都会给予我满满的回应；（15）班是"有梗显眼包"，他们远远看到我，就会像"大喊一声旺旺"那样，撅着腚敬礼向我问好；（16）班是老实好朋友，他们在饭堂吃饭时会喊我过去吃，遇到难题会让我帮忙解；（17）班是"星星眼"狂热粉丝，自从他们知道我会写数学、英语、地理的题目，他们就来问我这问我那，对我莫不是有"亿点"崇拜；（18）班是高冷"小孩哥姐"，有时候高冷到我可能需要穿一件大衣。我想，我这一生估计只有在学校才能当上一把"大明星"了。非常感谢我这六个班的学生们，每天都能给予我满满的情绪价值，让我享受到当老师的幸福快乐，还很贴心地告诉我"老师，你以后不要当班主任就行"。

教师行业其实蛮不容易的，要处理非常多的人际关系，包括师生关系、家校关系、职场同事关系，如果没有一颗热爱"与人打交道"的心，从事教师行业应该是一件很痛苦的事情。作为教师，要热爱学科、热爱学生，唯热爱可抵岁月漫长，以爱织梦。一直以来，我都希望我能成为一名"能带给学生小惊喜"的老师。每个人的成长路上不只有荆棘，还能开出鲜花。我愿做那只浇花壶，用我的热爱去浇灌，静待鲜花灿烂时。

从自己的青春里走出去，走进别人的青春里

李昱瑾

个人简介：我是华南师范大学历史文化学院 2021 级本科生，我真诚待人，严于律己，总是积极面对生活，认真做好每一件事情，承担起每一份责任。在我看来，教书育人是一件具有成就感的事情。当看到一双双渴望知识的眼睛闪闪发亮的时候，我感受到了自己身上的责任和重担。亦师亦友，是最理想的师生状态，也是最默契的师生关系，我希望能尽自己的努力为祖国的教育事业贡献一份力量。

人生格言：慢慢走，道阻且长，行则将至。

曾经很多次被问到"为什么想当老师"，我细细想来，或许是因为喜欢，或许是因为我的老师们说我适合，想了很久得出了答案——是因为"可以从自己的青春里走出去，走进别人的青春里"。后来因为很多原因，这个想法动摇了，不过我依旧拥有这次实习的机会。以目前对自己的规划，我深知他们可能是我唯一的一届学生，所以我打算将所有对教学事业的憧憬和热爱全都毫无保留地奉献给他们。在我看来，教育的本质是培养人、滋润人，是让花成花、让树成树，是一朵云推动另一朵云、一个灵魂唤醒另一个灵魂。所以，相遇的意义就在于我们彼此照亮。

一、观察·我们拥有不同的青春

我实习的地点在广州市花都区秀全外国语学校（简称"秀外"），这所学校创办于 2010 年，坐落于广州市花都区新华街秀全大道 66 号，分为小学部和初中部。秀外原隶属于广州市花都区秀全中学，以"做为他人的人"为校训，是一所全日制公办学校，初中部共 3 个年级，每个年级 15~16 个班，每班平均 50 人。学校不设宿舍，实行走读制，是广州市花都区教育教学质量相对较高的一所学校。

我本人是河南人，作为一名从高考大省走出来的学生，虽算不上小镇做题家，但我在广州读大学接受师范教育时总是不可避免地带着我的教育背景来看祖国另一个地区（尤其是走在经济和教育发展前端的广东省）的教育理念、教育模式以及在这种情况下学生的收获与经历。实际进入中学实习、接触一线教学是我观察广州市教育发展状况的窗口，也是

作为一个拥有不同的教育模式背景的人观察另一种教育模式的契机。

教育的地区差异。到秀全外国语学校的第一周，我参与了全方位的教育活动，从学生进校、交作业、早读、上课、吃午饭、午休一直到下午放学值日，学校大大小小的活动比如课间操、班会、周会、音乐会我也都全程跟班参与，从学校的管理制度上便可窥见教育的地区差异，最大的感受就是秀外的活动和生活是非常丰富的，远远丰富于我的中学生活，这让我在很多时刻都非常羡慕。秀外每周都会开展年级周会、主题班会，还会组织直笛音乐会、体育艺术节，每月会设置全年级的无作业日，还开展学科趣味讲座，暑期和节假日的作业布置也会有体现综合能力的部分，并且相对应地会在评价体系中有所体现，而且评价体系也会对学生的综合素养如志愿时长、荣誉奖项等有所要求。不清楚是学校特色还是广州市的学校的普遍制度，秀外的课表每周都会进行调换，而且有时候班会也会设置在早上第一节，这是最大的差异。除此之外，由于走读，学生每天会分享自己的游戏、生活、八卦，中午也会一起打饭、吃午饭、在教室午休聊天……相比之下，我的中学时代好像更加单调，但在我的记忆里依旧美好。虽然学校与学校、地区与地区之间一定有巨大的差异，但是我想这当中一定有教育模式的地区差异、教育资源分配的地区差异的因素在。我对这种差异的认知目前仅仅停留在表面，或者说我的认知仅仅存在于我和我的学生及我们所在的学校之间，狭隘且浅层。但是窥一斑而知全豹，我相信这是教育差异的一个缩影。

教育的时代进步。造成我们青春记忆的不同的另一个重要因素，就是教育随着时代在不断向前发展。近些年，由于"双减"政策（《关于进一步减轻义务教育阶段学生作业负担和校外培训负担的意见》）的出台和落地，中学的教育也发生了变化。这首先体现在课程设置上，秀外的课程设置更加丰富，除主科之外，政史地理化生每周各两节，体育、美术、音乐、计算机课的占比相较从前也有所提升，班会、周会及其他的年级活动的频率和占比也比较高；其次是作业设置，学生的日常作业较少且类型多样，年级科组会对作业的布置进行统筹，还会有分层作业的设置，教师对学生作业进行亲批亲改……教育资源的优化、教育配套设施的完善也都在日常的教学中得到了体现，这点点滴滴无疑是教育事业的巨大进步。

我与这群孩子们的中学记忆一定有方方面面的不同，但相同的是我们关于自己青春的回忆一定都是美好和快乐的，若干年后回想起来都会不自觉地怀念和嘴角上扬。

二、融入·当我和他们成为我们

融入学生的最好方式就是陪伴。我的老师告诉我，成为教师、站在讲台上最重要的第一步是一定要认清自己的学生、记住学生们的名字，于是我以最快的速度认清了班里的每一位同学（原来最先被记住的真的是最调皮和最懂事的学生）。每天从早上进班开始陪伴大家，督促并培训课代表收作业、看早读、监考背书、默写、协助班主任统计各科作业完成情况、改作业、监督学生重默、给家长进行反馈、陪伴学生们跑操、开周会班会、体育加练、整顿纪律、午自习午休、打扫卫生……连体检、音乐会、运动会彩排我也都在他们身边，给他们提供力所能及的帮助。在日复一日的班主任工作中，我见到了这群小孩儿鲜活灵动的每一面。相遇的意义在于彼此照亮。渐渐熟络之后,我也一次又一次从他们那里得到了名为"爱"的反馈,体现在每一颗悄悄塞到我手里的糖、每一声"老师好"、每一次有事没事的聊天和寒暄。后来我发现,在他们取得荣誉时与他们分享快乐、有共同的经历是这段美好记忆中最珍贵也是最温暖的一面。

三、上课·响亮又坚定的新阶段

独立完成一节新授课是整个实习过程中最浓墨重彩的一笔。

好好备课是一节课能上好的基础。原来老师上课真的不是一件很容易的事情,在学生阶段感觉没那么难的知识,备课的时候就会觉得怎么这么难讲。或许是因为出发点和关注点的不同,最困难的部分在于如何能让学生接受知识、如何能把逻辑讲顺、怎样过渡才显得自然而没有那么突兀。跟着教学进度,我选择了八年级上册第 7 课"八国联军侵华与《辛丑条约》的签订"。因为心里没有底,所以课前我看了很多节公开课和微课视频,也去听了同年级其他老师的课。其实没有一节课是可以完全复制的,即使已经听过集体备课的思路,但我还是选择了按照我的思路和我觉得能够接受的优质公开课的思路修改了 PPT 和教学设计,并且邀请同一备课组的老师和我一起磨课、改稿、精进板书、模拟授课,给指导老师上汇报课,然后再独立走上讲台。这也使我更加明白了要想成为一名人民教师,不仅要打牢自己的知识基础,拓宽视野和知识面,还需要提升教学技能,成为有扎实学识的好老师。

图 1　授课实录

课堂的横向比较、多维评价也是提升教学技能的重要途径。以我所讲授的"八国联军侵华与《辛丑条约》的签订"这一课为契机,除了网上的公开课视频外,我还分别去听了自己的带教老师、年级备课组的另一位老师以及年级另一位历史实习老师的同一节课,发现即使是同样的课本、同样的知识脉络以及同一个备课组讨论的思路,在知识的讲述和呈现方式方面也会有很大的差别,这是教师对知识的理解和个人风格所导致的。

四、遇见·我永远爱充满活力的他们

难得的是，在离开前我有幸参与了秀外的校运会，看着大家在运动场上拼搏、互相拍照、努力喊加油、互相搀扶，展现出了独属于这个年纪的他们在教室里看不到的鲜活灵动的一面。在他们比赛失意、一个人悄悄难过不说话的时候，我意识到他们只是一群少年，他们所拥有的灵气是现在的我已经不具备的，他们是那么重义气、重荣誉。看着他们在操场上没有任何顾虑地奔跑大笑时，我忍不住在想这才是他们应该有的样子。

我常常设想要送一些什么样的祝福给他们，想了很久，首先希望他们平安健康快乐，这是未来长久人生路的基础，也是一切美好的祝愿的基础；其次希望他们成为充满爱的人，爱生活、爱家人、爱朋友、爱这个世界和人间；然后就是希望他们成为有锐气的人，有勇气、有思考、有抱负、有判断力，有与这个世界对抗的力量，也在任何时刻都不会轻言放弃。

最后，我又一次怀念自己的中学时光，想念我的老师们和同学们，更想念当年的自己！

雏菊也会开满山

——乡村留守儿童心理关爱实践总结

丘心怡

个人简介：我是来自华南师范大学历史文化学院历史（师范）专业的丘心怡，喜欢看小说和电影，还喜欢运动健身。即使平常的我比较内向，但学习了师范专业，我知道必须要勇敢地、主动地与同学们交流和沟通。通过两个月的实习经历，我学会了用真诚和理解去触碰每一颗年轻的心来收获他们的信任，就像是手握罗盘，引领着他们穿越知识的海洋，并指引他们一步步踏上属于自己的合适、正确的道路。这段旅程，不仅让我成长为更加自信、更加坚韧的教育者，更让我深刻体会到，教育的真谛之一在于心灵的触碰。

人生格言：仅仅活着是不够的，还要有阳光、自由，和一点花的芬芳。

图1 英语早读课堂

根据学校的抽签实习学校制度，我并没有如愿以偿去到一所广州市中心的重点学校，而是来到了一所宁静质朴的乡村学校。这里，远离了都市的喧嚣与繁华，四周环绕着郁郁葱葱的香蕉田和雏菊满布的蜿蜒小径。学校的建筑虽不华丽，但对于初中生来说也是够用的。然而，我的心中仍有隐隐的担忧。我担心这里的孩子们过于调皮捣蛋，让我这个初来乍到的新手老师难以驾驭；我担心自己的教学方法不适用于这片陌生的土地，得不到孩子

们的积极响应与配合；我更担心自己无法跨越师生之间无形的鸿沟，无法与这些纯真无邪的孩子们建立起深厚的情感纽带。

怀揣着一颗既激动又忐忑的心，我终于踏上了实习生活的征途。我将作为初三（4）班的实习班主任和实习历史教师，与 45 位学生共同度过两个月的时光。初次踏入这个班级，当我站在讲台上进行自我介绍时，有的同学眼中闪烁着好奇的光芒，大胆地向我抛出关于大学生活的问题，仿佛想要透过我的经历窥探他们自己的未来；而有的则显得羞涩而矜持，只是静静地注视着我，眼神中藏着一份不易察觉的期待与沉默。回想起自己从小到大在学校的点点滴滴，我恍然发现，自己曾几何时也是那些沉默学生中的一员，那份对未知的好奇与对自我的保护交织而成的复杂情感，至今仍能令我感同身受。因此，对于那些在课堂环境中相对保持沉默的同学，我内心深处涌动着一股特别的温柔与理解，仿佛看到了八九年前那个同样青涩、略带腼腆的自己。这份共鸣让我更加坚定了要给予他们更多关怀与照顾的决心。在接下来的日子里，我希望能成为他们成长路上的引路人，不仅传授历史知识，更希望能倾听他们的心声，陪伴他们走过充满困惑与挑战的青春期，以一个引路人的身份陪伴在他们身边。

终于，我迎来了首次上班会课的时刻。经过五六天的精心筹备，我的班会教案终于可以在班级里付诸实践。鉴于班级中大多数同学来自周边的乡镇，我将这第一次的班会主题设定为探讨大家对世界的认知，以及深入思考我们为何需要学习。我发现，许多学生对于学习的目的仅持有模糊的认识，他们认为学习只是为了考到一个好学校，找到一份好工作。于是，我通过一些名人励志故事以及个人亲身经历，力图激发他们的共鸣，让他们明白学习不仅是为了触及更广阔、更深邃的世界，更是为了自我成长与超越，成就更加优秀的自己。经过近两周的朝夕相处与深入了解，我已对每位同学的个性特点有了初步的认识。我深感此刻正是推进一对一学生谈话，进一步加深了解与沟通的绝佳时机。

在过去的两周里，从晨光破晓至夜幕低垂，我的身影始终伴随着重点班的孩子们，穿梭于早读的琅琅书声、跑操的勃勃生机与晚修的静谧专注之间。作为重点班之一，教室里每一个角落都充满着学习的氛围，学生们大多乖巧认真，眼神中闪烁着对知识的渴望与对未来的憧憬。

然而，在这和谐而专注的集体中，我留意到了一个与众不同的身影———一名坐在教室最末端、靠近窗边的男孩子。每当早读默写时，当其他同学正襟危坐，笔尖在纸上沙沙作响时，他却显得格外不同。他会趁老师转身的刹那悄悄侧头，快速抄下隔壁同桌的书写，或是干脆将书页轻轻翻开一角，用眼角的余光偷瞄。这样的行为，在老师眼里格外突出。

前两次，当我看到这一幕时，并未立即出声打断进行训斥，而是选择了一种更为微妙的方式。我轻轻地走过他的身旁，以一种温和而深邃的目光与他进行眼神交汇，嘴角勾起一抹意味深长的微笑，那微笑中既包含了对他行为的洞察，也蕴含了一丝对于他能够自我改正的期待，我想对他说："我已经注意到了你的行为，希望你能够自我反省，走向正轨。"这样既维护了课堂的和谐氛围，也给予了孩子自我反省的空间。

通过与班主任的深入沟通，我得知这名男孩是一位体育特长生，他的心思更多地向运动场倾斜，而对学习成绩的追求则显得不那么迫切。这份认知让我对他的行为有了更深的理解，也促使我决定在课间时分，以一位朋友的姿态，而非单纯的教育者身份，与他进行一场一对一的心灵对话。对于这次谈话，我内心既充满期待，又夹杂着一丝紧张。毕竟，这是我第一次以这样的角色去接近、去理解一个与我有着不同视角和追求的年轻人。我反复提醒自己，在这次交谈中，我要做的是一位耐心的倾听者，而非一个滔滔不绝的说教者；我要探寻他内心的真实想法，而不是仅仅告诉他"你的行为是错的"。

带着这样的心态，我鼓起勇气，迈向了教室。阳光透过走廊的窗户，洒在地面上，形成一片温暖的光斑。我轻轻拍了拍他的肩膀，尽量让自己的语气听起来轻松而友好："你出来一下，老师有些事情想和你聊聊。"他有些惊讶，但还是顺从地站起身，跟着我走出了教室。那一刻，我能感受到他的眼神里既有好奇，也有一丝戒备。但我知道，只要我们能够打开心扉，这场对话就有可能成为他成长路上的一块重要基石。在静谧的走廊里，我们即将开始一场关于理解、尊重与自我发现的对话。

我开门见山地开启了对话，目光温和地注视着他，轻声问道："是不是会感觉背书有些吃力，或者没有去尝试完成老师布置的作业呢？"他微微低头，双手不自觉地摩挲着衣角，回答道："我有尝试去背，但每次到了第二天默写的时候，我就会忘记。"为了拉近我们之间的距离，我转而询问起他平时的兴趣爱好，试图找到一些共同话题。"那你平时喜欢做些什么呢？除了学习之外。"我的话语中带着几分好奇与鼓励。他抬头看了我一眼，眼神中闪过一丝光亮，开始讲述起自己对篮球的热爱，以及对一些手游的喜欢。我也接着他的话题，讲述其实老师以前中学阶段也会喜欢游戏，但是最重要的其实是有自治、自控能力，即该学习的时候用高效率学习，累了的时候确实可以通过其他方式释放压力。这在一定程度上肯定他不是一个"错了"的人，也着重强调学习与娱乐是可以共存的，共存的前提就是自律。话题一转，我小心翼翼地引入了学习压力的话题："对于即将到来的中考，你感觉压力大吗？"他沉默了一会儿，似乎在思考自己真正的感受。他缓缓开口，说："我总觉得自己在学习上达不到高分，就是达不到，可能我就是一个成绩差的人吧。"

当我进一步追问，试图探究他内心深处的想法时，他却突然变得沉默，眼神中闪过一抹躲闪。片刻之后，他笑着，但那笑容里却藏着几分无奈与自嘲："我就是不行，我真的不是学习的那块料。"说完，他低下头，似乎在等待着我的评判或是安慰。这一刻，我更加深刻地意识到，眼前的这个孩子，内心深处承载的可能是对自己的不自信。我深吸一口气，用我的耐心与理解，去敲开他心中那扇紧闭的门。经过对他更进一步的提问，我逐渐了解到他的家庭情况。他主要与爷爷奶奶居住在一起，父母远赴他乡打工，仅在逢年过节时匆匆归来，对孩子的关心大多聚焦于学习成绩，鲜少触及他的内心世界和个人感受。然而，在篮球和游戏的世界里他交到了许多志同道合的朋友，在那里才拥有了属于自己的天地。这些朋友对他而言比父母、老师要懂他得多。加上他处于一个乡镇学校之中，对比其他的朋友和同学，比他叛逆、比他成绩差的人也不少，这让他对于自己的现状感到更加自在与安宁，因此让他以为使劲地学习和进步是不必要的。我着重向他强调，学习是为了提升自我，拓宽视野，让自己有能力去探索这个广阔的世界。世界如此之大，只有走出乡村，才能亲眼见到那些未曾触及的风景，体验不同的人生。

他无疑是个极具礼貌的孩子，在谈话结束之余，他多次向我表达诚挚的谢意："谢谢老师，我会努力的。"看到他眼中闪烁的光芒和稚嫩的微笑，我内心涌动着难以言表的欣慰，仿佛之前的紧张与压迫感瞬间烟消云散。那一刻，我深刻领悟到，教育的真谛在于育

人，而不仅仅是知识的灌输。在返回办公室的路上，清风拂面，沁人心脾。然而，我深知，一个人的习惯与生活轨迹，绝非一次十几分钟的谈话所能轻易改变。这是一场持久战，需要耐心、智慧与不懈的努力。因此，我暗暗下定决心，要继续密切关注他的成长轨迹，用心观察他的行为变化。同时，我也计划积极与经验丰富的教师交流，汲取他们的宝贵经验，不断完善自己的教育方式。我坚信，只要用爱心、耐心与智慧去影响他，就一定能够在这位同学的心中播下希望的种子，让他在未来的道路上绽放出属于自己的光彩。

在那之后的一个月里，我在忙于其他工作的同时，也不忘时常关注他的表现。我时常向班级里的学生们强调，读书是为了自己，知识是储存在自己脑海中的宝贵财富，因此，努力学习、不断积累知识是一生的事业。那位学生开始频繁地向我请教历史题目。我采用引导的方式，层层剖析，耐心讲解，并传授答题技巧。值得一提的是，在那次深入交谈之前，我很少看到他主动走进办公室。我想，那次谈话无疑拉近了我们之间的距离，让他对我产生了信任，明白老师并不会一味批评他的行为，更不会否定他的人格价值。有了这份信任作为基础，我们的对话和交流变得更加深入和顺畅。我鼓励他背诵课本的基本知识，激励他遇到不懂的问题时，要勇敢地主动向各科老师请教。我相信，在我的引导和激励下，他会逐渐养成良好的学习习惯，不断取得进步。

两个月的实习时间很快就过去了，我与班里的许多学生都建立起了良好的师生关系，这位男学生也如此。走之前我向每位学生赠送了一本小笔记本并写下了我对每个人的寄语。我对他写的是："仅仅活着是不够的，还要有阳光、自由，和一点花的芬芳。我衷心希望你能够凭借自己的不懈努力，勇敢地走向更广阔的天地，去追寻并享受属于你自己的那份阳光、那份自由，以及那份独特的芬芳。"

对于乡村留守儿童而言，他们需要的不仅仅是知识的灌溉，还有心灵的抚慰与成长的引导。正如雏菊在风雨中坚韧生长，最终能绽放出一片绚烂的花海，这些孩子也能够在我们的关爱与支持下，克服生活中的种种困难，绽放出属于自己的光芒。

教之旅：心之所向，情之所系

黎铭萱

个人简介：我是就读于华南师范大学文学院汉语言文学（师范）专业的黎铭萱，曾赴新疆喀什支教四个月。从小我就向往教师职业，大学期间努力汲取专业知识，积极参加实习与实践活动，不断提升教学能力，也深知因材施教的重要性。生活里的我性格开朗，富有耐心和爱心，喜欢和孩子们相处。我将努力成为一名优秀教师，用知识与爱为学生点亮未来，期待在教育路上绽放光彩，为教育事业贡献力量。

人生格言：流水今日，炽焰前身。

2024 年 3 月至 7 月，我有幸作为华南师范大学第四批赴新疆喀什支教团的成员，来到新疆喀什地区的疏附县第二中学，开启了为期四个月的志愿支教活动。这是我大学期间持续时间最长、颇具特色且意义非凡的一次志愿经历。

我是在到达一个月后，才正式成为高二（2）班孩子们的语文老师。第一次走进高二（2）班教室时，阳光透过窗户，洒在学生们那一张张充满青春气息的脸上，教室里洋溢着希望与活力的氛围。那一刻，我的心跳不自觉地加快了，目光与每个学生的眼神交汇，仿佛就此建立起了一种特殊的联系。我深知，自己肩负的责任不只是教授语文知识，更要唤起他们对文学的热爱，这不仅仅是一次支教之行，更是见证彼此成长的契机。

一、课堂上的文学之旅

在课堂教学中，我始终致力于用生动的语言和真挚的情感，向学生们展现那些历经千年的诗词歌赋以及风格多样的现代美文佳作。从《诗经》的质朴天然到唐诗的恢宏壮丽，从宋词的婉约细腻到现代散文的自由洒脱，我努力把这些经典作品蕴含的情感与智慧，一点点传递给学生们。我明白，这不仅是在传授知识，更是在为他们打开通往文学殿堂的大门，让他们能在其中尽情领略文字的魅力。

为了激发学生们的学习兴趣和创造力，我精心设计了多种互动环节，像诗词朗诵、即兴写作、文学鉴赏讨论等。每次开展这些活动，都能看到学生们积极踊跃发言，眼中闪烁

着对知识的渴望和对文学的热爱，这让我倍感欣慰。每堂课后，我也会认真反思教学方法，思考怎样能在下节课做得更好，更契合学生们的学习需求。

二、丰富多彩的课外活动

除了日常的教学和广播站的工作，我还参与了学校组织的各种课外活动。我们一起主持了高一年级推普游园会，这是一次旨在推广普通话、增进学生之间交流的盛会。在活动中，我与学生们一起设计游戏环节，准备宣传材料，通过轻松愉快的方式，让学生们感受到普通话的魅力。

此外，我还参与了内驱力主题宣讲、高一趣味运动会、心理游园会等活动。每一次的参与，都让我更加深入地了解学生们的需求和兴趣，也让我更加明确了自己作为教师的责任和使命。特别是在心理游园会中，我与学生们一起进行心理测试，倾听他们的烦恼和困惑，给予他们鼓励和建议。这些经历不仅让我更加了解学生，也让我更加懂得如何与他们沟通和交流。

同城思政活动和新粤通信等宣讲活动也是我在支教期间的重要工作之一。通过这些活动，我们与华南师范大学各院系和学生进行了深入的交流与合作，共同探讨了思政教育的新方法和新途径。在宣讲活动中，我结合自己的教学经验和心得，分享了关于如何培养学生良好品德和综合素质的思考和实践。这些活动不仅让我收获了许多宝贵的经验和启示，也让我更加坚定了自己投身教育事业的决心和信念。

三、与学生的交流，心灵的触动

在与学生们的日常交流中，我常常被他们的纯真和热情所打动。有一次课后，我留下来帮一位基础稍弱的学生解答问题。他眼神里满是对知识的渴望，尽管问题有难度，他还是努力尝试解答。我耐心引导他，当他最终找到答案、露出满足的笑容时，我深切感受到了教育的意义，那就是点燃学生内心的希望，让他们相信自己能克服困难、取得进步。

还有一次，在广播站的录制间隙，我和几位学生聊起了他们的梦想和未来。他们有的想要成为作家，用文字记录生活；有的想要成为教师，传递知识的火种；还有的想要投身公益事业，帮助更多的人。这些梦想虽然各不相同，但都充满了对未来的美好憧憬和期待。他们的真诚和热情让我深受感动，也让我更加坚定了自己作为教师的责任感和使命感。

四、支教之旅的深刻感悟

这次支教之旅，让我深刻感受到了教育的力量与美好。我看到了学生们在知识海洋中的畅游，也感受到了他们内心的温暖与善良。在与他们相处的日子里，我收获了无数感动和惊喜。每一次看到他们因为理解了一个难题而露出的喜悦表情，每一次听到他们因为完成了一篇优秀的作品而发出的欢呼声，我都深深地感到自己作为一名教师的价值和意义。

这段经历不仅让我收获了成长与进步，更让我对教育事业充满了热爱与执着。我深刻体会到，教育不仅仅是传授知识的过程，更是培养学生健全人格、良好品德和综合素质的重要途径。作为教师，我们不仅要关注学生的学业成绩，更要关注他们的身心健康和全面发展。

在支教期间，我也遇到了许多挑战和困难。比如，有时候会因为教学方法不当而导致学生理解困难；有时候会因为工作繁忙而忽略了个人的休息和放松。但是，正是这些挑战和困难，让我更加深刻地认识到了自己的不足和需要改进的地方。我学会了更加耐心地倾听学生的意见和建议，更加灵活地调整教学方法和策略，更加努力地提升自己的专业素养和教学能力。

五、对未来的展望与承诺

在未来的日子里，我将继续用心去教育，用爱去呵护每一个学生。我相信，只要我们用心去做，就能点燃他们心中的梦想之火，照亮他们前行的道路。我将继续探索和实践更加符合学生需求和教育规律的教学方法，努力营造一个更加和谐、积极、向上的课堂氛围。

同时，我也将积极参与各种课外活动和志愿服务活动，为学生们提供更多的锻炼和展示机会。我希望通过自己的努力，能够培养他们的创新思维和实践能力，让他们在未来的学习和生活中更加自信和从容。

此外，我还将不断学习和提升自己的专业素养和教学能力。我将积极参加各种培训和交流活动，与同行们分享经验和心得，共同探讨教育的新理念和新方法。我相信，只有不断学习和进步，才能更好地适应教育发展的需要，更好地履行教师的职责和使命。

支教之旅虽然结束了，但我的教育之路才刚刚开始。我将带着这段宝贵的经历和感悟，继续前行在教育的道路上。我相信，只要我们用心去做，就一定能够培养出更多优秀的人才，为社会的进步和发展贡献自己的力量。

这次支教之旅不仅让我深刻体会到了教育的力量与美好，更让我明白了作为一名教师的责任和使命。在未来的日子里，我将继续用心去教育、用爱去呵护每一个学生，用自己的行动去践行教育的初心和使命。我相信，只要我们用心去做、用爱去奉献，就一定能够点燃学生们心中的梦想之火，照亮他们前行的道路。

弦歌不辍，芳华待灼

李芝兰

个人简介：我是华南师范大学音乐学院舞蹈学（师范）专业的一名学生，喜爱舞蹈与音乐教学，性格热情开朗且坚忍执着，做事专注投入、一丝不苟。于旋律间体悟生活百态，在舞台上下积累教学智慧，积极探索，砥砺前行。我是李芝兰，我的梦想是握紧艺术的火种，倾洒一路音符，化作滋养学生心灵的甘霖，成为引领他们畅游音乐天地的良师！

人生格言：音为心声，教以情牵。

在时光的长河中，两个月宛如白驹过隙，却足以在我的生命里镌刻下浓墨重彩的一笔。我，一名来自音乐学院舞蹈专业的大四学生，秉持着对教育事业的赤诚热爱，怀揣着成为照亮学生心灵的良师的梦想，踏入了华南师范大学附属广州大学城小学这片充满生机与希望的教育沃土，开启了一场意义非凡的音乐实习之旅。

初至校园，那满目的葱茏绿意与扑面而来的人文气息，恰似一曲清新悠扬的序曲，瞬间抚平了我内心的忐忑，点燃我探索教育教学奥秘的炽热激情。彼时的我，虽身为舞蹈专业出身的"跨界"音乐实习老师，但我坚信，艺术之间的共通性定能成为我连接学生与音乐世界的坚固桥梁，引领他们在旋律的海洋中畅快遨游。

新生入学的开笔礼，宛如一颗璀璨夺目的启明星，照亮了我实习征程的前行方向。肩负着为五六年级学生排练舞蹈的重任，我犹如一位精心雕琢艺术品的工匠，将每一个舞蹈动作都视作珍贵的璞玉，悉心打磨。从灵动轻盈的手臂挥舞，到稳健有力的步伐挪移，再到饱含深情的身体姿态，无一不倾注着我的心血与智慧。然而，前行的道路并非坦途，学生们参差不齐的舞蹈基础，恰似高低起伏的山峦，给排练工作带来了诸多挑战；而青春期前夕萌动的个性与叛逆情绪，又似隐匿在暗处的礁石，时时阻碍着进程。但我深知，教育是一场用心灵对话的旅程，唯有深入他们的内心世界，才能寻得破解难题的金钥匙。于是，我以幽默诙谐的语言为舟楫，穿梭于舞蹈动作的讲解之间，将复杂的动作拆解为一个个妙趣横生的小故事；用舞台背后的奇闻轶事为燃料，点燃学生们内心深处对表演的热情之火；借分组竞赛、互评互助的东风，凝聚起团队协作的磅礴力量，让每一个学生都能在集体中找到属于自己的价值坐标。终于，在开笔礼的舞台上，师生携手共舞，那灵动的舞姿、自信的笑容，如同夜空中绽放的烟火，绚烂夺目，不仅驱散了此前所有的辛劳与疲惫，更拉近了我与学生们心与心的距离，让我初次真切地品味到教育所蕴含的甜蜜果实，深刻领悟到因材施教、情感共鸣在教学艺术中的举足轻重。

伴随着开笔礼的圆满落幕，为期两周的听课学习之旅悄然拉开帷幕。这两周，于我而言，犹如置身于一座琳琅满目的教育智慧宝库之中，每一堂观摩课皆是一颗熠熠生辉的珍宝，散发着独特的魅力与光芒。资深音乐教师们宛如技艺精湛的大厨，各施绝技，以风格迥异的教学方式烹制出一道道美味佳肴，滋养学生们的求知味蕾。有的教师仿若一位神奇的故事编织者，以引人入胜的故事为丝线，巧妙地将音乐知识编织其中，引领学生们在奇幻的情节里与音符相拥共舞，让抽象的乐理知识瞬间鲜活灵动起来；有的教师则恰似一位驾驭科技的魔法师，借助多媒体的神奇力量，将音乐的世界全方位、立体化地呈现在学生眼前，使原本晦涩难懂的节奏、旋律具象可视，成功激发起学生们好奇探索的欲望之火。我恰似一块干涸已久的海绵，贪婪地汲取着每一堂课的精华养分，笔记本上密密麻麻的字迹，恰似我思维跳跃、反思沉淀的足迹。在不断的观摩与思考中，我努力探寻着契合自身风格与学生特点的教学之道，将理论的基石一点点筑牢夯实，为即将开启的独立授课之旅精心备下满满当当的"锦囊妙计"。

当我怀揣着紧张与期待，第一次真正踏上那三尺讲台时，内心恰似有一只小鹿在肆意奔腾。幸运的是，身旁的指导老师宛如一棵沉稳可靠的参天大树，用她那无声却有力的守护，给予我满满的安全感与信心。音乐课上，从最初简单音符的懵懂识读，到节奏韵律的欢快拍打，再到一首首歌曲的深情教唱，我倾尽全力，试图将每一个音乐元素化作灵动的小精灵，飞进学生们的心田。然而，教学之路恰似波澜起伏的海面，时而风平浪静，时而惊涛骇浪。不知不觉间，课堂秩序的"小插曲"悄然奏响，个别学生的分心走神、互动环节的冷场尴尬，如同阴霾笼罩，让我一时陷入迷茫与无措之中。就在我彷徨之际，指导老师那轻声的点拨，恰似一道划破夜空的闪电，瞬间照亮了我混沌的思绪。在她的启发下，我巧妙运用音乐游戏这把"魔法钥匙"，开启了欢乐互动的大门。"击鼓传花识音符""节奏接龙大比拼"等游戏的登场，犹如投入平静湖面的巨石，激起千层浪，课堂瞬间被欢声笑语所填满，学生们的参与热情如熊熊烈火般燃烧起来。而那些鼓励性的评语、饱含期许的目光，又似春日里的暖阳，温柔地洒在学生们的心田，滋养着他们的自信之花茁壮成长。在这一来一往的摸索与实践中，我渐渐掌握了教学的独特节奏，见证学生们从最初对音乐的懵懂无知，到能够自信高歌、精准把握节奏韵律，内心满溢着欣慰与自豪。那一刻，我深刻地领悟到，教学绝非机械的知识传输，而是一场与学生心灵共舞的绝美艺术，唯有以爱为弦、以巧思为舞步，方能奏响和谐动人的教育乐章。

投身于班主任工作学习的过程，恰似推开了一扇通往学生多彩内心世界的崭新窗户。在协助管理班级日常事务的琐碎时光里，从每日的考勤记录，到课间的巡查维护，再到班级活动的精心策划组织，每一个细节都如同拼图的碎片，拼凑出学生们课堂之外的真实模样。他们或是活泼俏皮、天真烂漫，或是内敛羞涩、沉稳安静。在这形形色色的个性背后，我敏锐地挖掘着他们潜藏的音乐天赋与潜能。当策划班级文艺活动时，我充分发挥自身的音乐专长，宛如一位音乐魔法师，为活动注入灵动跳跃的旋律，搭建起一座绚丽多彩的展示舞台，让每一个学生都能在聚光灯下绽放出属于自己的别样光彩。在这一过程中，我深切体会到，教育绝非局限于课堂之上的知识讲授，而是一场全方位、无死角的育人之旅，需要我们用无尽的耐心与细致入微的关怀，串起学生成长道路上的每一个关键环节，助力他们向着阳光茁壮成长。

入队礼舞蹈排练的任务接踵而至。面对低年级学生那如同初绽新芽般天真烂漫却又好动调皮、难以专注的"棘手难题"，我决定另辟蹊径，以奇思妙想为画笔，为他们勾勒出一幅充满奇幻色彩的舞蹈画卷。我精心编织出一个个如梦如幻的童话情境，将每一个舞蹈动作都巧妙地幻化为小精灵施展的奇妙魔法，或是小动物们俏皮可爱的嬉戏模样。如此一来，学生们那原本如同脱缰野马般的注意力，瞬间被牢牢吸引，两眼放光，仿佛置身于童话世界之中，全身心地沉浸在舞蹈排练的乐趣里。在这一个月紧锣密鼓的辛勤排练中，我见证着他们的表演从最初杂乱无章的步伐，逐渐蜕变成长为整齐划一、富有韵律的律动；脸上从懵懂迷茫的表情，转变为灿烂自信的笑颜。当入队礼上的舞蹈完美呈现在众人眼前时，那纯真无邪与艺术之美的绝美融合，恰似春日里盛开的第一朵鲜花，娇艳动人，彰显着教育的魅力所在——唯有契合学生的心性，激发他们内心深处的内生动力，方能收获累累硕果。

团体操排练的那一个月，更是一场与时间赛跑、与困难较量的热血征程。与体育老师并肩作战的日子里，我们仿若两位指挥千军万马的将领，为校运会这场盛大的"视觉盛宴"精心筹备。面对数量庞大、个性各异的学生群体，我们精心规划每一个动作细节，从手臂的伸展角度到身体的扭转幅度，无一不严加斟酌；在音乐的选择上，更是煞费苦心，穿梭于海量的音乐素材库中，只为寻得那一曲与团体操风格、节奏完美契合的旋律。而后，通过分层分组的科学训练方式，如同雕琢一件件艺术品般，细细打磨每一个学生的转身、跳跃动作。操场上，骄阳似火，洒下炽热的光芒，学生们汗如雨下，衣衫湿透，却依旧热情不减，眼神中闪烁着坚定与执着。在一次又一次的反复磨合中，我们终于迎来了校运会的高光时刻。当团体操队伍以磅礴大气的气势、整齐划一的动作震撼全场时，那震天动地的掌声与欢呼声，不仅是对学生们辛勤付出的最好褒奖，更是对团队协作、坚韧不拔教育力量的深情礼赞。

实习尾声的公开课，宛如一场盛大而庄重的阅兵仪式，既是对我实习成果的全面检阅，更是一场自我挑战的极限攀登。我以"音乐与文化交融"为主题，仿若一位穿越时空的文化使者，精心遴选来自世界各地的经典音乐作品，从中国古老悠扬的古筝曲，到欧洲激情四溢的交响乐，再到非洲热情奔放的鼓乐。借助视频影像的生动展示，将背后的故事娓娓道来，深挖每一首作品所蕴含的深厚文化底蕴，引领学生们在音乐的世界里纵横驰骋，领略不同文化的独特魅力。课堂上，互动研讨环节热闹非凡，学生们踊跃发言、各抒己见，思维的火花在空气中激烈碰撞；小组分享时，他们默契协作、精彩呈现，将对音乐与文化的理解诠释得淋漓尽致。起初，面对大学老师与师弟师妹们审视的目光，我内心忐忑不安，犹如紧绷的琴弦。然而，随着课堂进程的稳步推进，学生们的精彩表现如同一股强大的暖流，缓缓流淌过我的心田，让我渐渐放松下来，渐入佳境。课后，那如潮水般涌来的赞誉与诚恳真挚的建议，恰似一面明镜，清晰映照出我的优势与不足。在深刻的反思中，我明晰了前行的方向，愈发深切地感受到，教育是一场永无止境、持续雕琢的艺术之旅，每一次的教学实践都是一次宝贵的成长契机，值得我们用心去珍视、去打磨。

两个月的实习时光，如同一首悠扬绵长的乐章，在岁月的琴弦上悄然奏响，又缓缓落下帷幕。在这一路的磨砺与奋斗中，我仿若一颗历经打磨的璞玉，褪去了最初的青涩与稚嫩，逐渐洞悉了教学的真谛，精准把握了学生的心灵脉搏。未来的教育征途上，我将始终秉持"一枝一叶总关情"的教育理念，以梦为马，不负韶华，在这片充满希望的田野上播撒下希望的阳光，以音乐为灵动画笔，绘就学生们绚丽多彩的成长画卷。我坚信，只要弦歌不辍，芳华必将在不懈的奋斗中灼灼其华，而我，也定能成为那束照亮学生心灵深处的璀璨星光。

教育路上的第一步

刘扬阳

个人简介：我是华南师范大学音乐学院音乐学（师范）专业的一名师范生，平时喜爱读书，性格乐观开朗，做事沉稳细心。作为一名师范生，我始终把"学高为师，身正为范"这八个字谨记心间。作为一名音乐师范生，"站稳讲台、兼顾舞台，多能一专，全面发展"是我一直以来的前进方向。我是刘扬阳，我愿发挥我最大的力量，编织我的教育梦，努力成为一名以爱为底色的有温度的教师！

人生格言：奋斗是青春最亮丽的底色，行动是青年最有效的磨砺。

时光荏苒，我在湾区实验学校当实习音乐教师的生活已经接近尾声。这次实习令我感受颇多：一方面，我深感自己知识储备的贫瘠，还需要好好充实自己；另一方面，我发现，做一名优秀的教师，不仅要掌握好专业知识，同时对语言、表达方式、心理状态以及动作神态等也都有相当高的要求。这让我深深地感受到当好一名老师是多么不容易！下面，我将对我的实习工作做一个总结。

在教学方面，根据指导教师谢老师的安排，我们通过听课、写教案、说课、修改、试讲、讲课、评课这一过程来进行音乐教学工作。

一、听课

最初阶段，指导老师要我们去听学校新任音乐教师的公开亮相课，从中吸收一些上课的经验。让我印象最深的是盛老师的二年级的公开课"引子与狮王进行曲"，因为全程的磨课我们都在听，也感受到了盛老师的课程在不断打磨中越来越好。刚开始，盛老师没有明晰自己的教学难点，虽然是欣赏课但教唱太少，没有很好地运用到自己钢琴方面的专业技能，编创动作引导学生时也不够明显。但在经历了多次磨课后，盛老师的课越来越清晰，也有了自己的方向，展示了一节优秀的欣赏课。在实习中后期，我陆续听了一到七年级的音乐课，也深刻地认识到不同年级有不同的授课方式，由于我的带教老师主要教授一年级和七年级的音乐课，所以我在这两个年级听的课最多。

在七年级的听课中，我深入了解了广州音乐中考的基本模式、核心考点以及授课方式，由于音乐中考知识点较多，一节课学生需要学习多个知识点，因此带教老师通常是将知识点归类并通过轻松有趣、通俗易懂的方式进行教学。

在一年级的听课中，一年级的孩子有意注意的时间较短，经常上一会儿课纪律就开始混乱，所以带教老师常常通过让学生静坐一分钟并表扬奖励学生的方式来维持纪律，一年级的教学中大部分时间会让学生进行律动。

通过听课并做详细的课堂笔记，我们逐渐了解了怎样安排课程，怎样书写教案、板书，怎样控制课堂进程，等等。这对于对如何上好一节音乐课一无所知的我们可谓是莫大的帮助，不仅帮我们理清了课堂教学的头绪，还让我们对上课有了一个轮廓性的认识。

二、写教案

以前在学校写教案时我都忽略了板书设计，把关注点都放在了教学设计上。经过老师的提醒，我才明白板书设计在音乐教学中也十分重要，它能最直观地让学生知道歌曲的情绪、速度、重点节奏以及知识背景。在经历九月份听课、磨课的沉淀打磨后，在教案的用语上我也会多加斟酌、多注意规范性问题。

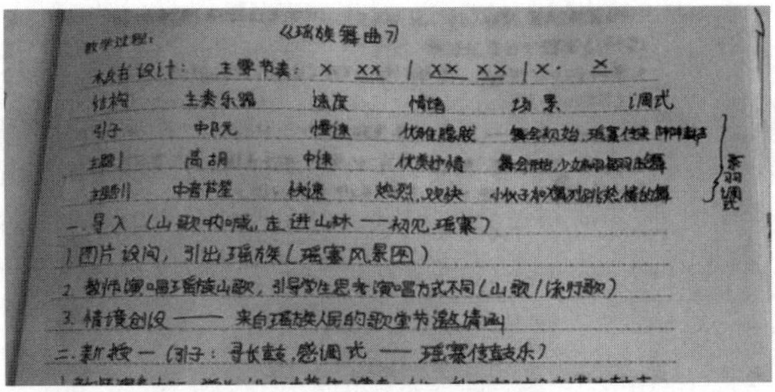

图 1　音乐课程教案

三、说课、修改与试讲

每次设计完课程后，老师会让我先做好 PPT，结合 PPT 进行说课，讲述大致的教学目标、重难点以及教学过程。在这个过程中，老师不断给我进行修改完善，并让我进行无生试讲。老师会给我逐句调整语序、用词以及让我使用更好的衔接方式来衔接语言。老师比较喜欢运用反问的方式引出问题，并能够结合实际的事例让学生更好地理解一些晦涩难懂的问题。

四、讲课

在两个月的授课中，我印象最深的是教授一年级和七年级的课程，因为从今年开始七年级和一年级都使用新教材，这对我来说是一个挑战。一年级的教材中以单元为单位，分别包含律动、表演、拍读、唱游、演唱等部分的歌曲。在一年级的授课中，我选取了唱游歌曲《找朋友》，拍读《真功夫》以及演唱《摇啊摇，摇到外婆桥》进行教学。一开始我通过音阶歌带着学生一起演唱音阶加律动。一年级的课更需要学生在课堂上动起来，因此我使用了编创动作，随节奏律动等方式让学生深度参与进课堂，在课堂上拍起来，动起来，唱起来。

在七年级的课程教学中，我印象最深的是七年级音乐新教材第三单元"脍炙人口的歌"中《南泥湾》的课程教学。因为这节课为歌唱课，所以我通过听歌识曲、聆听模唱、师生接龙演唱、配合律动等方式让学生能够熟练演唱歌曲，准确把握音乐情绪与节奏。

无论是在初中还是小学的教学中，学生都很热情地回应我，每次上课我们相处得都很愉快。但在互动环节小学学生纪律的管理一直都是让我头疼的事情，所以我非常感谢我的带教老师一直耐心地引导我，也告诉我许多管纪律的方法，如静坐一分钟、喊口令等，并且在气氛过于活跃时通过语言表达、声调提高或者提前结束互动环节来掌握进程，这让我能更顺利地上好一节课。

五、评课

每次上完一节课，老师都会进行小组内评课，因为每次上课都有好几个实习老师互相听课，所以每次评课我都能收获许多宝贵的意见。带教老师认为我比较大的问题是对上课时间的把控，有些时候会拖堂，有些时候则会提前结束课程。老师说只能通过一次次的磨炼来控制时间和讲课节奏，尽量不要提前结束，可以在最后放相关音乐视频来增加弹性时间。关于上课方式，结合老师、同学们的建议，我也进行了反思总结：歌唱课可以让学生跟随音频多唱几遍，接龙演唱时手势提示要更明显，多用手势来引导学生，可以适当减少语言，分组检查学生是否学会，也可以分组比拼、增加互动。

在班主任工作方面，我担任八年级（6）班的实习班主任，并进行了班会课、转化学生等活动。同时带教老师让我为学生挑选班歌进行每周排练，并拍摄班级班歌MV。为了完成这个任务，我选择了较为容易的男女分声部的方式来演唱，选择的歌曲为华中科技大学合唱团演唱的五四特别版本《逐空》，激励学生不怕困难，坚持理想。经历一个月的排练，（6）班的学生们从懵懵懂懂到能够熟练地演唱歌曲并配合动作。看着他们的变化，作为老师我也由衷地为他们高兴。现在我

图2 为授课班级进行班歌合唱教学

们已经完成了所有拍摄任务，最后还剩下剪辑工作就可以完成一个班歌的MV作品。这一路进行下来虽然很困难，但最终大家都坚持了下来并完成得很好。我也很感谢（6）班的学生每次排练都十分配合，让我能顺利进行排练。这个MV作品可以让我一直深深铭记，也是我在这里收到的最好的时光礼物。

在校园活动方面，我参与了合唱比赛的全程排练和舞台布置工作，以及担起了校运会裁判员的任务，这些工作和任务大大锻炼了我的工作能力与合唱指挥方面的专业能力。由

于我的带教老师是合唱指挥专业的老师，他每天都要带合唱团进行排练，我也承担了合唱团中声部每天的排练任务，老师也会给我许多专业的指导。那时候合唱团的重点排练曲目是《星辰大海》，这也是新年音乐会的表演曲目。老师也提醒我因为合唱团人比较多，所以要注重学生的分组排练，让每个学生唱的都能被听到。作为一名声乐专业的学生，这段时间在合唱团的排练工作不仅发挥了我自己的专业技能，让学生能够正确发声，而且提升了我的综合素养。我十分感谢老师给我安排的任务，让我能够不断学习进步。在校运会中，我担任跳高与跳远的裁判员，同学们在赛场上奋力拼搏的身影、观众席上加油鼓劲的呐喊无一不令我动容。在跳高场地，一位男生已经跳过杆，但从垫子上滚落到了地上，身上擦破了好几层皮，我们让这位学生不要再跳了，但他为了班级荣誉仍然坚持。这些小运动员展现了对班级荣誉的珍视和对体育精神的深刻理解，也值得我们学习。

  总而言之，实习是我作为音乐教师之前的一个重要阶段。通过两个月的实习，我经历了许多困难和挑战，也感受到了教育事业的责任与使命。我意识到音乐教育不仅仅是传授音乐知识，更是培养学生音乐素养、审美能力和创造力的重要途径。在实习过程中，我不断反思自己的教学方法和策略，努力提高自己的教学水平和专业素养。同时，我也从学生们身上学到了很多宝贵的经验和启示，更加坚定了从事音乐教育的决心和信心。在未来，我也会积极参与各项音乐活动，提高自己的音乐素养和审美能力，为成为一名优秀的音乐教师而不断努力。

人类在抬头时才看见了飞的可能

梁雨晴

个人简介：我是来自华南师范大学2021级音乐学（师范）专业的梁雨晴，专业为音乐美学和古筝。我自幼学习古筝和舞蹈，对艺术充满热爱，在音乐里去探寻不一样的世界和另一个自己。在教育中跨边界、去公式，充分调动孩子的官能，发掘艺术感受的无限种可能。

人生格言：**是我自己在营造我。**

图1　课堂实录

微凉的秋风吹散了酷暑的炎热，两个月的实习时光也随着落叶的飘落走到了令人不舍的结尾。人类在抬头时才看见了飞的可能。在这两个月的实习时间里，在深圳市宝安区文汇学校的各个教室里、在舞台上，我见证了无数个抬头的瞬间。抬头，学生看向的是黑板上写不尽的知识，看向的是耀眼夺目的舞台灯光，看向的是写满祝福的未来，看向的是广袤无垠的世界。而我的角色，便是那个引导他们抬头，帮助他们发现天宇的人。

每一次抬头，都是一次自我超越的开始。对于学生来说是如此，对于我来说又何尝不是如此呢？在实习开始之前我总是在害怕，自己一个人来到陌生的城市，承担一份并不在我未来预期职业选择里的工作，我的日子会有多么煎熬。但是社会总是不会给我们犹豫的时间，时间总是催着我长大去面对社会、面对现实。第一次踏入教室、踏上讲台无疑是紧张无措的，甚至在给学生上课时脑袋经常会一片空白，哪怕手上握着练习了数遍的逐字稿也会经常停顿卡壳。因此在最开始上课的时候我与学生的互动并不够密切，也很难完全投入到课程教学当中。但随着听课、上课次数的累积，时间和经验推着我往前走，逐渐地我抬起了盯着逐字稿的头，将目光从手稿中移走，投射到每一位学生身上。

在两个月的实习期间，我主要负责的是三年级和八年级的日常教学以及课后民乐团的排练工作。在学科教学和民乐团的排练中，我认为最主要提升的不仅仅是我的知识技能水平和教学能力，也是我与老师同事们、与同学们的交流沟通能力，更是我自主判断、独立处事的能力。

对于学科教学，我一开始就将大三一整年所有师范类课程的笔记又温习了一遍，想着要将自己的所学全部运用到中小学的课堂中，还在开学前的三天大量地备课，想着要让三年级和初二的学生在这两个月的时间里体验到新鲜的音乐课程。然而，事情的发展远没有我一开始所设想的那么顺利。

在初二年级的课上，我所任教的班级在年级中属于重点班，整个班无论是对于音乐基础知识的掌握还是音乐基本技能（如视唱、歌唱和小乐器演奏等）的应用都超出了我原本设下的预期。因此在上完第一节课后，我发现在我备课时认为是重难点的地方，其实对于他们来说可能并不需要花过多的时间讲解；我所设计的视唱、视奏等练习时间也不需要像我一开始设想的那么长。在他们班第一节课下课之后，我甚至开始担心是否在第一节课没有给他们留下一个好印象，是否会让他们觉得这学期的音乐课会很无聊……我迅速调整了我对初二年级这个班的教学方法，将更多的主动性留给学生，加入了更多的拓展提升的知识内容。所幸调整得及时，这个班对于音乐课的参与度也特别高。在这两个月的时间里我从对他们的教学和与他们的相处中获得了很大的提升和很多的能量，可以说在我实习期间有很大的一部分能量是这个班级给予我的。

而来到三年级的 3 个班上，情况又是截然相反的。在大三的模拟课堂时我们经常会用到低年级段的课程，而在模拟课堂中我们的"学生"都十分乖巧配合，因此课程也能够比较顺利地推进。但是来到真实的三年级课堂，可以说是完全打破了之前在学校里的设想，又或者说是幻想也不为过。第一节课花了一整节课来树立课堂规矩、强调课堂纪律，一步步教他们如何从课室到音乐功能室。正当我们以为这样就可以确保接下来的两个月的课堂顺利时，这群三年级的小朋友又给我们来了个"当头棒喝"。三个班各有各的班情个性，但不变的是他们上音乐课都会格外兴奋。这种兴奋带来的不是对课程学习内容的高度集中关注，而是一秒钟都停歇不下来的聊天和玩闹。为了明确纪律问题，同时确保学生不要因为玩闹而受伤，我的课很难持续十分钟以上，讲一点又得停下来管纪律。从一开始设计了多种音乐游戏让学生全身心地体验音乐，到运用多媒体的视听结合来吸引学生对课堂内容的兴趣，这个过程中我不断打破的是大学期间我们所被教导的教学方法。

在大三的模拟课堂里面，在短短的十几分钟的上课时间里我们会设计好几个体验环节。但是来到真实的日常课堂中（非公开课），我很沮丧地发现我们之前学习的教学方法只能用在我们所设想的"乌托邦"课堂里，在真实的日常课堂中有一个环节能够正常开展、学生之间不会打打闹闹，已经是很难得的情况了。更多的时候，我发现我们曾经竭力回避的、那种所谓"无聊"的传统课堂，老师唱一句学生跟一句，在学唱完后简单总结知识点的教法，反而是效率最高、最不会出错、课堂纪律最容易掌控的。在听其他在职老师的课时，她们也以这种方式居多，只有在公开课时才会尝试设计更多新颖的环节。我明白，这是理论应用到实践时必然会跨越的屏障。

除了负责三年级和初二的日常教学之外，我还要跟进校级社团——民乐团的日常排练。除了周二之外，每天下午的五点到六点，再加上周六早上的八点到十点为民乐团的排练时间。民乐团的成员横跨了整个小学部，新生团多为低年级的学生，A 团则主要为高年级段的学生，每个团的人数约为 50 人。同时新设一个初中民乐团，成员数量约为 15 人，声部编制不如小学部的民乐团丰富，但成员多为小学部升上来的老成员，或其自身有特长

的学生。因此，小学部民乐团的日程可以简单概述为分声部专业课、合奏排练、乐理课。而初中民乐团没有设置分声部的专业课，日程则只有合奏排练和自行练习两部分。作为一个辅助的角色，我无须站到指挥台上完成最重要的工作，但这也意味着除了指挥这一项，其余的工作我都要全面覆盖。对于我来说一开始挑战最大的无疑是帮团员调音。我虽是学民乐出身，但我对民乐团其他编制乐器的了解并不深，一开始的确很难在短时间内帮所有有需要的学生调完琴。经过一周的磨合和不断的"补课"，我以最快速度掌握了中阮、琵琶、二胡、大提琴的定弦、调音、换弦等技能。

民乐团不像日常音乐课，无须太费心思和精力在管理纪律上，我更多的是需要关注每个声部的表现以及声部之间的配合。因此，有很多时候在合奏排练时某个声部不够熟练，我就需要单独在隔壁教室给他们上额外的练习课，在熟练之后再让他们回到合奏之中。因此，这也锻炼了我如何给学生排练自己不熟悉的乐器的能力。比起他们上专业课时讲指法等基本功的练习，我的练习课主要是让整个声部磨合好，确保声部发出的音响效果是和谐、稳定的。因此我给他们讲演奏时的呼吸、讲乐理、讲曲式和声……我将我十几年学习乐器积累下来的经验，以及我在大学里学习到的各种专业知识教授给他们。此时不同于上音乐课，我感受到了理论和经验输出的成就感。

要说在这两个月里给我留下最深刻印象的，还是文汇的美育成果展示周。在美育成果展示周的三场比赛中，我们整个科组不仅仅是各班的负责老师，也是比赛的工作人员。所幸我有过不少组织比赛和活动的工作经验，因此我可以在现场很顺利地完成各项组织工作，也让我在不自信的学校工作中获得了一份信心。而作为科任老师，我自然要承担起四个班的节目排练。因此接近两周的音乐课都变成了排练课。三年级的小朋友比较活泼，在排练的时候也总是会注意力不集中、开小差玩闹，但总的来说最终呈现的节目效果都还不错，各个班各有特色，都展示出了独属于小孩子的朝气蓬勃。我印象最深的是初二（1）班。原本我以为在如今的升学压力下，学生和班主任可能不太会在意这种课外艺术活动，顶多用一首课本上的歌曲应付了事。但这个班的学生十分积极地参与节目的选题、排练和创编上来，班主任也对排练工作全力配合，短短三节课就完成了一个完整且丰富的节目，也取得了很好的成绩。

两个月的时间转瞬即逝，犹如树叶落得太急，不允许我停留在畏惧和不安之中，也不允许我慢下来好好回味繁忙中的一点点甜。苏珊·奈曼的《为什么长大》中说："成长更多地关乎勇气而非知识。世界上所有的知识，都无法代替你运用你自己的判断力的勇气"。我承认，在成为教师的这两个月里，我竭尽所能地调动了所有我掌握的知识和技能，但更多的时候我认为我还调动了我来到这个世界二十年以来最大的勇气。从畏惧讲台到从容地讲完一节节课，从逃避公众场合到自信地在各大活动中指挥，从畏惧地低头到勇敢地抬头……我想这不仅仅要用到我的知识，更需要的是跨出舒适圈的勇气、真正长大成人的勇气。再次感谢两个月以来的每一次遇见，我在每一次擦肩而过时积累告别：对文汇、对我的大学生活、对过去的我自己。

向光途，铸光芒：实习旅程的深度探索与实践

赖徽雨

个人简介：作为一名即将步入教育领域的师范生，我怀揣着对教育的无限热爱与憧憬，踏上了实习的征程。在校期间，我系统学习了师范教育的相关课程，积极参与教学实践，不断提升自己的教育能力和教学技巧。我深知，教育是一项需要爱心、耐心与智慧的事业，因此我始终秉持着"以学生为中心"的教育理念，致力于激发学生的学习兴趣，培养他们的综合素质。该文章是我对实习经历的一次深刻反思与总结，希望通过我的文字，能够展现出教育实习的酸甜苦辣，以及我对教育事业的坚定信念与不懈追求。期待与各位同仁交流学习，共同为教育事业贡献自己的力量。

人生格言：我与我周旋久，宁作我。

2024年秋，怀揣憧憬，跨入华南师范大学附属中学增城学校（以下简称"华附增城学校"）的校门，实习之旅已然启程。耳畔是真挚的问候，如春风拂面；眼前是求知的目光，似繁星闪烁，一股勃勃生机涌动于心海，一份沉甸甸的责任感在心田悄然生根。不啻微芒，以光为镜，沐光砥砺，期许桃李满园，百树参天，竞相绽放。教育，这场美丽的邂逅，既是一场幸福的相逢，亦是一段温馨的修行之旅。身为师范生，亦为明日杏坛新人，这三尺讲台，既是挥毫泼墨的"战场"，亦是采撷温情与感动的"桃花源"。

一、向着光，心存信念，且待花开

少时偶阅汪曾祺的《人间草木》，曾邂逅一句佳句："陪我门口的花坐一会，当个守护花开的使者。"岁月悠悠，此言之深意得以渐悟。守望花开，期盼其艳，那绽放之灼华，不正是心中之梦吗？守护花开，诚为高尚之事也。自此，教育之念如种深植心壤，笃誓将来亦做那护花之人，共待芳华。2021年，乘梦之翼叩开师范生的本科学习门径；2024年，践三年所学于一线课堂。

在步入正式的跟岗工作之初，刚从学生转化到新手班主任和语文教师的双重角色，心中既有兴奋也有焦虑。这份焦虑，如同早春细雨，虽带凉意，却也浸润着我的心田，驱使我更加努力地探索教育的门路。第一次以师者的身份面对一批初一的学生，应该如何在适度的师生距离中周旋，又该如何与正值青春期的他们架起有效的沟通桥梁？记得在一次讲座活动中，主讲者关于"做一个有爱、有趣、有料"的为师者言论给予我深刻的印象。如今，"有趣"和"有料"对于初涉教学实践的我来说，仍需要进一步修行，但最起码，"有爱"是我作为教师能够首先坚守的根基素养。

早读、作业本、周记本为我和学生的友好相处初步架起了一座有效沟通的桥梁。这些"工具"虽普通，但正是通过这些途径，我才得以成为他们学习生活的观察者和参与者。作为观察者，每一次早读活动、听课评课以及作业批改都是我客观认识每一位学生的机会；作为参与者，每一次阅读他们的周记，都是与他们心灵的碰撞。在自由的文字里，没有条条框框，没有批评教育，只有鼓励、宽慰和作为朋友的温和言语。

学生各异，皆有藏龙卧虎之姿，唯慧眼识珠，细察学生潜能，因材施教，勉其以树立探索未来之志，方能以成长之霖，浇灌出真正有灵魂、有个性之士。心有爱，岁月何足惧？教育之道，实非坦途，不能靠铁戟钢锤的捶打，而需春风雨露之滋养，使叶渐舒展，根深纵横，年轮渐宽，直至绿荫如盖，芬芳袭人，成就青春生命的苍绿。

二、点亮光，不啻微芒，造炬成阳

教育的本质，宛如一棵树摇动另一棵树，一朵云推动另一朵云，一个灵魂唤醒另一个灵魂。我深知，在人生的织锦上，成人之德胜于成才之辉，成长之旅重于成功之巅。实习过程中，我时常驻足自省，在新课标的瀚海中深耕细作，力求观念的革新如春水初生，虽时有力不从心之感，却亦在"路漫漫其修远兮"的征途中"上下而求索"，通过不断向优秀的教师前辈们学习，收获教学经验和育人方法，于改进中寻觅教育的本真之光，照亮每一个灵魂的角落，从而思有所得，感悟颇丰。

在课堂的方寸之间，我试图让学生脑筋"动"起来，关注学生的能动性，营造"互动无碍，共赴求知"的课堂氛围。

教育不是单向的灌输，而是双向的互动，是师生间心灵的碰撞与共鸣。在讲授《散步》一文时，我借鉴了语文名师王君的"一字立骨法"，围绕文章首句"我们在田野上散步"，分别以"我们""田野""散步"为模块，将思想内容、人物形象、艺术形式等文学要素串联起课堂内容。基于初中学生的思维特点，从"整体感知"到"探究研读"，运用过渡问题，引导学生自己发现文章首句的意义，并抓住其中的关键词进行深入探讨。这种设计不仅能激发学生思考的兴趣，还能使课堂过渡更为自然流畅。在备课过程中，我预设了多种可能的学生回答，设计了相应的问题链，同时在讲解的关节处安排了多处细琐的逻辑链和助读资料，引导学生体悟文之深意。课堂的完成，不仅仅是知识的传递，更是师生灵魂的互动，观点碰撞的交流。

于语文教学的沃土之上，我尝试让课堂教学"活"起来。由兴趣带动课堂气氛，通过科学统筹课堂时间，将听、说、读、写穿插并进，眼、耳、口、手等多种感官交替进行，让课堂教学充满活力。当选择讲授诗词课文之时，我常思索如何融合既往专业所学以及学生兴趣点，将古典诗词讲得"有趣"又"有料"。在课外古诗词诵读板块中《峨眉山月歌》和《江南逢李龟年》的备课环节中，我在"知人论世"的环节利用了"诗词地图"的模式，通过多媒体课件动画，绘画出了诗人李白、杜甫的人生轨迹与唐朝的运行趋势。相比于以往满屏的诗人生平介绍文字，该视觉工具能够更为直观地让学生把握作者与时代的关联，为理解诗词的情感内涵做初步的铺垫。

三、追逐光，熔智炼慧，赋品蕴德

时移世易，青少年成长的环境也在变，教师的工作思路也要与时俱进、适时而变。我们应本着不放弃任何一个学生的教学态度，通过耐心沟通、正面引导等方式，更好地适应时代的变化和学生的需求。

在实习过程中，班级后排的小洪同学吸引了我的目光。他是教师们口中的问题学生，性格内向，虽没有任何智力障碍，但是不完成作业、不认真听课，宿舍纪律也常遭投诉。经过长时间的观察和沟通，我了解到他的行为与其家庭的影响、网络游戏成瘾等原因有关。这种学生的问题通常极为棘手，短时间是无法纠正其多年来在特定环境所形成的习惯和心态的。为了逐渐帮助他找回学习的意义和内驱力，我在课堂上尽可能给他提供展示空间，带动学生一起给予鼓励；课下则对他的点滴进步及时给予肯定，同时细心挖掘该生的闪光点和兴趣爱好。或许，这短短几个月的时间无法让小洪同学得到实质性的转变，但是教育本身追求的就是一个过程，而非一个结果。实习结束前，我叮嘱他，希望他能够找到学习和生活的内驱力，如此当未来遇到心之所向，方能有一套获取的门径。学习，就是为了使你以后知晓如何学习。在与小洪同学的相处中，我学会了倾听和耐心。而且我意识到，每个孩子都是独一无二的个体，他们有着自己的节奏和方式去成长。作为教师，我们应该尊重他们的差异，给予他们足够的时间和空间去探索和发现。同时，我们也要时刻关注他们的心理健康，用爱和关怀去温暖他们的心灵。

其实，每位学生都是一颗星星，都在散发着属于自己的光芒。作为教师，我们应该以爱育爱，以德育德，用善良去唤醒善良，用心去铸就心灵。在追逐光的路上，我们不仅要传授知识，更要关注学生的品德修养和心理健康。只有以智蕴慧、以品蕴德，才能培养出真正有灵魂、有个性的人。

四、成为光，向阳而生，同道而行

面朝大海，春暖花开，是海子的选择；采菊东篱下，悠然见南山，是陶渊明的选择。而将青春年华留在三尺讲坛，是作为师者不变的执着；将心血汗水撒在美丽校园，是作为师者无悔的选择；将爱岗敬业放飞于育人的蓝天，是作为师者永恒的承诺。

回顾这数月的教学生活，我在华附增城学校这片沃土上获得了更加厚实的滋养。手中的粉笔在盈盈舞动中点点缩短，耳边是书声琅琅。在教育的道路上，我始终向着光，心存希冀，静待花开；我点亮光，不啻微芒，造炬成阳；我追逐光，以智蕴慧，以品蕴德；我成为光，向阳而生，同道而行。

在与学生们相处的日子里，我收获了无数的感动和惊喜。他们用自己的方式诠释着成长的意义和价值。有的学生在课堂上勇敢发言，展现了自己的才华和自信；有的学生在活动中积极参与，锻炼了自己的能力和团队精神；还有的学生在课后主动找我交流心得和困惑，让我看到了他们内心的渴望和追求。这点点滴滴的收获和成长，都让我感到无比的欣慰和自豪。

向光途，铸光芒。在未来的日子里，我将继续怀揣着对教育的热爱和执着，用我的智慧和汗水为教育之路点亮一盏明灯。教育是一场漫长而艰辛的旅程，但只要我们心怀希望、勇往直前，就一定能够收获满满的果实。愿我们都能成为那道最亮的光，照亮彼此的前行之路。

站稳儿童立场，做幸福教师

王俏淳

个人简介：我是来自华南师范大学教育科学学院（汕尾）学前教育师范专业的一名学生，是一名满怀热忱的师范生。在计划、行动、反思、再计划的循环中，螺旋式成长，朝着成为一名幸福（的）教育家的目标前进。

人生格言：我们都有成为幸福教育家的可能。

在教育的广袤天地中，幼儿教师宛如一颗颗璀璨的星辰，照亮着孩子们前行的道路。而幸福，恰似那温暖的阳光，洒在教师与孩子们的心田，滋养着彼此的成长。在我的教育实习经历中，我深刻领悟到了"站稳儿童立场，做幸福教师"的真谛。它不仅是一种教育理念，更是一种教育情怀与追求。

一、儿童立场：教育的基石与核心

（一）倾听幼儿的心声：开启教育的钥匙

"儿童立场"意味着在对待儿童的问题上是立于儿童基础之上，指向站在儿童一边而非成人一边。要求我们站在儿童的角度去认识和对待他们，那么倾听幼儿的声音尤为重要。幼儿虽小，但他们有着独特的思维方式和丰富的情感世界。在实习期间，我与孩子们朝夕相处，努力捕捉他们每一个眼神、每一句话语背后的想法。

在小班实习时，一次绘画活动中，大部分孩子都按照常规选择了彩色画笔描绘花朵。然而，有一个小男孩却默默地拿起了黑色画笔，专注地画着一些线条。我最初有些疑惑，但没有急于干涉，而是轻声问他："宝贝，你画的是什么呀？"他抬起头，眼睛亮晶晶地说："老师，我画的是夜晚的小路，这些线条是小路上的石头。"那一刻，我被深深触动了。如果我按照自己的固有认知去评判他的作品，可能就会扼杀他独特的想象力和创造力。倾听幼儿的心声，让我明白了他们眼中的世界是如此五彩斑斓，每一个想法都值得被尊重和珍视。

（二）理解幼儿的行为：解读成长的密码

幼儿的行为常常让成人感到困惑，但从儿童立场出发，就能理解其背后的成长密码。中班幼儿的告状行为曾一度让我头疼不已，孩子们总是因为一些看似微不足道的小事跑来告状。经过仔细观察和深入思考，我发现这些告状行为其实反映了他们对规则的初步认知和对公正的渴望。

例如，当一个孩子说另一个孩子插队时，他是在表达对秩序的维护；当有人说同伴抢了他的玩具时，他是在寻求老师的帮助以保障自己的权益。理解了这些，我不再简单地将告状视为麻烦，而是把它当作引导幼儿建立规则意识、培养社会交往能力的契机。通过耐心地与孩子们沟通，帮助他们分析问题、解决问题，孩子们的告状行为逐渐减少，班级氛围也变得更加和谐有序，而我也成就感满满。在理解幼儿行为的基础上，我通过积极引导和正面强化，引导幼儿正确表达自己的需求和感受，学会自己解决问题，从而促进了他们社会交往能力的发展。

（三）尊重幼儿的发展差异：因材施教的智慧

每个幼儿都是独一无二的个体，发展速度和特点各不相同。在教学活动中，我充分尊重幼儿的发展差异，努力做到因材施教。

在教学活动中，对于理解能力较强的幼儿，我会提供一些拓展性的问题和挑战，鼓励他们深入思考；而对于学习进度较慢的幼儿，我则给予更多的耐心和指导，通过示范与鼓励帮助他们。在手工活动中，有的孩子手部精细动作发展较好，能够很快完成复杂的手工任务，而有的孩子则需要更多的时间和练习，我会根据每个孩子的情况给予适当的帮助和鼓励，让他们在自己的节奏中体验成功的喜悦。因材施教的方法，不仅满足了不同幼儿的学习需求，也充分激发了他们的学习兴趣和潜力。

图 1　指导幼儿进行蒙氏工作

二、做幸福教师：在儿童世界中收获成长与满足

（一）感受童真的快乐：心灵的滋养

与幼儿相处的每一天，都充满了童真的快乐。教师是长大的儿童，在带给幼儿快乐的同时，也在为童年的自己弥补遗憾。他们纯真无邪的笑容、天马行空的想象和无拘无束的行为，如同春日里的阳光，明媚温暖。

在户外活动时，孩子们会兴奋地追逐着蝴蝶，大声呼喊："蝴蝶，蝴蝶，等等我！"他们会在草地上打滚、嬉戏，尽情享受大自然的美好。看着他们那无忧无虑的模样，我也仿佛回到了童年时光，内心充满了宁静与喜悦。这种童真的快乐不仅让我忘却了工作的疲惫，也让我感受到了教育的美好与纯粹。

（二）见证成长的点滴：教育的幸福源泉

作为幼儿教师，最幸福的时刻莫过于见证孩子们的成长与进步。从入园时的哭闹不止到逐渐适应幼儿园生活，从简单的涂鸦到能够画出富有创意的作品，从依赖成人到学会自己穿衣、整理玩具，孩子们的每一个小小的变化都让我感到无比满足。

就像小丁小朋友，她最初在幼儿园的表现让我颇为头疼。动作慢吞吞的，每次都需要老师多次提醒，也总是挂着一副苦瓜脸，似乎对周围的一切都缺乏热情，只想要回家。然而，某天在午餐加菜的时候，我像往常一样询问："葡萄组的小朋友，有谁想加菜吗？"小丁竟然主动举起小手。当我给她加了菜，并引导她表达感谢时，她第一次清晰地回应了我："谢谢！"那一刻，我内心的激动难以言表。这看似简单的两个字，却是她成长路上的一大步。

每一个孩子都是一颗独特的种子，他们在自己的节奏中慢慢发芽、成长。而我们教师，有幸陪伴他们走过这段旅程，见证他们每一个细微的变化。这些变化或许看似微不足道，但对于孩子来说，却是他们努力的成果，是他们迈向未来的坚实步伐。看着小丁一点点变化，从懵懂茫然到尝试探索，我深知自己的责任重大，也更加坚定了陪伴他们成长的决心。因为在他们成长的道路上，每一个小小的进步都是一份珍贵的礼物，都让我感受到教育的意义和价值所在。

（三）收获真挚的情感：爱的双向奔赴

在与幼儿的相处中，我收获了他们最真挚的爱。在我开完会回到班级后，孩子们会主动问我："老师你去哪了？""老师你吃饭了吗？"这些关心的话语，让我感受到家的温暖：不管你去哪里，永远都有人期待着你回来。

有一次，我因为咽炎咳嗽连续几天不怎么讲话。适逢班级开展的是"比个'叶'"班本课程，提议让孩子们带不一样的叶子来园。一个小男孩拿着他带来的叶子，递给我说："老师，给你！这个叶子是能治咳嗽的。"那一刻，我的心已经化了。孩子们的爱是如此纯粹而无私，他们用自己的方式表达着对老师的喜爱和关心。这种爱的双向奔赴，让我更加坚定了自己的教育信念，也让我深刻体会到作为一名幼儿教师的幸福与满足。

三、在教育实践中践行儿童立场，追求幸福教育

（一）立足儿童需求，优化教育教学

设计教学活动，需要精准把握幼儿兴趣。在户外自主活动，发现幼儿对"树叶快跑"感兴趣后，我与班级老师立即为幼儿准备实验材料。从好奇、尝试、失败总结、再尝试到揭示原理，孩子都能积极投入，在趣味中收获科学知识与快乐。

除了教学活动，营造积极的班级氛围也是提升师幼幸福感的重要部分。三人团队要团

结打造温馨和谐班级环境，树立良好价值观，鼓励幼儿互助。面对矛盾，引导幼儿换位思考，如处理玩具争抢事件，让幼儿冷静思考，最终化解矛盾并培养团队精神和交往能力。同时，时刻留意孩子情绪，及时给予安慰，确保他们在积极情感中茁壮成长。

（二）持续自我提升，积极应对挑战

持续自我提升是站稳儿童立场的基础，要不断充实专业素养，提升教育能力。广泛阅读学前教育书籍文献，积极参与培训研讨，学习先进理念方法。注重反思改进，如音乐教学后对节奏训练方法的反思与调整。加强同事间交流合作，共享心得资源，共同进步成长。

积极应对挑战更是新手教师的必修课，要勇敢面对困难，化挑战为机遇。面对幼儿突发状况，从慌乱走向沉着，提前预防并掌握应对之策。教学遇挫时积极反思改进，如科学实验活动，根据幼儿兴趣调整后取得良好效果。在克服困难中积累经验，增强教育能力，向卓越教师迈进。

（三）丰盈内心世界，传递幸福力量

以积极状态面对幼儿，传递正能量。内心充盈的教师，以饱满的热情和乐观的态度投入教学，更能让孩子们感受活力和快乐，积极参与学习生活。用理解包容滋养幼儿心灵，助力他们在充满爱的环境中健康成长，坚定教育信念，体会教师职业的幸福满足。

在教育的征程中，站稳儿童立场是我的初心和使命，做幸福教育家是我的追求和目标。我将怀揣着对孩子们的爱与责任，用心倾听他们的声音，理解他们的行为，尊重他们的发展差异，在陪伴他们成长的道路上，收获属于自己的幸福与满足。因为，当我能真正站在儿童的立场，用爱去浇灌每一朵稚嫩的花朵时，会发现，教育的田野里处处绽放着幸福的光芒。

以爱为笺，绘梦童年

——一名准幼师的教育实习心路

刘思均

个人简介：我是华南师范大学教育科学学院（汕尾）学前教育专业的一名大四学生。性格温和细腻，做事认真负责。虽然不善言辞，却深知教育的真谛在于用心倾听、用爱浇灌。在实习过程中，我学会用微笑和耐心与孩子们对话，用专业的知识引导他们成长，在平凡的教育工作中收获了满满的感动与成长。

人生格言：不患寡而患不均，不患穷而患不安。

图1　带领幼儿们进行集体体育活动

一、初遇花园——懵懂绽放

八月的阳光温柔地洒在香萌园的大门上，我怀着忐忑与期待的心情，第一次踏入这片将改变我的土地。空气中飘荡着淡淡的桂花香，教室里回响着孩子们清脆的笑声，一切都是那么美好而令人向往。

记得 2024 年 8 月 25 日那天，我被分到了小八班。初到教室，面对一群叽叽喳喳的小家伙，我的心情既紧张又兴奋。那些天真烂漫的小脸庞，那些充满好奇的眼神，都让我感受到了教育工作的美好与责任。比如：不太会说话的小谦，总是用他那双会说话的大眼睛看着我；活泼可爱的小迪，像个永远停不下来的小陀螺，带给教室无限的活力；性格内向的小美，总是默默地观察着周围的一切……

开学前的准备工作烦琐而充实。我和其他老师一起认真地布置教室环境，精心地设计每一个区角。记得在制作"荷花"主题环创时，我们将国风元素巧妙融入其中，用充满诗意的方式装扮孩子们的第二个家。在这个过程中，我深深体会到环境创设不仅是为了美观，更是要为幼儿提供一个富有教育意义的成长空间。

二、适应与成长——在挑战中突破

实习初期，每天的工作看似简单，如照顾生活起居、维持课堂秩序、组织教育活动等，却总是让我这个"新手老师"感到力不从心。特别是面对一些特殊情况时，更是充满了挑战。

记得班上有两个特别容易哭闹的女孩子，其中一位的妈妈是全职妈妈，家庭教育做得很好，经常和孩子一起阅读绘本。但或许正是因为平时与妈妈朝夕相处，她的分离焦虑特别严重，每次一到幼儿园就会嚎啕大哭，喊着"我要妈妈"。面对这种情况，我和老师们采取了渐进式的适应策略：先是通过观察发现她的兴趣点，然后用有趣的活动转移她的注意力，同时给予她更多的关注和温暖。慢慢地，我发现即使她还会哭，但在吃饭、游戏等集体活动中，已经能够平静下来，融入集体生活。

还有一个让我印象深刻的孩子是多动的小谦。他总是坐不住，经常打人，甚至会说脏话。起初，我对他的行为感到困扰，但通过与老师们的交流和自己的观察，我逐渐理解了他行为背后的原因：可能是家长过度的溺爱或是缺乏关注导致的。于是，我们尝试在活动中给予他更多的责任感，比如请他帮忙分发材料、担任小助手等。慢慢地，他的行为有了明显的改正。这让我明白，每个"问题"孩子的背后，都有值得我们去理解和帮助的原因。

后来调到中三班的经历，给了我一个全新的视角来理解不同年龄段幼儿的特点。相比小班的孩子，中班的孩子们独立性明显增强，能够自己完成很多事情。特别是在一次户外玩水活动中，我欣喜地发现他们不仅会主动更换湿衣服，还会互相帮助，展现出了良好的自理能力和社交能力。

三、教育启示——在实践中领悟

通过这段时间的实践，我对幼儿教育有了更深层次的思考和领悟：

1. 关于因材施教

每个孩子都是独特的个体，需要用不同的方式去理解和引导。记得在一次美术活动"莲藕印画"中，有个小女孩一直不敢动手，害怕弄脏手。我蹲下身来，轻声地鼓励她：

"你看，这些颜料就像魔法颜料，能变出美丽的图案呢！要不要和老师一起试试看？"在温和的引导下，她终于鼓起勇气尝试，最后不仅完成了作品，还在创作过程中展现出了惊人的想象力。

2. 关于环境创设

在布置教室环境时，我深刻体会到了环境对幼儿发展的重要影响。我们不仅要注重美观，更要考虑教育性和安全性。比如在设计区角标签时，我们采用了图片配对的方式，既便于幼儿识别，又能培养他们的认知能力。在摆放玩具和教具时，我们也特别注意摆放高度和安全性，确保孩子们能够安全地探索和学习。

3. 关于班级管理

在管理班级的过程中，我逐渐掌握了一些实用的技巧。比如通过歌谣和游戏来进行常规教育，用积极的语言来引导不当行为，通过创设温馨的班级氛围来促进师生情感交流。特别是在处理孩子们之间的矛盾时，我学会了用平和的方式去化解冲突，引导他们学会互相理解和分享。

4. 关于家园共育

在与家长的互动中，我深刻理解了家园共育的重要性。记得有一次，因为早上接送孩子方式的改变，一位家长在园外看到自己的孩子哭闹没有得到及时安抚而提出意见。这件事让我意识到，教师的教育理念和方法需要得到家长的理解和支持。后来，我们通过家长会、个别交流等方式，与家长建立了良好的沟通渠道，共同为孩子的成长创造更好的条件。

四、感动与收获——在平凡中寻找诗意

实习期间最让我感动的是孩子们纯真的情感表达。有一天，我调班后路过小八班，小昕看到我立即跑过来紧紧地抱住我；还有一次，小玮温柔地说："老师，我喜欢你！"这些瞬间，都让我感受到了教育工作的温暖与幸福。

记得那次"7以内的守恒"数学活动，我设计了多个生动有趣的环节让孩子们探索数的守恒性。我看着孩子们用积木摆一摆、数一数，用不同方式把物品分成两组，慢慢理解到无论怎么分总数都是不变的。当他们兴奋地说"老师，我发现不管怎么排，都是7个！"时，我仿佛看到了数学思维在孩子们心中萌芽。通过操作、观察、比较，孩子们不仅掌握了守恒概念，更培养了认真观察和独立思考的能力。在香萌园，我遇到了许多优秀的教育工作者。园长就像一盏明灯，用她对教育的热忱和智慧，照亮了我们这些年轻教师的成长之路。主班老师们也都是我学习的榜样，他们细心地指导我如何与幼儿互动，如何设计教育活动，如何处理各种突发情况。从他们身上，我不仅学到了教育技能，更领悟到了教育工作者应有的责任与担当。

五、未来展望——继续追梦前行

两个多月的实习时光，从最初的手忙脚乱到渐入佳境，从埋怨工作的烦琐到享受教育的乐趣，从害怕与家长沟通到主动搭建家园桥梁，这一路的转变，不仅是能力的提升，更是心智的成长。

这段经历让我深深体会到，教育不仅需要爱心和耐心，更需要专业的知识和技能。要不断学习，提升自己的专业素养。在教育的对象上，每个孩子都是独特的个体，需要因材施教。要学会发现每个孩子的闪光点，帮助他们健康快乐地成长。在教育的进度上，教育是一个循序渐进的过程，需要给予孩子足够的时间和空间。不能急于求成，要相信每个孩子都有自己的成长节奏。在教育的合作上，家园共育的重要性不容忽视，要学会与家长建立良好的沟通与合作关系。只有家园合力，才能为孩子创造更好的成长环境。最后，在孩子的成长过程中，安全永远是第一位的，要时刻绷紧安全这根弦，做好每一个细节的防范工作。

现在站在实习结束的时间节点上，回首这段经历，我的内心充满感激。感谢香萌园的每一位同事，感谢小八班、中三班的老师们，感谢各位行政领导和工作人员，是你们的帮助和照顾，让我在教育的道路上愈发坚定。

特别要感谢那些可爱的孩子们，是你们教会了我如何去爱、如何去包容、如何去成长。你们纯真的笑容、天真的话语、信任的眼神，都将成为我最珍贵的回忆，激励我在未来的教育道路上继续前行。

未来的教育之路还很长，但我已经做好准备，带着这段经历赋予我的勇气和智慧，继续探索、不断进步。愿以初心致远方，以爱育桃李。在未来的教育生涯中，我会继续努力，用专业的能力和真诚的心灵，为每一个幼小的生命撑起一片温暖的天空！"教育是一份厚重的责任，更是一个美丽的梦想。"这句话将永远铭记在我心中，激励我在幼教事业的道路上继续前行，为培育祖国的花朵贡献自己的一份力量。

优秀
教学案例

"新师范"
建设丛书

基于课堂教学技巧提升的英语阅读课教学设计与实践

——选自沪教牛津版九年级英语上册

Unit 4　Reading "Problems and Advice"

徐诗曼

个人简介：我是来自华南师范大学英语师范专业的一名学生。怀揣着对教育事业的无限憧憬与热爱，我努力学习，不断提高自身专业素养。我不仅系统掌握了扎实的英语语言知识与技能，更深刻理解了"学高为师，身正为范"的教育真谛。通过参与多次教学实践活动，我逐渐磨炼出将理论知识转化为生动课堂的能力，致力于在教与学的互动中激发学生的语言

图 1　英语阅读课课堂

潜能，培养他们的跨文化交流意识。实习于我而言，不仅是将所学付诸实践的宝贵机会，更是实现我教书育人梦想的重要一步。我渴望在这片充满挑战与机遇的教育领域里，用爱心、耐心与智慧，点亮每一个学生的心灵之光，共绘知识的璀璨画卷。

人生格言：Education is the most powerful weapon which you can use to change the world.

一、课标分析

根据《义务教育英语课程标准（2022年版）》，本节课旨在培养学生的语言综合运用能力，特别是阅读理解、信息提取、问题分析及解决能力。同时，强调情感态度与价值观的培养，鼓励学生积极面对问题，勇于寻求帮助和建议。本节课通过阅读四个青少年向

"知心姐姐"寻求帮助的信件，引导学生理解并处理生活中的问题，符合课标中对于"用英语做事"的要求。

二、教材分析

本节课选自沪教牛津版九年级英语上册 Unit 4　Reading "Problems and Advice"，是一篇关于青少年问题与建议的阅读材料，旨在通过阅读教学，帮助学生了解青少年面临的问题，并学会如何给予和接受建议。文章通过四个青少年的真实问题导入，内容贴近学生生活，涉及学习压力、家庭关系、外貌焦虑等方面，展示了他们面临的困扰，并引出 Aunt Linda 的建议。文章结构清晰，语言地道，既贴近学生生活，又富有教育意义，适合用于培养学生的阅读理解和问题解决能力。此外，教材中的练习题和拓展活动也为学生提供了语言实践的机会，有助于巩固所学知识。

三、学情分析

本节课面向广州大学附属中学九年级重点班的学生，学生英语基础好，词汇量丰富，语法掌握扎实，具备较强的阅读理解能力。但由于青少年阶段特有的心理特征，他们可能在面对问题时感到困惑或无助。因此，本节课将结合学生的生活实际，通过角色扮演、小组讨论等活动，激发学生的学习兴趣，培养他们的情感态度与价值观。

四、教学目标

1. 知识与技能

学生能够理解并提取文章中的关键信息，掌握阅读理解的技巧；发展用英语表达自己面临的问题和寻求建议的能力。

2. 过程与方法

通过快速阅读、精读、小组讨论等活动，培养学生的阅读理解能力、信息提取能力和问题解决能力；引导学生学会如何给予和接受建议，培养学生的沟通技巧和社交能力。

3. 情感态度与价值观

引导学生关注身边的问题，培养同理心和关爱他人的品质；培养学生积极面对问题的态度，勇于寻求帮助和建议，增强团队合作意识和社会责任感。

五、教学重难点

1. 重点

理解文章大意，提取关键信息，掌握阅读理解的技巧。

2. 难点

用英语表达自己面临的问题和寻求建议，培养学生的问题解决能力和情感态度与价值观。

六、教学方法

（1）任务驱动法：通过设定阅读任务，引导学生逐步深入理解文章。

（2）小组合作法：组织学生进行小组讨论，分享个人经历和解决问题的建议。

（3）角色扮演法：让学生扮演"知心姐姐"或"青少年"，进行角色扮演对话，提升语言表达和问题解决能力。

七、教学过程

教学过程见表1。

表1 教学过程设计

教学环节	教学内容	教师活动	学生活动	设计意图
导入环节 （5分钟）	以"Problems in your life"为主题，通过PPT展示一些贴近学生生活的图片或视频，如学习压力、朋友间的矛盾、家庭问题等	引导学生观看并思考："What problems do you see in these pictures? Have you ever encountered similar problems? How did you solve them?"同时，鼓励学生分享自己的经历或感受	观看图片或视频，小组讨论并分享个人经历或感受	通过贴近学生生活的导入，激发学生的学习兴趣，为接下来的阅读教学做铺垫
新知呈现环节 （15分钟）	引导学生阅读沪教牛津版九年级英语上册Unit 4 Reading"Problems and Advice"部分，理解文章大意，学习重点词汇和句型	（1）先让学生快速浏览文章，找出文章中的关键信息，如人物、问题、建议等。 （2）详细讲解文章中的重点词汇和句型，通过例句、图片、视频等多种形式帮助学生理解并记忆。 （3）通过提问、填空、选择等形式的练习题，检测学生对文章的理解和词汇的掌握情况	（1）跟随教师的指导，快速浏览文章，找出关键信息。 （2）认真听讲，记录重点词汇和句型，积极参与练习题的解答	帮助学生掌握文章的重点内容，为后续的语言实践打下基础

续上表

教学环节	教学内容	教师活动	学生活动	设计意图
语言实践环节（25分钟）	通过小组讨论、角色扮演等活动，运用所学知识解决实际问题	（1）将学生分成若干小组，每组分配一个与文章相关的讨论话题，如"如何帮助朋友缓解学习压力""如何处理家庭矛盾"等。 （2）提供角色扮演的情境，如"你是一位心理咨询师，正在为一位遇到问题的学生提供建议""你是一位家长，正在与孩子沟通解决家庭问题"等。 （3）巡回指导，鼓励学生积极参与讨论和角色扮演，及时给予反馈和建议	（1）小组讨论，共同制定解决方案，并准备角色扮演的内容。 （2）进行角色扮演，展示解决方案，并接受其他小组的评价和建议	通过小组讨论和角色扮演等活动，培养学生的语言输出能力和解决问题的能力，同时加深学生对文章内容的理解
拓展延伸环节（10分钟）	引导学生思考并讨论"如何给予和接受建议"的技巧和方法	（1）提问引导学生思考："When giving advice, what should we pay attention to? When receiving advice, how should we react?" （2）鼓励学生分享自己的经验和看法，并总结给予和接受建议的技巧和方法	（1）思考并讨论教师提出的问题，分享自己的经验和看法。 （2）总结给予和接受建议的技巧和方法，并记录在笔记本上	通过拓展延伸环节，培养学生的批判性思维和社交技巧，同时加深学生对文章主题的理解
总结与反馈环节（5分钟）	总结本课所学，反馈学习成果	（1）提问引导学生总结本课所学："What have you learned today? What problems did you solve? What skills did you improve?" （2）展示学生的学习成果，如小组讨论的解决方案、角色扮演的视频或录音等，并给予积极评价和鼓励。 （3）布置作业：要求学生写一篇短文，描述自己或朋友面临的一个问题，并给出自己的建议	（1）回顾本课所学，总结学习成果和收获。 （2）观看或聆听其他小组的学习成果，并给予评价和建议	巩固所学知识，培养学生的自信心和学习成就感，同时促进同学间的相互学习和交流

八、板书设计

板书设计见表 2。

表 2　板书设计示意

Letter from…	Problems	Advice
Anna	Her friend Jolin is on diet	Encourage healthily
Peter	Regret not helping the sick lady	Help others bravely
Simon	Hate wearing braces	Accept imperfections
Julie	Annoyed with her sister's noise	Communicate nicely

九、教学反思

本节课通过任务型教学、合作学习等多样化的教学方法,有效激发了学生的学习兴趣和积极性。学生在小组讨论和角色扮演等活动中积极参与,不仅掌握了重点词汇和句型,还学会了如何给予和接受建议,培养了解决问题的能力。同时,通过创设贴近学生生活的情境,学生在轻松愉快的氛围中完成了学习任务。

从教学效果来看,学生能够较好地理解文章大意,运用所学知识解决实际问题,并在语言输出方面取得了显著的进步。然而,在未来的教学中,还需进一步关注学生的个体差异,针对不同层次的学生提供更有针对性的指导和帮助。此外,可以尝试引入更多元化的教学资源和方法,如利用互联网资源、开展跨学科教学等,以进一步提升学生的学习兴趣和参与度。

在创新性方面,本节课通过创设真实的咨询情境和角色扮演等活动,使学生在模拟真实场景中进行语言实践,从而提升了其语言运用能力和社交技巧。这种创新性的教学方法不仅丰富了课堂教学内容,还提高了学生的学习兴趣和参与度。

"光电效应"教学设计

——选自高中物理粤教版选择性必修第三册第四章第一节

何嘉琪

个人简介：大家好！我是何嘉琪，如果用一个代名词来介绍自己，那一定是斜杠青年。

首先，第一条斜杠，我是一名师范生。我积极参与各类师范技能竞赛，以赛促学，共斩获包括"国物""为明""桃李杯"在内的十余项奖项，接下来也将继续参与"格致杯"和省赛，为学院争光。在作为负责人带队伍参加"国物"的过程中，我深刻体会到"上好一堂课"背后的不易；课程设计上，我也利用MATLAB设计了仿真实验，将多媒体与物理教学结合起来。

其次，我是一名党员，从学生工作到"三下乡"支教队，我一直坚持为人民服务。我也曾作为核心成员参与"挑战杯"，为乡村振兴出谋划策。

最后，我也是一名艺术青年、排球少年，我兴趣爱好广泛，热爱运动，自幼学习舞蹈和各类乐器，曾担任舞团和乐团的首席；多次晚会的主持经历也让我在三尺讲台上，多了一份从容与淡定。

成为一名师范生至今，我深深热爱着教师这一行业，我希望通过学习和沉淀，再加上一条斜杠，成为一名卓越的中学物理教师。

人生格言：随喜赞叹。

一、课标分析

新课标要求"通过实验，了解光电效应现象。知道爱因斯坦光电效应方程及其意义。能根据实验结论说明光的波粒二象性"。其中蕴含了物理观念的形成、猜想论证的实验探究和质疑创新的科学思维等多种核心素养要素，故本节内容的教学应注重理顺各部分知识的逻辑关系，以学生认知的逻辑顺序展开，设置探究性的问题，以"现象→规律→本质"三部曲串联起学生的学习，再现知识的动态演变过程。

二、教材分析

粤教版教材将"光电效应"这一课题安排在第四章"波粒二象性"之中，将其拆分为"光电效应"和"光电效应方程及其意义"两小节。

本节是经典物理和量子物理之间的重要衔接，有着复杂而丰富的内容。知识由光电效应的实验规律、经典电磁理论解释的困难、爱因斯坦的光电效应理论、康普顿效应和光子的动量、光的波粒二象性五部分组成，是对前自然观和旧思维方式的重大变革，为人类打开了一扇崭新的科学大门，开创了全新的科学领域。

教材先讲光电效应的实验规律，再解释其中的疑难，首先，这样的教学顺序，会让学生仍处于知识的记忆这一浅层学习阶段，只知道光电效应现象与经典理论有冲突，不能深刻理解为什么要引入"光具有粒子性"来进行解释；其次，学生未能体验新理论的发现过程，导致学习内驱动力不足。

因此，在教材处理上，应将教材内容进行整合，从物理学史出发，借鉴物理学家的研究历程，顺应学生认知规律，引导学生设计实验逐个探究。学生在比较中发现"猜想"与"规律"之间的矛盾，在认知冲突中激发探究的内驱动力；在质疑、分析、推理中体验建立新理论的全过程，体会科学家们的较真精神，这也是物理与人文的紧密交融。

三、学生情况分析

1. 知识基础

学生在学习本节课前已具备光波动性的相关概念，知道经典电磁波理论的基本内容，掌握了入射光的两个性质——频率、光强，以及二者之间的关系。

2. 能力基础

本节课面向高二学生，他们的抽象思维占优势地位，并由经验型开始向理论型转变；记忆模式以有意记忆为主，能注意在理解的基础上记忆。因此在教学中，通过图片、视频、实物等方式让学生融入实际情境，将实际情境中的生活问题升华为物理问题以培养学生的物理建模能力和抽象思维。

3. 认知困难

通过前一节的学习，学生已经建立了能量连续性的经典物理观念，对生活中光的波动现象具有感性认知，但并不了解光的粒子性，他们在预习时仅凭教材对电路的分析，难以理解电路各部分的设计意图，且对光的粒子性的抽象概念难以理解。此外，光电效应的实验现象和规律比较复杂，要从现象中归纳分析，厘清实验规律，并尝试用新理论来解释新的现象，这对学生来说也是一个极大的挑战。

四、教学重难点

1. 重点

了解光电效应现象，掌握光电效应的定义和产生条件。

2. 难点

理解光电效应原理，根据实验结论说明光的波粒二象性。

五、教学目标设计

本节课的教学目标是以《普通高中物理课程标准（2020年修订版）》为依据，结合核心素养和"大学—中学"衔接的培养方向所拟定。

表1 教学目标设计

核心素养	具体描述
物理观念	观察光电效应的实验现象，知道光电效应；掌握光电效应实验规律，建立截止频率等物理概念
科学思维	能运用科学证据表达光电效应的观点；对比理论猜想与实验结果，知道经典电磁理论解释光电效应的矛盾所在
科学探究	经历光电效应实验探究过程，进一步发展实验方案设计及对实验现象分析推理的能力
科学态度与责任	通过参与设计实验以及结果分析的过程，体会物理学的逻辑之美；学习物理学家严谨的求真精神和勇于探索的创新精神

六、教学媒体设计

1. 设计依据及意图

新课标要求应用物理知识解决具体问题应结合具体的实际情境。故本节课采用实物演示来增强学生的感性认知，让学生亲身体验，为学生创造实际情况，在实际生活中解决物理问题。

通过模型把抽象的问题直观化，提高教学效率，便于学生理解。力求通过引导学生讨论，让学生自己得出结论，实验教学不仅仅是动手"做实验"，更重要的是"为什么要如此设计实验"，以及对实验现象进行分析。本节课引入一体式探究仪，让学生更直观地理解光电效应，突出教学重点，突破教学难点。

2. 具体媒体需求

PPT课件、电脑、实物展台、引入趣味实验装置（声光报警系统模拟装置）、光电效应规律探究仪等。

七、教学思路

教学思路见图1。

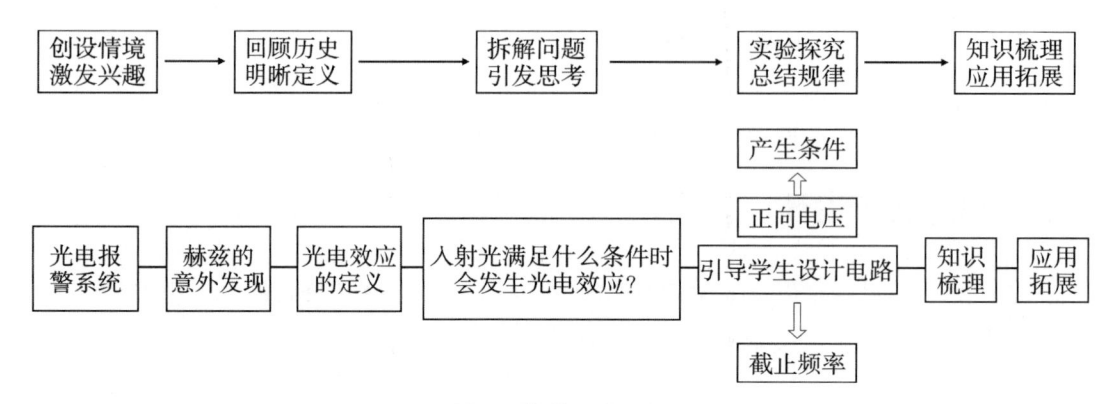

图 1 教学思路示意

八、教学过程设计

（一）创设情境，激发兴趣——新课导入（2 min）

1. 实施说明

课程导入部分，从生活中的报警器讲起，通过实物演示——挡住激光，警报响起，提出真实问题，引导学生建模思考："光信号如何转化为电信号？"激发学生探究学习光电效应的兴趣，引入新课。

2. 活动设计

表 2 新课导入活动设计

环节	教师活动	学生活动	设计意图
引入新课	创设参观博物馆的情境 【提问】光电报警器是如何保护文物的？ 教师现场演示： 用手越过报警器，挡住激光，可以观察到，红灯亮起，警报响起。 【提问】为什么挡住激光会触发报警器？ 请同学们观察电路图，发现关键在光电传感器。 【提问】光电传感器是如何把光信号转化为电信号的？ 从而引出课题——光电效应	观察现象 ↓ 思考回忆	物理来源于生活，从身边的事物入手，把解决问题贯穿学习全过程，让学生感受学习物理是有用处的，并增强物理知识的实用性和应用性

136

(二)回顾历史,明晰定义(2 min)

1. 实施说明

紧接着回顾物理学史,从赫兹验证电磁波实验的意外发现出发,让学生站在科学家的视角,把自己的发现转化为具体问题,体会科学研究的首要环节。

2. 活动设计

表3 "回顾历史,明晰定义"活动设计

环节	教师活动	学生活动	设计意图
物理学史	【赫兹的意外发现】 1887年,赫兹在做实验时意外发现: 当接收电磁波的电极受到紫外线照射时,火花放电就更容易产生。 赫兹没有放过这个意外发现,写了一篇文章如实记录。这篇论文启发了不少物理学家继续研究,最终发现了光电效应现象。 可见物理研究既需要较真精神,也需要研究成果的交流传播	思考 猜想原因	帮助学生建立对光电效应和光电子的基本认知。通过动画的形式,学生能够直观地理解光电效应的本质,帮助学生深入理解光电效应的机理
新知讲解	教师活动:通过动画讲解光照射到金属板会使其发出电子这一现象,并讲解光电效应、光电子的定义。 ①光电效应: 照射到金属表面的光,能使金属中的电子从表面逸出的现象。 ②光电子: 光电效应中逸出的电子被称为光电子	建立认识	

(三)拆解问题,引发思考(4 min)

1. 实施说明

以学生为主体,通过问题串设计引导学生设计实验;围绕"看得见"的思维生成课堂,构建知识;拆解探究问题,引导学生从入射光的两个性质(频率、光强)出发来设计方案。

2. 活动设计

表4 "拆解问题,引发思考"活动设计

环节	教师活动	学生活动	设计意图
提出问题	【提问】如果你是当时赫兹的助手勒纳德,会在此基础上继续做什么研究? 引导学生回答:入射光满足什么条件会产生光电效应?	联想	

续上表

环节	教师活动	学生活动	设计意图
电路设计	【问题串引导】 ①如何判断光电效应是否产生？ 要接受光电子—需要阳极—光电管 讲解光电管构造。 ②如何利用光电管获得光电流？ 需要哪些仪器？ 闭合回路—光电流—微安表测量光电流 在发生光电效应的情况下，电流表将会有示数，根据灵敏电流表的示数情况可以研究光电效应的特点和规律。 引导学生设计出电路（见右图），并提出实验还需要的器材有可变色的光源、遮光罩和电流表	思考联想 设计实验电路	引导学生通过自主设计符合光电效应产生条件的探究实验电路，体验将理论研究问题转化为具体实验方案的过程 运用所学知识，结合实验原理，设计出能够验证光电效应产生条件的电路
完善实验电路	讲解：光电子方向不是完全定向的，只有部分能到达阳极，产生电流。这就会使得光电流太过微小，难以检测。 【提问】那如何让更多光电子到达极板A？ 给电子施加力—加电场—两极板间施加正向电压 结合电学知识，运用滑动变阻器分压接法，让学生设计出电路如图，并解释加正向电压的原因。 教师点拨：物理研究既需要较真精神，也需要研究成果的交流传播	分析带电粒子在电场中的受力情况，期望回答加电场 运用滑动变阻器分压式接法，设计出电路图	通过一个又一个阶梯式的关联问题的抛出，让学生在逐步解决问题的过程中进行深度学习，将科学思维、科学态度与责任的培养充分渗透到课堂中

（四）实验探究，总结规律（4 min）

1. 实施说明

通过演示实验教学展示物理现象、导出物理概念、发现物理规律，是其他教学方式无法替代的。实践发现，高效、充分地在演示实验中促进深度学习是培养学生物理核心素养的有效途径。让学生像物理学家一样去严谨地思考问题，科学地设计实验，通过观察现象，分析数据，得出结论，并用所学的知识去构建物理模型、解释现象，体验成功乐趣的同时提升核心素养。

2. 活动设计

演示实验：观察光电管在不同频率、强度的光照射下的光电流情况。

表5 "实验探究,总结规律"活动设计

环节	教师活动	学生活动	设计意图
实验探究	介绍光电效应规律探究仪教具: 讲解实验方案、操作及表格设计。 | 实验	照射光	是否偏转	偏转幅度 | |---|---|---|---| | 光源1 | 红光(弱) | | | | 光源2 | 红光(强) | | | | 光源3 | 绿光(强) | | | | 光源4 | 绿光(强) | | | | 光源5 | 蓝光(强) | | | 【实验一】教师按照学生的设计用自制装置演示,此时光电管施加正向电压。 　　引导学生观察是否有电流产生。 　　先用红光照射,光电流为0,增大光强,光电流仍然为0;换绿光、蓝光照射,发现马上有电流值	观察教具 思考实验方案及表格设计 记录数据观察图像	根据教学需求,对演示仪器加以改进。通过对比不同颜色的光照射下指针的偏转情况,学生将能够直观地理解光电效应与光频率的关系
知识梳理	将实验现象记录至表格中,引导学生得出光电效应的产生条件。 　　通过实验发现,不论光强大小,红光照射下指针都不发生偏转,而频率较高的绿光和蓝光会使指针发生偏转。说明光电效应的产生与入射光频率有关,与光强无关,只有当入射光达到一定的频率才会发生光电效应。 　　提出截止频率(v_c)概念	总结规律	通过实验的直观展示和理论的分析,学生将能够更好地理解截止频率的重要性,旨在培养学生科学探究的能力和科学思维的素养

（五）知识梳理，应用拓展（3 min）

1. 知识梳理

（1）实施说明。

知识梳理部分在物理教学中具有重要意义，它不仅能够帮助学生构建完整的知识体系，深化对物理概念的理解，提高记忆效果，还能够培养学生的自主学习能力和思维能力。

（2）活动设计。

表 6　知识梳理活动设计

环节	教师活动	学生活动	设计意图
知识梳理	【规律总结】入射光要达到截止频率才会发生光电效应，与光强无关	思考归纳总结规律	光电效应知识点相互关联且层层递进。通过梳理，有助于学生从整体上把握物理学科知识的结构和脉络
解释赫兹意外发现	提问：能否用截止频率的知识解释赫兹的意外发现？为什么紫外线照射在金属接收器上，更容易产生电火花？ 解释：紫外线频率高，照射到金属表面发生了光电效应，光电子从表面逸出，所以电火花更容易产生	应用新知	回顾课堂开始时的实验现象，让学生运用新知识进行理论分析
与经典理论的矛盾	让学生尝试像物理学家勒纳德一样，用经典电磁波理论进行解释，发现在解释光电效应中光电流的瞬时性和产生条件时存在矛盾	质疑思考矛盾	串联光电效应的发展历程，显化假说以及建模、实验的方法，让学生体会其中蕴含的科学精神
假说及发展史	从矛盾出发，点拨指出：当经典理论无法解释新的实验发现时，就要敢于打破经典，提出新的理论，实践是检验真理的唯一标准	切身感悟其中的求真与创新精神	

2. 应用拓展

（1）实施说明。

新课标要求，在理解科学·技术·社会·环境（STSE）关系的基础上逐渐形成对科学和技术应有的正确态度以及责任感，进一步形成"科学态度与责任"。

让学生解释引入实验，前后呼应。根据光电效应的原理，介绍光电效应在军事中的应用，有助于加深学生对光电效应原理的理解，不仅符合课程标准的要求，也有助于提升学生的物理素养和综合能力。

（2）活动设计。

表7　应用拓展活动设计

环节	教师活动	学生活动	设计意图
回扣导入	引导学生利用所学知识，尝试解释课堂引入部分，光电报警系统的基本原理 光电传感器　　报警器 激光器	观看思考	引导学生用所学到的知识解释物理现象，加深对光电效应的理解与认识
应用拓展	【中国光伏向"全球造"格局转变】 介绍我国太阳能电池技术世界领先。 2024年6月14日，在2024上海SNEC展会上，隆基宣布其研制的晶硅—钙钛矿叠层太阳能电池取得了重大突破。据欧洲太阳能测试机构（ESTI）的权威认证，该电池的光电转换效率高达34.6%，再次刷新了隆基团队此前创造的晶硅—钙钛矿叠层电池效率世界纪录	观看思考 好奇兴奋	新课标要求，理解科学·技术·社会·环境（STSE）的关系基础上逐渐形成对科学和技术应有的正确态度以及责任感，将理论知识与实际应用相结合，讲解光电效应在生活中的实际应用，让同学们感受科技发展对社会的贡献，进一步形成"科学态度与责任"

3．课后作业

（1）实施说明。

布置课后习题、实践作业，有助于学生巩固理论知识，还能通过解决实际问题来提升学生的应用能力和创新思维。

（2）活动设计。

表 8　课后作业活动设计

环节	教师活动	学生活动	设计意图
课后习题	布置课后习题，巩固所学知识 1. 在光电效应实验中，如果实验仪器及线路完好，当光照射到光电管上时，灵敏电流计中没有电流通过，可能是什么原因？ 2. 如图所示是光电效应实验的原理。当频率为 v_0 的可见光照射到阴极 K 上时，灵敏电流计中有电流通过，则： （1）若将滑动触头 P 逐渐由 A 端移向 B 端，观察到的现象是怎样的？ （2）调换电源两极，将滑动触头 P 逐渐由 A 端移向 B 端，观察到的现象是怎样的？	应用知识	通过课后习题和实践作业，培养学生面对现实挑战时解决实际问题的能力，对学生的全面发展和社会适应能力的提升具有重要意义
实践作业	【实践作业】 学校举办节能活动，任务是为教学楼一楼大厅制作一种根据空间亮度自动控制的开关。 要求：在明亮的自然光照下关灯，晚上或阴天要一直开灯，请进行设计并讲解原理		

九、板书设计

板书设计见图 2。

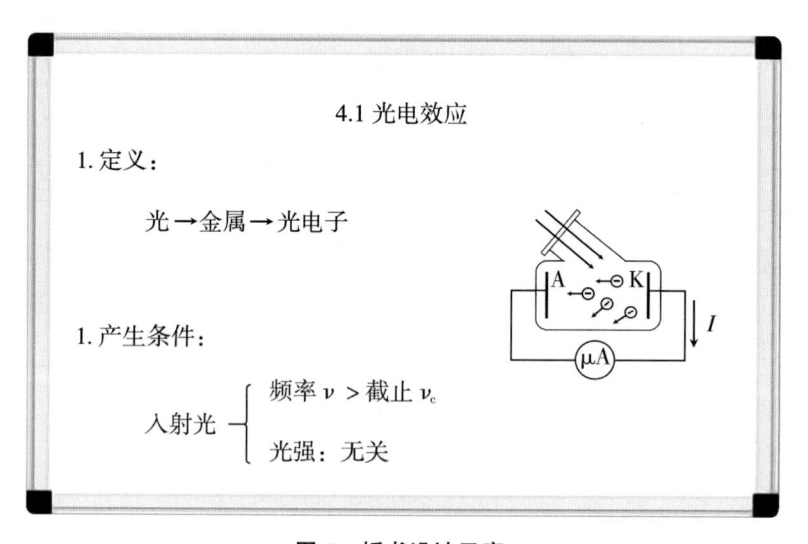

图 2　板书设计示意

竞争负担变动力

林诗怡

个人简介：我是华南师范大学心理学院 2021 级心理学（师范）专业的一名学生，是在心理学之路上起步、不断成长的小白，是在不断刻苦提升自己备课上课、咨询辅导等技能的小新。希望能够走近学生，在心与心的接触中传递一份爱与温暖。

人生格言：功不唐捐。

一、教学理念

（一）教学组织理论

本课选用大卫·库伯的体验式学习理论作为教学组织理论，强调在教学过程中，教师从教学需要出发，引入、创造或创设与教学内容相适应的具体场景或氛围，引起学生的情感体验，帮助学生迅速而正确地理解教学内容，以达到既定的教学目的。因此，为了帮助学生更好地理解竞争与合作，在学习生活中正确看待竞争与合作并利用竞争与合作的积极作用，本课通过开展学生竞争活动、展示相关材料等，让学生在课堂中具体体验、观察反思、形成抽象概念，并在新情境中检验概念。

（二）教学内容理论

1. 竞争的定义

汉密尔顿学院哲学教授罗伯特·L. 西蒙（Robert L. Simon），德国社会学家、哲学家齐美尔（Georg Simmel）等人将竞争的关注点从"排除和获得"转移到"发现自身能力、追求自我发展、朝自身目标努力……"上，期刊《中小学心理健康教育》中，有学者认为竞争的本义是，个体旨在通过一种社会关系的比较更加准确地认识自己，同时向着某种内在目标不断努力。

2. 学业竞争的异化

有学者在2013年提出学业竞争的异化现象，体现在：①"比较的成功"是唯一信念；②参与的动机源于外在力量的驱使；③以不合理的自我评估为比较前提；④对比较结果的非理性解读①。

本课根据学情将以上异化现象简化为：①目标定向错误；②结果解读错误。以此帮助学生认识竞争异化的现象，总结原因。

3. 良性学业竞争的指导方法

学者提出良性学业竞争的指导方法包括：①确立掌握型目标，注重学习本身的意义和努力的价值；②正确理解考试的作用与意义，体验学习过程中的成功感；③合理进行成就归因，引领个人积极成长；④关注自我个性特点，寻找优势领域②。

本课结合学情针对以上结论提出方法：①确立掌握型目标；②正确解读竞争结果；③合作中求竞争。通过以上三种方法形成良性竞争循环。

二、教材分析

教育部《中小学心理健康教育指导纲要（2012年修订）》指出，针对初中年级学生，要帮助他们适应中学阶段的学习环境和学习要求，培养正确的学习观念，发展学习能力，改善学习方法，提高学习效率。

三、学情分析

本课教学对象为初一年级学生。

相比小学阶段，初中阶段学生学业任务繁重，压力升高；另外，学生的学习情况不同，部分学生会因为跟不上学习进度，出现放弃心态，排名位于中前列的学生也易感到被超越的压力和焦虑；同时面临学习环境不适应、中考升学等情况，更重视考试排名，学生对学业竞争敏感、紧张，感知到的学业竞争压力显著升高。

同时，初一学生处于青少年自我同一性形成的关键时期，不良竞争会使青少年不时出现自我怀疑、缺乏对未来生活的目标动力、敏感脆弱、各种形式的逃避等现象。印度哲学家吉杜·克里希那穆提（Jiddu Krishnamurti）认为，将考试和学位当作简单的衡量标准而不停地去争夺，易培养出逃避人生重大问题的心智。

综上所述，不良的竞争和合作关系不仅不利于学业，同时还影响人际关系，长此以往会影响学生的身心健康和个性、社会性发展。

因此，本课旨在帮助学生意识到自己是否身处不良学业竞争旋涡，并分析产生不良竞争的原因，寻找对应解决或预防方法，将不良竞争转化为良性竞争，发挥良性竞争的积极作用。

---

① 陈晓新. 学业竞争异化对青少年同一性形成的影响［J］. 中小学心理健康教育，2013（17）：7-9.
② 张立娜. 中学生如何形成良性学业竞争心态［J］. 人民教育，2011（23）：28-30.

四、教学目标

（一）认知目标

学生学会区分良性竞争与不良竞争，认识到可以通过改变认知和行为将不良竞争转换为良性竞争。

（二）情感目标

学生感受到良性竞争的积极影响和不良竞争的消极影响，产生将不良竞争转换为良性竞争、促进合作的内源动力。

（三）技能目标

学生初步掌握促进良性竞争与合作的方法并加以运用。

五、教学重难点

（一）教学重点

让学生体验到良性竞争的积极影响和不良竞争的消极影响，掌握促进良性竞争与合作的方法并加以运用。

（二）教学难点

激发学生产生将不良竞争转换为良性竞争、促进合作的内源动力，让学生克服不良竞争的想法和行为。

六、教学方法

（一）教法

讲授法、多媒体操作法、操作法、讨论法。

（二）学法

自主探究法、合作学习法。

七、教学过程

教学过程见表1。

表 1 教学过程

教学环节	教学内容	设计意图
初体验： 竞速搭纸牌 （5 min）	1. 在教师的引导下，学生在 1 min 时间内自由体验搭纸牌，4 人一小组，每小组分发 6 张扑克牌搭纸牌塔。将手里的牌用完后可以找助教拿 4 张新牌。全过程需要保持安静，不能大声喧哗。看看谁能在最短的时间内搭得更高。通过前后对比，让学生随着时间的推进，留意内心的感受，觉察自己行动以及内心感受的变化。 2. 学生分享：察觉搭纸牌过程中的心情和行动。 3. 教师总结，引出"竞争"主题	1. 在比拼的情况下，让学生体验竞争带来的促进作用（即提高行为速度）。 2. 同时，通过学生的压力感受说明当前学业竞争的异化现象，引发学生共鸣，引入主题
再探究： 竞争三法宝 （25 min）	（一）关注自我，正确定向（9 min） 1. 学生观看小邱的故事，分析不良竞争问题：小邱在面对竞争时将关注目标重点放在他人身上，没有自己的学习计划和具体目标。 2. 学生带着锦囊玩"寻找缺失数字"游戏，分享游戏体验，解读锦囊内容、寻找正确目标定向的方法。 3. 教师总结，学生明确自己学业掌握型目标。 （二）正确解读，合理归因（8 min） 1. 学生阅读小邱的来信后，在教师的提示下，寻找小邱的错误归因方式并进行纠正。 2. 教师从"考试目的""竞争对象""考试结果"三方面帮助学生正确解读竞争。 （三）竞争互促，合作共赢（8 min） 1. 学生观看视频《物种的竞争与合作》，讨论并回答教师问题。 2. 教师总结	1. 通过观看动画，让学生感受不良竞争产生的原因之一——目标定向异化，并寻找解决办法。 2. 通过他人示例让学生感受不良竞争产生的原因：结果解读异化。引导学生学会正确解读、合理归因的方法。 3. 通过视频《物种的竞争与合作》，感受个人资源的有限性，学会合作、资源互补
共解读： 竞争初运用 （10 min）	（一）正确解读：上一次考试结果（4 min） 学生针对上一次的考试结果，参照课堂所学方式进行解读，小组讨论分享。 （二）明确目标，竞争合作：下一次考试准备（4 min） 学生分析当下实际情况树立掌握型目标，小组讨论分享，互帮互助、互相监督学习进程。 （三）课堂回顾（2 min） 教师引导学生回顾本课内容，并给予寄语	1. 让学生学会利用课堂所学的结果解读方式，在现实生活中初步运用。 2. 让学生学会根据自己实际情况树立掌握型目标，在班级内实现资源共享，在竞争中求合作、合作中有竞争。 3. 回顾课程内容，总结经验加深记忆

八、板书设计

板书设计见图1。

竞争负担变动力

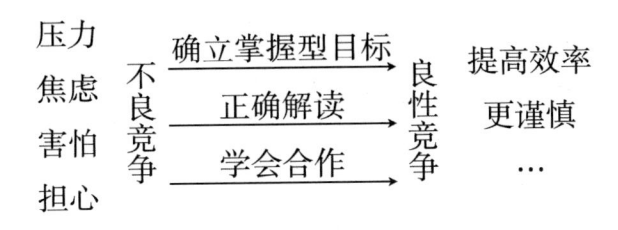

压力　　　　确立掌握型目标　　　　提高效率
焦虑　不良　正确解读　　　　良性　更谨慎
害怕　竞争　　　　　　　　　竞争　…
担心　　　　学会合作
…

图1　板书设计示意

九、教学反思

　　在反思"竞争负担变动力"这节课的教学实践时，我意识到课程设计需要更多地考虑学生和真实的课堂。在初次备课时，我未能充分预测学生在课堂上的实际需求和反应、课堂的真实环境和情况，这导致课程在实际应用中出现了一些不适应，比如一些环节缺乏细节设计，未能让学生进行实操；规则说明不够清晰，使学生在活动中感到迷茫；等等。这些都是影响课堂效果的关键细节，需要在未来的教学设计中予以重视。

　　课后和大家一起评课，一起分析课堂效果不理想的原因，部分是由于课堂内容与学生的实际需求之间存在差距。我认识到，课堂内容的充足性、时长控制和教师的控场能力都是影响教学效果的重要因素。在未来的教学中，我需要更加精准地把握课堂节奏，确保每个环节都能有效地促进学生的学习。

　　此外，我注意到学生对于教学内容即设定掌握型目标的理解存在偏差。虽然我在课堂上具体明确了掌握型目标与表现型目标的区别以及其联系，学生在发言时，依旧根据自己的情况设定与成绩相关的目标，这种理解的偏差可能与教师的备课和授课有关，未能传达到位，但同时这可能也是学生自身实际情况的反映，需要我作为教师去接纳并给予正确的引导。

　　最后，本次授课也是教师自身的成长。尽管不是每个学生都能非常认真地参与课堂，但本节课能够在期中考试备考前，贴近学生的实际学情，引导他们正确看待竞争，缓解他们的焦虑和压力。我认为，只要学生能够从这节课中吸收到一些知识，哪怕只是一点点，这节课就有了它的价值。未来，我将继续优化教学设计，更加关注学生的反馈，以期实现更好的教学效果。

更适合中职宝宝体质的词汇课

——选自外研社中职英语基础模块 1 第二单元

黄茹玉

个人简介：我是华南师范大学教育科学学院（汕尾）英语（职业教育师范）专业的一名学生，喜好书法、游泳、性格沉稳内敛，但也时而活泼叛逆，做事认真细心负责。课上我喜欢调动轻松愉快的氛围帮助同学们掌握知识，课下我善于倾听学生内心想法，做学生的知心朋友。希望在未来的教育事业道路上，我能真正成为学生心中的"大明星"。

人生格言：发光并非太阳的专利，你也可以！

一、课标分析

本单元以"We Are Friends"为主题，旨在通过英语学习，加深学生对友情价值的理解，同时提升他们的语言交流能力。学生通过掌握关于友谊的词汇、句型及表达方式，能够用英语描述自己的朋友、表达友情的重要性，并能进行简单的情感交流。

教学内容涵盖了描述个人特征、兴趣爱好、情感表达的词汇，以及"be"动词的用法、一般现在时等语法点。通过情境教学法、角色扮演、单词游戏 PK 赛等活动，让学生在模拟的社交场合中运用所学语言，增强语言实践能力。同时，鼓励学生通过小组讨论、分享个人经历等方式，加深对友谊内涵的理解。

在评价方面，注重学生的语言运用能力和情感态度的发展，通过课堂参与度、角色扮演的表现、小组讨论的贡献等多维度进行评价。通过本单元的学习，学生不仅能在语言上有所进步，还能在情感层面更加珍视身边的友谊，为建立良好的人际关系打下基础。

二、教材分析

外研社中职英语基础模块 1 教材注重实用性与基础性相结合，内容紧密围绕学生生活及未来职业场景，精选贴近实际的对话与篇章，旨在激发学习兴趣，提升语言应用能力。

词汇难度适宜，既涵盖基础词汇，又适当引入职业相关术语；既巩固语言基础，又拓宽职业视野。教材设计注重听、说、读、写四项技能的均衡发展，通过丰富多样的练习形式与多媒体资源，如音频、视频等，提供沉浸式学习体验，全面提高学生的语言综合运用能力。适合作为中职学生英语学习的入门教材。

三、学情分析

2024 级计算机平面设计 2 班学生具有较强的动手能力和实践兴趣，性格活泼好动，喜欢通过实际操作来学习新知识。同时，部分学生学习态度相对懒散，需要采用生动有趣的教学方式来激发他们的学习兴趣和积极性。

四、教学目标

（1）能够准确记忆并理解 PPT 中列出的词汇，包括词性、中文含义以及基本用法。例如，学生能够掌握 comment（评论）、volunteer（志愿者）、humorous（幽默的）等单词，并能在不同的语境中识别和运用它们。

（2）能够理解每个词汇在不同语境中的具体含义和用法。例如，能够区分 close 作为形容词时表示"亲密的"和作为动词时表示"关闭"的不同用法，并能在实际写作和口语中正确运用。

（3）鼓励学生将所学词汇融入日常交流中，提高语言表达的丰富性和准确性。通过课堂游戏 PK 赛、小组讨论或角色扮演等活动，让学生在实际运用中巩固和深化对新词汇的理解和记忆。

五、教学重难点

（1）教学重点：能够准确记忆 PPT 中列出的新词汇，并理解这些词汇在不同语境中的具体含义和用法，包括词性、中文释义、例句以及助记方法等内容。

（2）教学难点：引导学生在实际语境中正确并流利地运用所学词汇，提高他们的语言实际运用能力。

六、教学方法

小组合作法、游戏 PK 赛法、情境教学法。

七、教学过程

教学过程见表 1。

表 1　教学过程

教学环节与 时间分配	教学活动与步骤	设计意图	评价要点
Warm-up （3 min）	Introduce the theme of this lesson and clarify the learning objectives：Master the new vocabulary, understand the application of vocabulary in different contexts, learn to use these words in daily life, and adopt effective learning strategies for vocabulary retention.	通过视频介绍主题和学习目标，激发学生的学习兴趣，为接下来的词汇讲解奠定基础	学生是否能够迅速进入学习状态，对主题和学习目标有清晰的认识
New vocabulary teaching （25 min）	1. Introduce new words：Present the new words related to friends and activities with PPT. ──────★Unit 2　词汇★────── 16. forgive *v.* 助记：for 为了+give 给予 为了原谅你，我决定给你一个悔过的机会。 17. considerate *adj.* 考虑周到的，体贴的 助词：consider 思考+ate（eat）吃 每天都要思考做什么好吃的给你，就是我们伟大的妈妈，这样的妈妈是体贴的。 2. Provide example sentences to show how to use the new words in context. 3. Students work in pairs to create their own sentences and do a role play using the new words.	帮助学生掌握与朋友和活动相关的新词汇，并通过例句和小组活动加深理解	学生是否能准确读出新词汇，并运用它们造出简单的句子
Vocabulary game （10 min）	Divide the whole class into two teams to play a game. Students match words with their correct definitions or meanings. And the team which loses will be punished.	通过单词游戏PK赛，巩固学生对新词汇的理解和记忆，提高他们的团队协作能力	学生是否能积极参与游戏和角色扮演，准确地选出对应的中英文
Summary & Homework （2 min）	1. Summary：Recap the new words and key sentences learned in the lesson. 2. Feedback：Encourage students to share their favorite part of the lesson and any new words they have learned. 3. Homework：Assign homework to recite the new words.	总结本课所学内容，鼓励学生分享学习心得，布置家庭作业以巩固所学内容	学生是否能准确总结本课所学，积极参与分享，并完成家庭作业

八、板书设计

板书设计见图1。

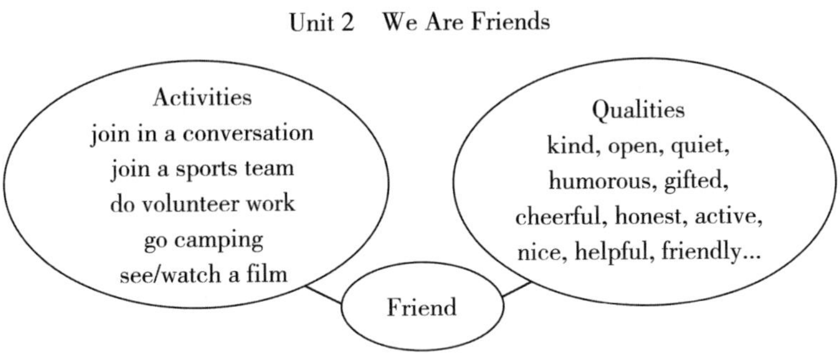

Unit 2　We Are Friends

Activities
join in a conversation
join a sports team
do volunteer work
go camping
see/watch a film

Qualities
kind, open, quiet,
humorous, gifted,
cheerful, honest, active,
nice, helpful, friendly...

Friend

图1　板书设计示意

九、教学反思

在这堂词汇课上，从导入到游戏总结环节，我较为恰当地把握了课堂节奏，充分调动了学生们的学习积极性，得到了他们的积极响应。首先，我采用了多样化的教学手段，如视频辅助教学、情境模拟、游戏PK赛等，这些方式不仅生动有趣，而且极大地提高了学生的参与度。学生们在轻松愉快的氛围中，不知不觉地掌握了大量新词汇，这种寓教于乐的教学方式得到了学生们的广泛好评。其次，我在词汇教学中注重了知识的拓展与延伸。在讲解单词时，我不仅介绍了其基本词义和用法，还引导学生探索了单词背后的文化内涵和语境用法。这种深入浅出的讲解方式，不仅帮助学生全面理解了单词，还激发了他们探索英语文化的兴趣。此外，我还特别注重培养学生的自主学习能力。在词汇教学中，我鼓励学生通过故事联想记忆法记住单词、总结词汇规律，这些做法不仅提高了学生的词汇学习效率，还培养了他们独立思考和解决问题的能力。

但在游戏PK赛环节，我观察到有少数学生未能严格遵守课堂纪律。起初，我并未太过在意，而是选择继续进行课堂教学。然而，事实证明，我针对此问题的做法并不明智。这几个学生在后续的课堂中并没有及时改正，而是继续违纪，在帮助自己队员匹配中英文单词的时候，放声大叫并由于过于心急直接冲上讲台选出了正确答案，进而影响了整个课堂的氛围。

经过深思熟虑，我认识到在发现学生违反规则时，应该及时采取措施加以制止并提出明确的纪律要求。这样，既能保障课堂教学的顺利进行，又能帮助违纪学生认识到自己的问题，从而促使他们改正错误。

为了确保课堂纪律的贯彻落实，我决定在下次课堂上采取以下措施：一是提高对课堂纪律的重视程度，明确告诉学生遵守纪律的重要性。让学生认识到，遵守纪律不仅是对自己负责，也是对他人、对整个课堂的尊重。二是加强对学生的关注，一旦发现违纪行为，

立即予以制止并提出相应的要求。这样可以让学生明白，违纪行为是不被允许的，必须严格遵守课堂纪律。三是课堂上加强对学生的正面引导，培养他们的自律意识。通过开展形式多样的教育活动，让学生自觉地遵守纪律，从而提高课堂纪律的整体水平。四是与学生家长保持密切沟通，共同关注并纠正学生的违纪行为。

通过以上措施，我相信我们课堂上的纪律将会得到更好的保障，让每一位同学都能在一个有序、和谐的环境中茁壮成长。确保课堂纪律是提高教学质量的关键之一。我将密切关注学生的表现，积极采取措施纠正违纪行为，培养学生的自律意识，与家长密切合作，共同为学生们创造一个良好的学习环境。通过大家的共同努力，我相信我们的课堂将变得更加高效、有序，学生们能够在和谐的氛围中茁壮成长，实现全面发展。

总的来说，本次词汇课教学在激发学生兴趣、拓展知识深度和培养学生自主学习能力等方面都取得了显著成效。然而，我也深知教学无止境，未来我将以更高的标准要求自己，不断探索和完善教育教学方法，关注学生的个体差异，激发他们的学习兴趣，进一步提高课堂纪律水平，为学生提供更加优质的教学服务。在未来的教学中，我将继续发扬这些优点，同时努力改进不足，以期取得更好的教学效果。未来的道路很长，我会与学生教学相长，共同进步，真正无愧于学生口中喊出的每一句"大明星，你好"。

角的平分线的性质

——选自初中数学人教版八年级上册第十二章第三节

陈咏菁

个人简介：我是华南师范大学数学与应用数学师范专业的一名学生，性格阳光外向，开朗热烈，对生活保持着热爱，对未知事物始终充满着好奇与旺盛的求知欲。我喜欢教书育人这份事业，享受传授知识的感觉，当我意识到自己讲解的知识能够解决他人心中所惑时，我时常感受到莫大的成就感与愉悦。当站上讲台，全班的目光望向我时，我更加坚定要不断提升自身数学素养，锻炼教学本领，给予那些求知的目光一个充实满意的回馈，给相信我、选择我的人最优秀的回答。热爱可抵岁月漫长，在未来的时光中，我将始终走在教师这条道路上，望两旁鲜花，且披荆斩棘，不断前行。

图1 实习期第一次授课

人生格言：路漫漫其修远兮，吾将上下而求索。

一、课标分析

《义务教育数学课程标准（2022年版）》对本节的要求是探索并证明角的平分线的性质定理：角的平分线上的点到角的两边的距离相等。教科书首先由角平分仪工作原理引出了一个角的平分线的尺规作图，然后探究并证明了角的平分线的性质，同时总结了证明一个几何命题的一般步骤。

二、教材分析

本节课在七年级学习了角平分线的概念和刚学完三角形全等判定的基础上进行教学，内容包括角平分线的作法、角平分线的性质的探究和初步应用。作角的平分线是基本作图方法，角的平分线的性质为证明两线段相等开辟了新的途径，体现了数学的简洁美，是学习轴对称图形的基础，也是全等三角形知识的延续，研究过程为以后学习线段垂直平分线的性质提供了思路。

三、学情分析

知识方面，学生已经学习了角的平分线的定义、掌握了判定三角形全等的方法；能力方面，学生观察、猜想能力较强，但操作、归纳数学知识的能力较为薄弱，需要在课堂教学中加强引导；态度方面，学生个性活泼，课堂氛围活跃，对于数学知识有着旺盛的求知欲与好奇心。

四、教学目标

（1）掌握尺规作图：作一个角的平分线。
（2）探索并证明角的平分线的性质：角的平分线上的点到角的两边的距离相等。
（3）运用角的平分线的性质定理解决简单问题。

五、教学重难点

教学重点：
（1）作一个角的平分线的尺规作图。
（2）探索角的平分线的性质定理：角的平分线上的点到角的两边的距离相等。
（3）学会运用角平分线的性质解决问题。
教学难点：
（1）理解尺规作图的合理性。
（2）证明角的平分线的性质定理。

六、教学方法

演示法：教师向学生演示尺规作图的步骤和画法。
讲授法：对于性质理解及其证明进行引导讲解。
练习法：通过题目练习，加深知识点的记忆和理解。

七、教学过程

教学过程见表1。

表1 教学过程

教学环节	教学内容	教师活动	学生活动	设计意图
明确目标 明晰所学（1 min）	学习目标： 1. 学会角的平分线的画法； 2. 探究并认知角的平分线的性质定理； 3. 会运用角平分线的性质解决问题	教师带领学生了解本节课的学习目标	学生对本节课所需要学习的知识在框架上有所了解	开始上课前先把本节课需要学习的内容告诉学生，让学生对课程目标有一个清晰的认识
复习旧知 作为铺垫（3 min）	师：同学们，让我们一起回顾这个单元已经学了什么知识。 1. 全等三角形的判定方法 任意三角形：SSS，SAS，AAS，ASA 直角三角形：SSS，SAS，AAS，ASA，HL 2. 角的平分线的定义 从一个角的顶点出发，把这个角分成相等的两个角的射线叫作这个角的平分线 师：如果现在在纸上画出任意的一个角，大家有什么方法画出这个已知角的平分线呢？ 法1 叠合法：折纸作出角的平分线，折痕即为角平分线 法2 度量法：用量角器作出角的平分线	教师带领学生回顾本单元已经学习过的5种判定全等三角形的方法，以及角的平分线的定义 教师引导学生利用折纸，或者现有工具绘制角平分线，并提问学生	学生复习旧知，为接下来的新课学习做知识储备 学生利用叠合法或量角器绘制角平分线	本节课需要学习角的平分线的性质，在学习前回顾角的平分线的定义、已学过的作角的平分线的方法以及全等三角形的判定方法是为了后续学习中在知识和方法上做一个铺垫

续上表

教学环节	教学内容	教师活动	学生活动	设计意图
讲述仪器引入新课（12 min）	师：那么还有什么方法可以帮助我们画出角的平分线呢？我们一起看一个视频。 通过一个视频引入角平分仪作角的平分线。 右图是一个平分角的仪器，其中 $CM=CN$，$PM=PN$，我们将点 C 放在 $\angle AOB$ 的顶点 O 处，CM 和 CN 沿着角的两边放下，沿 CP 画一条射线 OP，OP 就是 $\angle AOB$ 的平分线. 为什么 OP 是 $\angle AOB$ 的角平分线？ 在 $\triangle MOP$ 和 $\triangle NOP$ 中，根据已知， $\begin{cases} OM=ON \\ PM=PN \\ CP=CP \end{cases}$ 得到 $\triangle MOP \cong \triangle NOP$（SSS）. ∴ $\angle AOP = \angle BOP$， ∴ OP 是 $\angle AOB$ 的角平分线. 根据角平分仪的特点，借助尺规作已知角的角平分线. 已知：$\angle AOB$. 求作：$\angle AOB$ 的平分线. 作法：(1) 以点 O 为圆心，适当长为半径画弧，交 OA 于点 M，交 OB 于点 N. (2) 分别以点 M、N 为圆心，大于 $\dfrac{1}{2}MN$ 的长为半径画弧，两弧在 $\angle AOB$ 的内部相交于点 C. (3) 画射线 OC. 射线 OC 即为所求（见右图）. 思考1：为什么要以大于 $\dfrac{1}{2}MN$ 的长为半径画弧？ 答：保证在第 2 步的作图中两弧有交点. 思考2：作图的依据是什么？ 答：SSS，全等三角形的对应角相等.	教师通过播放视频引入角平分仪，并带领学生探索角平分仪的工作原理 教师先在黑板上逐步示范绘制角平分线的步骤，并讲解易错点	学生了解工学仪器角平分仪，并思考其工作原理 学生按照绘制步骤在纸上画角平分线	展示角平分仪的使用方法，讲解角平分仪的使用原理是为了引入尺规作图的原理 带领学生一步步利用尺规作出角的平分线，既能让学生清楚作图步骤，又增强学生的作图技能 让学生在简单的推理过程中体会作图法的合理性

续上表

教学环节	教学内容	教师活动	学生活动	设计意图
创设情境 探索性质 (15 min)	小明家居住在一栋居民楼的一楼，刚好位于一条自来水管道和天然气管道所成角的平分线上的 P 点，要从 P 点建两条管道，分别与自来水管道和天然气管道相连. 问题1：怎样修建管道最短？ 问题2：新修的两条管道长度有什么关系，画出来看看. 回答1：把自来水管道和天然气管道形成的角记作 $\angle AOB$，角平分线为 OP，在 OP 上取一点 P，即为小明家，过点 P 画出 AO，OB 的垂线，垂足分别为 D，E，沿 PD，PE 修建管道长度最短.（垂线段最短） 回答2：测量 PD，PE 的长度并比较大小，发现 $PD=PE$. 通过以上测量，试猜想角的平分线有什么性质。 角的平分线的性质： 角的平分线上的点到角的两边的距离相等。 如何证明角的平分线的性质？（利用全等三角形） 已知：见右图，OP 平分 $\angle AOB$，$PM\perp OA$，$PN\perp OB$，垂足分别为 M，N. 求证：$PM=PN$. 证明：$\because OP$ 是 $\angle AOB$ 的平分线， $\therefore \angle 1=\angle 2$. $\because PM\perp OA$，$PN\perp OB$， $\therefore \angle 3=\angle 4=90°$. 在 $\triangle OMP$ 和 $\triangle ONP$ 中， $\begin{cases}\angle 3=\angle 4\\ \angle 1=\angle 2\\ OP=OP\end{cases}$ $\therefore \triangle OMP\cong \triangle ONP$（AAS）， $\therefore PM=PN$（全等三角形的对应边相等）.	教师利用管道建设的现实例子，一步步引导学生思考问题，从而给学生提供关于角平分线性质猜测的方法 教师强调目前已有条件，引导学生利用全等三角形的判定方法证明该性质	学生在回答问题的同时，思路跟着教师思考 学生调动已学知识，自主探究证明，锻炼思维能力	设计一个数学情境，引导学生发现生活中的数学，既能激发学生上课兴趣，又能把理论和实际结合起来，把书上的知识真正应用到实际生活中 通过对性质定理的证明，帮助学生理解性质的内涵

157

续上表

教学环节	教学内容	教师活动	学生活动	设计意图
创设情境 探索性质 (15 min)	在题目中如何运用？ 几何语言： ∵ OP 是 ∠AOB 的平分线，PM⊥OA，PN⊥OB， ∴ PM = PN（角的平分线上的点到角的两边的距离相等）. （口诀：一平分，两垂直，得相等） 小结： 证明一个几何命题的一般步骤： 1. 明确命题中的已知和求证； 2. 根据题意，画出图形，并用符号表示已知和求证； 3. 经过分析，找出由已知推出要证的结论的途径，写出证明过程.	教师依据角平分线性质的证明过程帮助学生归纳总结性质的应用形式，以及几何命题的证明步骤	学生学会如何应用角平分线的性质，并学会如何证明一个几何命题	小结证明一个几何命题的一般步骤，一方面发展学生的归纳概括能力，另一方面为后续命题的证明做铺垫
应用性质 培养能力 (7 min)	课堂小练 【例1】见下图，OP 平分 ∠EOF，PA⊥OE，垂足为 A. 已知 PA = 2 cm，求点 P 到 OF 的距离. 解：作 PB⊥OF 于点 B. ∵ OP 平分 ∠EOF，PA⊥OE，PB⊥OF， ∴ PB = PA = 2 cm， 即点 P 到 OF 的距离为 2 cm. 【例2】见下图，在 △ABC 中，∠C = 90°，AD 是 ∠CAE 的平分线，DE⊥AB 于点 E. 若 DE = 5.6，BC = 11.8，则 BD = _____ .	教师讲练结合，通过相关题目考查学生的掌握情况	学生先自主做题，然后交流讨论	三道题目一方面加深学生对角平分线的性质基本图形的认识，另一方面使学生体会角平分线的性质中的要点

续上表

教学环节	教学内容	教师活动	学生活动	设计意图
应用性质 培养能力 （7 min）	【例3】（课本改编）见下图，在△ABC中，AD 平分∠BAC，D 是 BC 的中点，DE⊥AB 于点 E，DF⊥AC 于点 F. 求证：∠B=∠C. 证明：∵ AD 是∠BAC 的平分线，DE⊥AB，DF⊥AC， ∴ DE=DF.（角平分线的性质） ∵ D 是 BC 的中点， ∴ BD=CD. 在 Rt△BDE 和 Rt△CDF 中， $\begin{cases} BD=CD \\ ED=FD \end{cases}$ ∴ Rt△BDE≌Rt△CDF（HL）． ∴ ∠B=∠C．			
总结概括 收束课堂 （1 min）	课堂小结 1. 尺规作图：作已知角的角平分线（3个步骤） 2. 角的平分线的性质：角的平分线上的点到角的两边的距离相等	教师对课程内容做一个小结，帮助学生梳理所学内容，与开头的学习目标相照应	学生通过小结回顾课程所学，加深记忆	引导学生总结收获，建立知识之间的联系
布置作业 课后提升 （1 min）	课后作业 1. 画一个你喜欢的角，并画出它的角平分线 2.《课程导学》（第7课时　角的平分线的性质）	教师针对当天讲授的知识点，布置课后巩固作业	学生课后完成作业	巩固课堂所学知识，考查学生运用角平分线的性质定理进行解题的能力，了解学生对于本节课知识的掌握情况

八、板书设计

板书设计见表2。

表2　板书设计示意

12.3　角的平分线的性质 尺规作图 角的平分线的性质： 角的平分线上的点到角的两边的距离相等	性质定理证明过程 几何命题证明步骤	题目讲解过程 学生所写步骤 （教师讲解批改）

九、教学反思

（1）关注学生思维水平，对于不同层次的学生，应采取不同的讲课速度、多样的教学策略，以适应思维水平不同的学生的需要。

（2）在不同环节的衔接上要有理有据，不可太过生硬，否则学生对于内容的学习会出现断层。

（3）注重前后知识联系，串联知识点，讲课的语调要抑扬顿挫，语速要适中。

沉淀溶解平衡
——基于化学学科核心素养

张瑜玲

个人简介：我是来自华南师范大学化学学院的张瑜玲。性格开朗的我，擅长沟通和协调，能够迅速适应新环境，并解决复杂问题。在本学期的教育实习中，我积极担任队长，工作细致认真，责任心强，过程中不仅积累了丰富的教学经验，还被评为"教育实习积极分子"。我喜欢不断挑战自我，接下来我将步履不停，一路向前。

人生格言：怕输的人永远不会赢。

一、教学总体设计

本节课选自人教版高中化学选择性必修1第三章第四节，授课对象是高二学生。基于化学学科核心素养，践行以素养为本的教学理念，将本节课的教学内容分为四个板块（见图1）。

01. 创设情境，提出问题
以氢氧化镁在水中会溶解出氢氧根的真实实验情境作为引入，针对实验现象和学生的已有认识之间的矛盾，激发学生对难溶盐在水溶液中的行为的探究欲望

02. 宏微结合，定性建模
根据对电解质、离子反应已有的认识，基于难溶$Mg(OH)_2$溶于水后得到的溶液呈碱性的宏观现象作为证据，引导学生从微观离子反应的角度进行推理，得出"$Mg(OH)_2$在水中存在着溶解"的结论。再引导学生根据已学的化学平衡交流研讨沉淀溶解平衡的特征，建立沉淀溶解平衡的概念

03. 类比迁移，定量分析
学生运用已有的化学平衡的理论处理沉淀溶解平衡的问题：溶度积常数的表达式、影响因素；K_{sp}与电解质溶解能力的关系；Q、K_{sp}与平衡移动的关系。建立分析沉淀溶解平衡移动的模型，并应用模型认知改变不同因素对平衡的影响

04. 拓展应用，解决问题
应用沉淀溶解平衡移动的规律解决本节课创设的情境问题——龋齿的形成原理及防护，使学生对根据Q和K_{sp}的角度判断沉淀的溶解和生成，变化和平衡的思想、沉淀完全的相对性的认识得到进一步发展。同时体会将化学知识与技能的学习、化学思想观念与自然生活现象融为一体，发展从化学的视角看问题的科学精神

图1　教学总体设计图

本节课以化学平衡相关的理论为指导学习沉淀溶解平衡，从粒子、反应、平衡等视角认识并形成水溶液中离子反应与平衡的基本思维框架。基于真实的生活、实验情境，设计"实验→问题→探究→解决→应用→模型"的教学主线，以学生所了解的化学反应和已有的化学经验作为课堂教学的背景，采用知识迁移类比方法，以学科知识为支撑，围绕背景生成问题，引导学生通过实验探究、收集实验证据，归纳总结知识的模式并分析解决实际问题[1]。按照由简单到复杂、逐步递进的原则构建、推进，逐步将探究的问题引向深入，在教学中实现知识的延伸过渡和概念的自然生长，以提高学生能力，培养学科核心素养[2][3]。

二、指导思想

（一）化学教学理念

1. 化学学科理解

所谓化学学科理解是指教师对化学学科知识及其思维方式和方法的一种本原性、结构化的认识。基于化学学科理解的化学课堂教学有以下三个主要特征[4]。

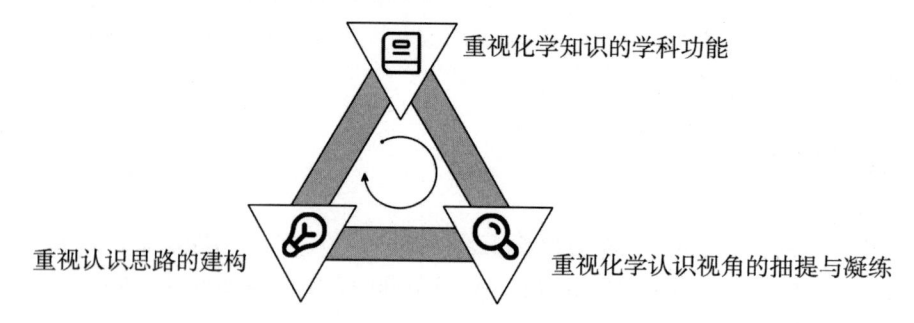

图 2　化学教学理解的化学课堂教学特征

本节课基于学生已有的化学平衡知识，引导学生从溶液中存在的微粒、微粒之间发生的变化以及微粒间建立的平衡等视角认识水溶液中的反应，帮助学生采用类比迁移的方法形成认识水溶液中的离子反应与平衡的基本思路，从而使学生逐步形成微粒观、平衡观、变化观等学科观念。

---

[1] 沈金龙，李娜. 基于问题解决的单元整体教学设计：以"沉淀溶解平衡"为例 [J]. 化学教与学，2023（12）：50-54，59.

[2] 叶辉，付青霞，刘雪莲，等. 基于化学学科核心素养的课堂教学：以高中化学"沉淀溶解平衡"为例 [J]. 黄冈师范学院学报，2023，43（3）：95-99，134.

[3] 侯恩卿. 核心素养培养理念下的高中化学课堂教学实践研究 [J]. 天天爱科学（教学研究），2022（4）：45-46.

[4] 万雪. 基于"情境教学"，通过模型建构，培养化学学科素养以"难溶电解质的溶解平衡"为例 [C] // 广东省茂名市第一中学. 广东教育学会 2019—2020 年度学术成果集（四）. 广州：广东教育学会，2020：46-53.

2. 模型的建构

建构模型是知识结构化、认识思路结构化的重要途径，本节课旨在构建以下两个模型①。

（1）知识模型。

基于具体的真实情境，根据对电解质、离子反应已有的认识，通过分析宏观现象产生的原因，引导学生从微观离子反应角度推理得出结论，并通过比较思维方法，类比归纳沉淀溶解平衡的特征，建立沉淀溶解平衡的概念，重点发展学生"宏观辨识与微观探析"的核心素养。

（2）思维模型。

引导学生运用已有的化学平衡的理论处理沉淀溶解平衡的问题，类比迁移得出溶度积常数的表达式、影响因素，并通过具体的数据计算，定量认识沉淀的生成与溶解，由简单到复杂，构建沉淀"生成、溶解""平衡、转化"的思维模型，帮助学生从微观角度认识物质在水溶液中的反应，进一步培养学生的微粒观，重点发展学生"变化观念与平衡思想"的核心素养。

3. 学习进阶

学科知识层面	本节课的教学设计促进学生从简单知道沉淀溶解平衡相关概念进阶为掌握从微观角度判断沉淀"生成、溶解""平衡、转化"的思路和方法
方法与观念层面	本节课的教学设计促进学生从溶液中存在的微粒、微粒之间发生的变化以及微粒间建立的平衡等视角认识水溶液中的反应，形成难溶电解质沉淀溶解平衡中的"粒子观""变化观"和"平衡观"②
学科能力层面	本节课的教学设计促进学生基于已有的化学平衡知识，在分析推理过程中从概括关联、辨识记忆到分析解释，自主构建沉淀平衡的认识角度，使学生学会用变化与平衡的观念看待生活中的问题。培养学生的学习理解、应用实践和迁移创新三个层面的化学学科能力，发展"宏观辨识与微观探析""证据推理与模型认知""变化观念与平衡思想"等化学学科核心素养③

图 3 学习进阶的三个层面

---

① 何洪兰. 基于"变化观念与平衡思想"素养的教学实践研究［D］. 贵阳：贵州师范大学，2020.

② 杨雪慧. 基于核心素养的"沉淀溶解平衡"概念教学策略［J］. 福建基础教育研究，2020（4）：119-120.

③ 郑长龙. 化学学科理解与"素养为本"的化学课堂教学［J］. 课程·教材·教法，2019，39（9）：120-125.

4. 课程思政

党的二十大报告指出，统筹水资源、水环境、水生态治理，推动重要江河湖库生态保护治理，基本消除城市黑臭水体。本节课在沉淀溶解平衡的实际应用板块，以资料形式指出水体发臭原因，引导学生探究认识改善水质的方法，发展"科学态度与社会责任"的化学学科核心素养。

（二）教学设计策略

1. 学习内容主题化——建构大概念

大概念是指反映学科本质、具有统摄性、概括性、广泛迁移性的学科基本观念或思维。

本节课以"化学是一门研究物质组成、性质、结构及变化规律的学科"的大概念来引领"物质变化规律——难溶电解质沉淀溶解平衡"的核心概念和方法的认识建构。

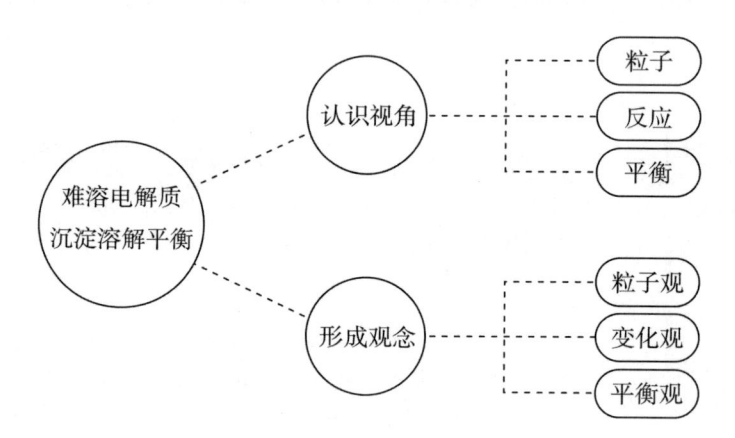

图4　本节课学生认识视角与形成观念

2. 教学内容板块化——知识结构化与功能化

基于素养功能的教学板块设计，主要包括两个方面：一是明确每个板块的素养功能定位，二是明确板块连接的素养功能定位①。

本节课共由四大板块组成，分别为"创设情境，提出问题""宏微结合，定性建模""类比迁移，定量分析"和"拓展应用，解决问题"，板块之间呈递进的关系，承担"宏观辨识与微观探析""证据推理与模型认识""变化观念与平衡思想"以及"科学态度与社会责任"的素养功能。

3. 教学活动情境化——实现深度学习

教学情境即教学过程中教师依据教学目标、教学内容所创设的能够引发学生价值与情感反应，使其积极主动建构知识（学与用）的学习背景、条件、环境以及情节变化等。教

---

① 郑长龙,孙佳林. "素养为本"的化学课堂教学的设计与实施[J]. 课程·教材·教法, 2018, 38（4）: 71-78.

学情境的创设一方面包括物理情境，是需要人主动作业于真实的事物，以获得直接经验的客观物质环境，客观的物体、材料、工具是其必备的环境要素；另一方面指社会文化情境，即人与人之间的社会交互情境和社会文化情境①②。

本节课创设的情境均具有真实性、问题性、知识性和活动性的特征。首先创设具有真实性的实验情境，贯穿于概念及思维模型的建立过程，使知识具象化，加深学生的理解。而后从生活问题入手，创设与生活息息相关的"龋齿的形成原理及预防措施"情境，培养学生运用所学知识解决实际问题的能力③。

4. 教学评一体化——落实化学学科素养发展

每个板块都由"任务""活动""评价"三要素组成，开展策略设计，形成教学设计的四大主线——"情境线""任务线""思维/知识线"和"评价线"。

三、教学任务分析

（一）课标分析

《普通高中化学课程标准（2017年版2020年修订）》中指出④：

（1）"通过对电离平衡、水解平衡、沉淀溶解平衡等存在的证明及平衡移动的分析，形成并发展学生的微粒观、平衡观和守恒观。"对此，本节课创设具体情境，以解决问题作为导向，证明沉淀在水中存在沉淀溶解平衡；迁移已学的平衡移动知识，通过具体例题的分析，帮助学生建构微粒观、平衡观和守恒观。

（2）"关注水溶液体系的特点，结合实验现象、数据等证据素材，引导学生形成认识水溶液中离子反应与平衡的基本思路。"对此，本节课在新课导入板块设计了学生容易完成且实验现象明显的实验，引导学生通过对实验现象的分析，收集相关证据，逐步形成认识水溶液中离子反应与平衡的基本思路。

（3）"认识难溶电解质在水溶液中存在沉淀溶解平衡，了解沉淀的生成、溶解与转化。"对此，本节课通过"创设情境，提出问题""宏微结合，定性建模""类比迁移，定量分析"和"拓展应用，解决问题"，层层递进，帮助学生逐步掌握沉淀溶解平衡的知识模型并构建沉淀溶解平衡移动的思维模型，引导学生通过这两个模型解决实际生活中有关沉淀溶解平衡的问题。

---

① 汪丽梅. 指向素养发展的教学情境设计 [J]. 当代教育科学，2023（7）：27-35.
② 黄澎清. 有效化学教学情境的特征与运用 [J]. 化学教与学，2021（15）：15-17.
③ 李佳佳，杨慧娟，王其召，等. 基础化学教学中从化学视角解释医学知识：以"龋齿的形成与防护"为例 [J]. 化学教育（中英文），2022，43（22）：94-99.
④ 中华人民共和国教育部. 普通高中化学课程标准（2017年版2020年修订）[M]. 2版. 北京：人民教育出版社，2020.

（二）教材分析

本节课选自人教版高中化学选择性必修 1 第三章第四节，授课对象为高二学生，化学教学内容分类归属于化学基本概念、基本理论、基本技能，教学板块归属于化学反应原理。

从编排顺序上看，沉淀溶解平衡是化学平衡、电离平衡、水解平衡之后的重要的平衡理论，是化学平衡学习的延伸与拓展，是对化学平衡理论体系的丰富、完善和综合运用。学生可以感受理论分析的作用，理解沉淀溶解平衡的本质，体会相关知识在生产生活中的应用价值，在进一步拓展、巩固和加深对化学平衡理论理解的同时，更为透彻地理解在溶液中发生离子反应的原理。

（三）学情分析

学情分析见表1。

表 1 学情分析

类别	已有基础	困难障碍
知识—技能类	已经具备化学反应速率、电离平衡、化学平衡和水解平衡的理论知识	在初中时期，学生习惯将沉淀当作不溶物，并在头脑中形成了固有认识，因此在学习沉淀溶解平衡相关知识时有一定的困难，而且学生实验设计和知识迁移的能力有一定欠缺，需要进一步培养
方法—观念类	对平衡体系的特征、影响平衡移动的因素以及研究平衡的过程和方法也有初步的理解	
能力—素养类	已经具备一定的化学思维基础和实验操作技能，能对实验现象和结果做初步的处理和分析，能够进行独立思考，具备解决简单实际问题的能力	

（四）教评目标

教评目标见表2。

表 2 教评目标

教学目标	评价目标
（1）通过分析实验现象，能从宏观及微观角度认识沉淀的溶解，建立难溶电解质的沉淀溶解平衡概念，提高分析问题的能力； （2）发展"宏观辨识与微观探析""科学探究与创新意识"的素养	能正确从微观角度分析与沉淀溶解平衡有关的问题
（1）在体验难溶电解质的溶解平衡的建立、移动的过程中，体会科学探究的方法，并根据实验现象和已有的知识经验，分析推理出新的知识的方法； （2）发展"变化观念与平衡思想""科学探究与创新意识"的素养	能运用平衡理论解释各种情境下沉淀的生成和溶解

续上表

教学目标	评价目标
（1）通过饱和溶液中离子浓度的计算并与 K_{sp} 对比，体会理论分析、计算在解决化学问题中的作用，理解 K_{sp} 与物质溶解能力的关系； （2）发展"变化观念与平衡思想"的素养	能类比迁移已学知识，利用离子积与 K_{sp} 之间的关系判断平衡移动的方向
（1）通过宏观—微观—符号三重表征思想去分析、解释沉淀溶解平衡，并运用沉淀溶解平衡解释实际生产生活中的相关问题； （2）发展"宏观辨识与微观探析""变化观念与平衡思想"和"科学态度与社会责任"的素养	能够运用沉淀溶解平衡移动规律的知识，分析解决生产生活中的实际问题

四、教学过程整体设计

（一）教学重难点及教学策略

教学重难点及教学策略见图 5。

教学重点
- 认识难溶电解质在水中有着极少量的溶解；
- 难溶电解质的溶解平衡的建立、特征及影响因素；
- 溶度积常数的计算及应用

教学难点
- 溶度积常数的应用；
- 理解沉淀的生成、溶解并能运用所学知识分析解决实际问题

教学策略

基于真实的实验情境，通过实践探究、证据推理解决"溶"与"不溶"的认知障碍。引导学生通过与已学的化学平衡、电离平衡、水解平衡的知识分析、类比、迁移，并结合实验现象、数据等证据素材，帮助学生理解沉淀溶解平衡、溶度积、平衡移动问题，逐步构建模型，并通过对实际问题的研究与解决，深化理解，培养学生从化学的视角看问题的思维模式

图 5 教学重难点及策略

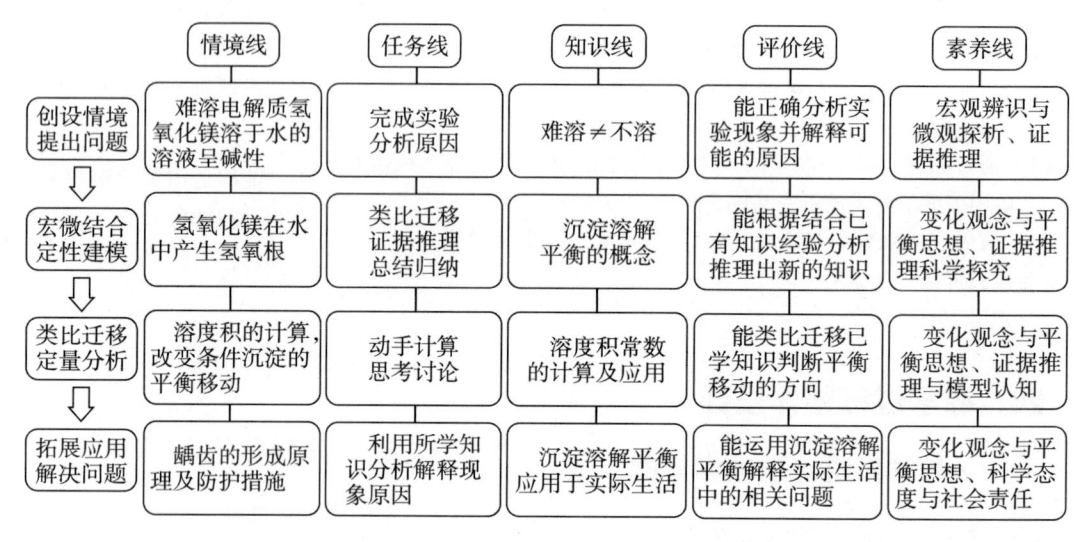

（二）教学过程框架表

教学过程框架表见图 6。

情境线	任务线	知识线	评价线	素养线
创设情境 提出问题 ↓ 难溶电解质氢氧化镁溶于水的溶液呈碱性	完成实验 分析原因	难溶≠不溶	能正确分析实验现象并解释可能的原因	宏观辨识与微观探析、证据推理
宏微结合 定性建模 ↓ 氢氧化镁在水中产生氢氧根	类比迁移 证据推理 总结归纳	沉淀溶解平衡的概念	能根据结合已有知识经验分析推理出新的知识	变化观念与平衡思想、证据推理科学探究
类比迁移 定量分析 ↓ 溶度积的计算，改变条件沉淀的平衡移动	动手计算 思考讨论	溶度积常数的计算及应用	能类比迁移已学知识判断平衡移动的方向	变化观念与平衡思想、证据推理与模型认知
拓展应用 解决问题 龋齿的形成原理及防护措施	利用所学知识分析解释现象原因	沉淀溶解平衡应用于实际生活	能运用沉淀溶解平衡解释实际生活中的相关问题	变化观念与平衡思想、科学态度与社会责任

图 6　教学过程框架表

五、教学过程具体设计

教学过程具体设计见表 3。

表 3　教学过程具体设计

板块及任务		教师活动	学生活动	设计意图
板块1：创设情境，提出问题	新课导入	【学生实验】 （1）在装有少量难溶的 Mg（OH）$_2$ 白色固体的试管中，加入约 3 mL 蒸馏水，充分振荡后静置。 （2）待上层液体变澄清后，向其中滴入几滴酚酞试液，观察实验现象。 【提出问题】 为什么会出现这种现象？OH⁻ 从何而来？难道 Mg（OH）$_2$ 溶解了？难溶性电解质在水中可以溶解吗？	完成实验观察现象思考讨论分析原因	（1）借助真实的实验现象，针对"难溶盐不溶于水，在水中不存在该盐的离子"这一前学科概念，提出问题，引发学生认知冲突，激发强烈的探究欲和学习兴趣，引出新课。 （2）体会在真实感受的基础上，从宏观现象感受微观的存在，为沉淀溶解平衡概念的建立埋下伏笔

续上表

板块及任务		教师活动	学生活动	设计意图
板块2：宏微结合，定性建模	2.1 建立沉淀溶解平衡概念	【提示】 "难溶电解质"中"难溶"的界定 　　难溶　　微溶　　可溶　　易溶 　　　　0.01 g　　　1 g　　　10 g （20 ℃时100 g水中物质溶解性分类） 【引导思考】 展示常见难溶电解质的溶解度数据 | 化学式	溶解度 g/100 g	化学式	溶解度 g/100 g
---	---	---	---
AgCl	1.5×10^{-4}	Ba(OH)$_2$	3.89
AgNO$_3$	222	BaSO$_4$	2.4×10^{-4}
AgBr	8.4×10^{-4}	Ca(OH)$_2$	0.165
Ag$_2$SO$_4$	0.796	CaSO$_4$	0.21
Ag$_2$S	1.3×10^{-16}	Mg(OH)$_2$	9×10^{-4}
BaCl$_2$	35.7	Fe(OH)$_3$	3×10^{-9} | Mg(OH)$_2$也属于难溶电解质，但并非完全不溶解，且由导入实验可知，加入酚酞后溶液变红，证明有OH$^-$的生成，即此时溶液中三种物质——Mg(OH)$_2$、Mg^{2+}、OH$^-$同时存在，所以Mg(OH)$_2$在水中存在沉淀溶解平衡。那么反应方程式怎么写？ 【建立概念】 $$\text{Mg(OH)}_2(s) \underset{沉淀}{\overset{溶解}{\rightleftharpoons}} \text{Mg}^{2+}(aq) + 2\text{OH}^-(aq)$$ （1）两个过程。 ①溶解：在水分子作用下，少量Mg^{2+}和OH$^-$脱离Mg(OH)$_2$的表面进入水中； ②沉淀：溶液中的Mg^{2+}和OH$^-$受Mg(OH)$_2$表面阴、阳离子的吸引，回到Mg(OH)$_2$的表面析出。 （2）概念。 在一定温度下，当难溶电解质溶解和沉淀的速率相等时，形成电解质的饱和溶液，达到平衡状态，溶液中各离子的浓度保持不变，这种平衡称为沉淀溶解平衡。 （3）特征。 逆、等、动、定、变。 （4）注意。 ①不等同于电离平衡； ②书写表达式时注意表明各物质的状态和可逆符号	学生通过"难溶电解质"的界定，对实验现象进一步思考、分析，并尝试写出对应方程式	（1）通过对实验探究的宏观理解，再结合"难溶电解质"的概念界定，使学生形成对"难溶"与"不溶"，反应"完全"与"不完全"的认识。发展"宏观辨识与微观探析"的素养。 （2）通过类比对照、归纳总结，引导学生建立沉淀溶解平衡的概念，并通过对照电离平衡，梳理已有平衡体系的知识，建构更加清晰的平衡理念，发展"变化观念与平衡思想"的素养

续上表

板块及任务		教师活动	学生活动	设计意图
板块2：宏微结合，定性建模	2.2 分析沉淀溶解平衡与电离平衡的区别	【对比分析】 将本节课新学习的沉淀溶解平衡与联系最大的已学的电离平衡进行对比分析，明确两者的区别： （1）物质类别不同。 ①难溶电解质可以是强电解质也可以是弱电解质，比如 $BaSO_4$ 是强电解质，而 $Al(OH)_3$ 是弱电解质； ②难电离物质只能是弱电解质。 （2）表示方法不同。 沉淀溶解平衡虽然也用电离方程式表示，但须标明状态。 $Al(OH)_3(s) \rightleftharpoons Al^{3+}(aq)+3OH^-(aq)$（沉淀溶解平衡） $Al(OH)_3 \rightleftharpoons Al^{3+}+3OH^-$（电离平衡） 【巩固练习】 请写出 AgCl、Fe(OH)$_3$ 的沉淀溶解平衡表达式	结合本节课所学新知识，对照电离平衡的特征，类比迁移，寻找异同点，得出结论	
板块3：类比迁移，定量分析	3.1 沉淀溶解平衡常数	【提出问题】 化学平衡常数用 K 表示，沉淀溶解平衡常数如何表达？ $Mg(OH)_2$ 的沉淀溶解平衡常数应该如何表示？ $Mg(OH)_2(s) \rightleftharpoons Mg^{2+}(aq)+2OH^-(aq)$ $K_{sp}=c(Mg^{2+}) \cdot c^2(OH^-)$ 【新课讲解】 与电离平衡、水解平衡一样，难溶电解质的沉淀溶解平衡也存在平衡常数，称为溶度积常数，简称溶度积，符号为 K_{sp}。 对于沉淀溶解平衡： $A_mB_n(s) \rightleftharpoons mA^{n+}(aq)+nB^{m-}(aq)$ 其溶度积表达式如何书写？ $K_{sp}=c^m(A^{n+}) \cdot c^n(B^{m-})$ 【巩固练习】 请写出 AgCl、Fe(OH)$_3$ 的溶度积常数 K_{sp} 表达式 【引导思考】 K_{sp} 也是一种平衡常数，受到什么因素影响？	学生根据已有的平衡知识讨论：以 $Mg(OH)_2$ 为例，写出平衡常数表达式 学生根据溶度积的定义，尝试写出溶度积表达通式，并在此基础上完成课堂巩固练习 类比平衡常数，得出 K_{sp} 只受温度影响	从学生已有的化学平衡的观点出发，通过联系旧知，促进知识的迁移，处理沉淀溶解平衡，进而获得溶度积常数的概念、表达式及影响因素，循序渐进构建系统的知识网络，发展"变化观念与平衡思想"的素养

续上表

板块及任务	教师活动	学生活动	设计意图
板块3：类比迁移，定量分析	3.2 定量认识	【溶度积 K_{sp} 的简单计算】 （1）25 ℃时，$K_{sp}(AgBr) = 5.0×10^{-10}$，求 AgBr 的饱和溶液中的 $c(Ag^+)$ 和 $c(Br^-)$。 $c(Ag^+) = c(Br^-) = 2.2×10^{-5}$ （2）25 ℃时，$K_{sp}[Mg(OH)_2] = 1.8×10^{-11}$，求 $Mg(OH)_2$ 的饱和溶液中的 $c(Mg^{2+})$ 和 $c(OH^-)$。 $c(Mg^{2+}) = 1.65×10^{-4}$，$c(OH^-) = 3.3×10^{-4}$ （3）计算 1 mL 0.012 mol/L NaCl 溶液与 1 mL 0.010 mol/L $AgNO_3$ 溶液充分反应后剩余 Ag^+ 的浓度（假设两种溶液混合时溶液体积细微的变化可忽略）。 $c(Ag^+) = 1.8×10^{-7}$ mol/L 【溶度积 K_{sp} 的意义】 请根据表格中提供的难溶电解质的 K_{sp} 数值，计算溶解度。 | 化学式	AgCl	AgBr	AgI	Ag_2S
---	---	---	---	---
K_{sp}	$1.8×10^{-10}$	$5.4×10^{-13}$	$8.1×10^{-17}$	$6.3×10^{-50}$
溶解度（S）	$1.5×10^{-4}$	$8.4×10^{-6}$	$2.1×10^{-7}$	$1.3×10^{-16}$ | 【讨论】 比较不同电解质 K_{sp} 数值及溶解度，分析 K_{sp} 的意义。 【总结】 K_{sp} 反映了难溶电解质在水中的溶解能力。 （1）当化学式所表示的组成中阴、阳离子个数比相同（同型）时，K_{sp} 数值越大的电解质在水中的溶解能力越强； （2）不同类型的难溶电解质不能直接通过 K_{sp} 的大小来判断溶解度的大小，应通过 K_{sp} 计算出离子浓度来比较	通过由 K_{sp} 计算阳离子浓度，并比较 K_{sp} 和阳离子浓度大小，得出 K_{sp} 反映了难溶电解质在水中的溶解能力，但不同类型的难溶电解质不能直接比较	学生体验理论分析和计算在解决化学问题中的作用，形成对沉淀溶解平衡的理性认识（定性与定量），深化对溶度积常数的理解

续上表

板块及任务		教师活动	学生活动	设计意图
板块3：类比迁移，定量分析	3.3 建构平衡移动模型	【讲解】 对于反应 $A_mB_n(s) \rightleftharpoons mA^{n+}(aq) + nB^{m-}(aq)$ （1）任意某一时刻。 离子积 $Q = c^m(A^{n+}) \cdot c^n(B^{m-})$ （2）达到平衡状态时。 溶度积 $K_{sp} = c^m(A^{n+}) \cdot c^n(B^{m-})$ 【提出问题】 如何利用离子积 Q 和溶度积 K_{sp} 的相对大小，判断难溶电解质在水中是否达到平衡状态以及平衡移动的方向？ $Q > K_{sp}$，溶液中有沉淀析出； $Q = K_{sp}$，沉淀与溶解处于平衡状态； $Q < K_{sp}$，溶液中无沉淀析出。 【练习】 将 4×10^{-3} mol·L^{-1} 的 AgNO$_3$ 溶液与 4×10^{-3} mol·L^{-1} 的 NaCl 溶液等体积混合能否有沉淀析出？ [K_{sp}(AgCl) = 1.8×10^{-10}] 【拓展】 已知 K_{sp}[Fe(OH)$_3$] = 1.0×10^{-38}，加入试剂调节 pH 使得铁离子全部沉淀（含铁离子浓度小于 10^{-5} mol/L）。溶液的 pH 应大于＿＿＿＿	学生在已有的平衡常数和浓度商的知识基础上，对提出的问题展开讨论，并做出总结	建立从 Q 和 K_{sp} 的角度分析沉淀溶解平衡的模型，以便用于分析、处理实际问题。发展"证据推理与模型认知"的素养

续上表

板块及任务		教师活动	学生活动	设计意图
板块3：类比迁移，定量分析	3.4 应用模型	【思考】 影响沉淀溶解平衡的因素有哪些？ 【类比迁移】 符合"勒夏特列原理" （1）温度。 升温，多数平衡向溶解方向移动。 [注意：$Ca(OH)_2$除外] （2）浓度。 加水，平衡向溶解方向移动。 （注意：向平衡体系中加入难溶物本身，平衡不移动） （3）同离子效应。 向平衡体系中加入相同的离子，平衡向生成沉淀的方向移动。 （4）化学反应的影响。 发生消耗难溶电解质离子的反应，平衡向溶解方向移动。 【讨论】 对于一定条件下含有$Mg(OH)_2$的水溶液（底部有$Mg(OH)_2$残留）中平衡$Mg(OH)_2 \rightleftharpoons Mg^{2+}+2OH^-$（△H>0） 若改变下列条件，对其有何影响？ 	改变条件	平衡移动方向	溶解度(S)	$c(Mg^{2+})$	$c(OH^-)$
升温	正向	↑	↑	↑
加水（有固体剩余）	正向	不变	不变	不变
加$Mg(OH)_2$（s）	不移动	不变	不变	不变
加$MgCl_2$(s)	逆向	↓	↑	↓
加NaOH(s)	逆向	↓	↓	↑
加盐酸	正向	↑	↑	↓		通过具体实例，讨论改变条件对沉淀溶解平衡的影响，得出沉淀溶解平衡的影响因素。 理论分析：借助溶度积分析这些条件对平衡移动的方向影响	深化学生对溶解过程平衡移动的认识

续上表

板块及任务		教师活动	学生活动	设计意图
板块4：拓展应用，解决问题	实际应用	【提出问题】龋齿（即蛀牙）形成的原因。 提示：牙齿表面由一层硬的物质[成分为$Ca_5(PO_4)_3OH$]保护。进食后，细菌和酶作用于食物，产生有机酸，这时牙齿易受到腐蚀。 【引导思考】 （1）猜测$Ca_5(PO_4)_3OH$为难溶电解质。 （2）则其在唾液中可能存在沉淀溶解平衡： $Ca_5(PO_4)_3OH \rightleftharpoons 5Ca^{2+}(aq)+3PO_4^{3-}+OH^-$ （3）食物变成的有机酸消耗沉淀溶解平衡的产物，使沉淀平衡向右移动，导致$Ca_5(PO_4)_3OH$受损，久而久之，没有了保护层的牙齿则会被细菌消磨成蛀牙。 【讨论】 （1）牙膏保护牙齿的原理是什么？ （2）从平衡移动的角度分析，哪些条件有利于预防龋齿？ 【分析解答】 （1）酸与氢氧根发生中和反应，使平衡正向移动，即导致牙齿表面的保护层遭到破坏。 （2）牙膏中的Ca^{2+}或PO_4^{3-}促进平衡逆向移动，产生更多的羟基磷酸钙，得以保护牙齿。 （3）促进平衡逆向移动，产生更多的$Ca_5(PO_4)_3OH$牙齿保护层。 【预防龋齿小贴士】 （1）少吃甜或酸的食物[减少$Ca_5(PO_4)_3OH$的正向消耗]。 （2）按时刷牙[增加逆向生成$Ca_5(PO_4)_3OH$实现增补]。	思考、讨论、交流，并从微观角度解释、用化学语言表达	（1）引导学生从难溶电解质的沉淀溶解平衡角度解释蛀牙的形成及防护，达到学以致用的目的。 （2）利用与生活息息相关的情境提出问题，帮助学生深化认识，理解沉淀溶解平衡、溶度积的概念及其应用。 （3）引导学生关注生活中的化学，以及学科知识对生活生产的指导作用，发展"科学态度与社会责任"的素养
		【课后思考】 （1）资料。 水是宝贵的资源，党的二十大报告指出，统筹水资源、水环境、水生态治理，推动重要江河湖库生态保护治理，基本消除城市黑臭水体。其中水体中细菌的生长繁殖等活动是导致水体发臭的重要原因。 （2）思考。 已知这些细菌在pH>8.5时就不能存活，请结合本节课所学知识，设计一种抑制细菌生长的水质改良剂，并分析解释其中的化学方法及原理	思考、讨论、交流，类比迁移本节课所学的沉淀溶解平衡知识，解决实际生产生活中的问题	

续上表

板块及任务	教师活动	学生活动	设计意图
板块4：拓展应用，解决问题	总结归纳	对本节课所学的内容进行总结归纳，引导学生进行知识和思维模型的建构	认真倾听做好笔记	通过知识点梳理，掌握沉淀溶解平衡重点知识，发展微粒观、平衡观和守恒观

六、板书设计

板书设计见图7。

沉淀溶解平衡

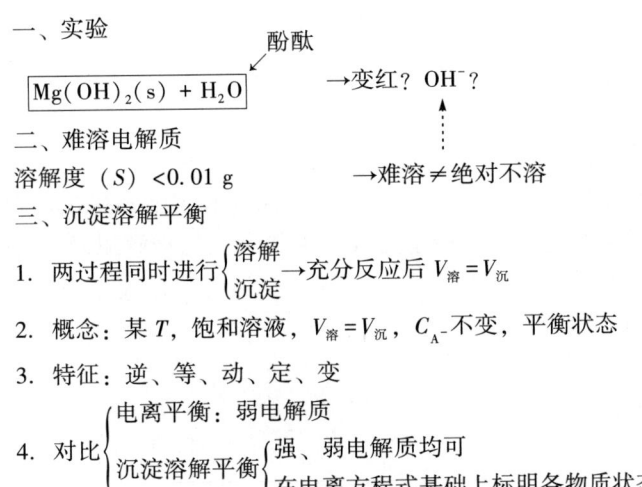

一、实验

Mg(OH)$_2$(s) + H$_2$O —酚酞→ 变红？OH$^-$？

二、难溶电解质

溶解度（S）<0.01 g   →难溶≠绝对不溶

三、沉淀溶解平衡

1. 两过程同时进行 $\begin{cases}溶解\\沉淀\end{cases}$ →充分反应后 $V_溶 = V_沉$

2. 概念：某 T，饱和溶液，$V_溶 = V_沉$，C_A 不变，平衡状态

3. 特征：逆、等、动、定、变

4. 对比 $\begin{cases}电离平衡：弱电解质\\沉淀溶解平衡 \begin{cases}强、弱电解质均可\\在电离方程式基础上标明各物质状态\end{cases}\end{cases}$

5. 溶度积 K_{sp} $\begin{cases}各生成物浓度系数幂次方的乘积\\只受温度影响\\反映难溶电解质在水中溶解度 \begin{cases}同型：K_{sp}↓，溶解度（S）↓\\不同型：计算 S 比较\end{cases}\end{cases}$

四、沉淀溶解平衡移动

1. $\begin{cases}Q>K_{sp}，向生成沉淀方向进行\\Q>K_{sp}，平衡\\Q<K_{sp}，向沉淀溶解方向进行\end{cases}$

2. 影响因素 $\begin{cases}浓度：加水，→沉淀本身不移\\温度：T↑，→Ca(OH)$_2$ 除外\\同离子效应：加相同离子，←\\化学反应：反应消耗离子，→\end{cases}$

图7 板书设计示意

七、教学反思

1. 教学过程反思

在本节课的教学中，基于发展学生化学学科核心素养的理念，按照由简单到复杂，逐步递进的原则进行构建。首先以学生熟悉的生活情境为切入点，通过实践探究、证据推理等方式解决"溶"与"不溶"的认知障碍，发展宏观辨识和微观探析的素养。作为高中阶段最后一种水溶液平衡体系，着眼于学生的最近发展区，为学生提供难度适宜的问题进行驱动，组织学生通过与已学的化学平衡、电离平衡、水解平衡的知识分析、类比、迁移，并结合实验现象、数据等证据素材，帮助学生理解沉淀溶解平衡、溶度积、平衡移动等问题，并渗透变化观念和平衡思想认识物质在水溶液中的行为的潜在线索。通过对实际问题的研究与解决，深化对本节教学内容的理解，并使学生认识到化学知识是可以指导人类活动的，培养从化学的视角看问题的思想，激发学习热情。并在此基础上引导学生概括整合出解决沉淀溶解平衡问题的一般认知模型，有效地扩展知识，产生认识上的飞跃。

2. 可改进的地方

（1）本节课所创设的教学情境还可以在此基础上进行创新。

（2）本节课教学形式或许可以多结合一些现代教育技术，比如在互动教室上课，甚至可以改变教学情境使整个教学过程在实验室完成，加深学生的理解以及记忆。

（3）利用自编教学重点难点测试卷、学习态度调查问卷等方式分析学生的课堂学习效果，在分析数据的基础上改进课堂教学。

生命之歌

——选自花城版高中音乐第一单元"生命之歌"

陈蔚绮

个人简介：我是华南师范大学音乐学院的一名学生，我积极向上，开朗热情。每一个学生都充满对音乐知识的渴望，这是我追求的课堂。

人生格言：读万卷书，行万里路。

图1　用交响乐版视频为后续讲解卡农做铺垫

一、课标分析

《普通高中音乐课程标准（2017年版2020年修订）》进一步明确了普通高中音乐教育的定位。我国普通高中教育是在义务教育基础上进一步提高国民素质、面向大众的基础教育，任务是促进学生全面而有个性的发展，为学生适应社会生活、高等教育和职业发展做准备，为学生的终身发展奠定基础。普通高中的培养目标是进一步提升学生综合素质，着力发展核心素养，使学生具有理想信念和社会责任感，具有科学文化素养和终身学习能力，具有自主发展能力和沟通合作能力。

二、教材分析

本课内容选自花城版高中音乐教科书第一单元第一课"生命之歌",作为起始章节,启发学生关注:从生命的诞生直至生命的终结,音乐伴随着人生每一个过程,见证着人生每一个神圣的仪式,成为生命的印记。在漫长的人类发展史中,音乐帮助人们生存,音乐陪伴人们生活。本节课作为起始章节,通过学习《槟榔树下摇网床》《婚礼场面》《猎人的送葬行列》要让学生认识到学习"音乐鉴赏"模块的目的和意义——音乐与生活的关系以及音乐在人生中的作用,从而唤起他们对音乐的兴趣和学习欲望。可通过对"什么是音乐"的问题探讨,对音响片段进行聆听、分析、比较、归纳,了解构成音乐的基本要素,认识音乐的社会功能,加深对音乐学习的理解。同时,感悟音乐在生活和人生中的作用与意义,激起学生对音乐学习的兴趣和愿望。

三、学情分析

高中生具有较强的求知欲和较广的知识面,当学习兴趣上升为乐趣时,学习已成为自觉的行为。但是高中生在平时的音乐生活中多是盲目随意的,缺乏引导性,因此如何引导学生的音乐兴趣,提高学生的音乐能力,引导他们学会鉴赏音乐,提高鉴赏能力是我们面临的一项重要任务。

四、教学目标

(1) 审美感知:能够感受生命不同阶段的心情,感知歌曲表达的情绪。

(2) 艺术表现:学习模仿演唱小调版的《两只老虎》旋律,能够进行卡农歌曲演唱。

(3) 文化理解:能够理解音乐是如何诠释生命的,认识到音乐的意义。

五、教学重难点

(1) 重点:能通过音乐要素鉴赏音乐作品,感受其文化内容。聆听、演唱作品,探究音乐形象等活动,体会作品思想层次与音乐表达之间的关系。

(2) 难点:①理解什么是合唱的演唱形式,能够对合唱作品感兴趣,自主讨论、主动探索与合唱相关的音乐文化知识,并能在其他声乐作品中分辨出合唱演唱形式;②能准确唱出卡农形式。

六、教学方法

从激发学生学习兴趣的角度来看,教学中采用视听结合、声像一体等方式创设与音乐相关的情境,为学生提供广泛的音乐学习背景资料,利用多媒体辅助教学,充分发挥多媒体的辅助作用，提高课堂教学的有效性。多媒体可以让知识立体化、直观化地呈现在学生眼前，充分利用视觉冲击力，更好地辅助教学达成教学目标。拓展学生审美感知的多样性，帮助学生在感受音乐美感的同时，理解其文化内涵；在师生交流方面，尊重学生对音乐的独特感受和见解，鼓励学生通过口头或书面形式进行表达，充分发挥学生的主动性；从最基础的音乐情感引入，找到最恰当的切入点，由微观到宏观，更加深入地了解音乐背后所带来的育人内涵，从而实现核心素养中关键能力和必备品格的形成。

七、教学过程

教学过程见表1。

表1 教学过程

环节	教师活动	学生活动	设计意图
聆听导入（5 min）	1. 聆听音乐 教师带领学生观看歌曲《This is me》的视频（选自电影《马戏之王》），引导学生感受歌曲传达的尊重每一个生命的价值观，引出"音乐如何诠释生命"这一主题。 2. 提出问题 生命有几个阶段？	1. 聆听音乐 学生认真观看歌曲《This is me》的视频，感受歌曲所传达的价值观。 2. 回答问题 学生回答生命有哪几个阶段的问题，分享自己的观点	（1）通过与主题相关的电影节选音乐片段，引起学生的兴趣。 （2）通过提问引出后面正式授课的主题
环节一：学习歌曲了解音乐要素（10 min）	1. 聆听《槟榔树下摇网床》的音频，学习摇篮曲的音乐特点 （1）教师带领学生聆听歌曲音频。 （2）教师提问学生对歌曲的感受，引出摇篮曲的音乐特点。 2. 认识巴乌的特点 （1）教师带领学生聆听巴乌的音响，介绍巴乌的来源和演奏方式。 （2）学生观看巴乌乐器的演奏视频，感受巴乌在流行歌曲中在音色方面带来的作用。 3. 讲授音乐要素，拓展其他地方摇篮曲 （1）教师带领学生聆听广东和东北的摇篮曲。 （2）教师提问以上两首摇篮曲的共同点，复习摇篮曲的音乐特点。 （3）学生学习如何用音乐要素来鉴赏音乐	1. 聆听《槟榔树下摇网床》的音频，感受摇篮曲的音乐特点 （1）学生聆听歌曲音频。 （2）学生思考摇篮曲的音乐特点，回答教师问题。 2. 聆听巴乌的音响 （1）学生聆听巴乌的音响，感受其抒情的音色。 （2）学生观看巴乌与流行音乐结合的视频。 3. 学习音乐要素，认识不同地方的摇篮曲 （1）学生聆听摇篮曲音频，思考两首不同地区的摇篮曲的相同点，复习摇篮曲的音乐特点。 （2）学生学习音乐要素，按照音乐要素来归纳两首摇篮曲的相同点	（1）通过《槟榔树下摇网床》来感受摇篮曲的音乐特点，并通过音乐要素来欣赏歌曲，感受生命之歌这一主题。 （2）歌曲中运用的特殊乐器巴乌，拓宽了学生对民族乐器的了解，提高了学生对音色的感受力

续上表

环节	教师活动	学生活动	设计意图
环节二：解读旋律运用要素（7 min）	1. 播放《婚礼场面》开头，让学生感受音乐的情绪 带领学生聆听音频，对比上一个作品情绪的变化。 2. 提出问题 （1）请联想现实中中式婚礼的锣鼓喧嚣，感受《婚礼场面》的气氛。 （2）学生观看舞剧《鱼美人》片段《婚礼场面》	1. 聆听音乐作品音频，体会三个主题旋律的变化 学生聆听音频，在教师的引导下，感受音乐的表达。 2. 观看视频	通过感受《婚礼场面》的主题旋律，加深学生对音乐如何诠释生命的理解
环节三：学唱卡农复习要素（15 min）	1. 聆听《猎人的送葬行列》音频，发现熟悉旋律 （1）教师带领学生聆听音频，介绍乐曲背景。 （2）教师引导学生发现熟悉的旋律《两只老虎》，教师运用演唱的方式，解释大小调的区别。 2. 提出问题 学生运用所学知识，自主判断两段音乐是否为大小调。 3. 了解并运用卡农来演唱主旋律 （1）通过乐队的演奏，教师引出并讲授卡农的演奏形式。 （2）教师将学生分成两组运用二声部卡农演唱主旋律	1. 聆听音频，发现熟悉旋律 （1）学生认真聆听播放的音频，发现与《两只老虎》相似的旋律。 （2）学生聆听教师的演唱，学习和体会大小调的区别。 2. 回答问题 学生自主判断两段音乐是否为大小调。 3. 学唱旋律，并且运用卡农的形式演唱 学生学唱乐曲的旋律，在教师的带领下用卡农的形式唱出。 4. 运用音乐要素分析该音乐片段	通过演唱方式让学生体会大小调的区别，感受音乐要素是如何表达音乐情绪的；并且通过对卡农的学习，加深对音乐情感的理解，感受葬礼上庄重悲伤的情绪
总结	【提出问题】 如何定义音乐对生命的意义？ 提示：有生命的歌并不只是一种艺术形式，更代表着生命中的力量和魅力。它们能够传递出人们灵魂深处的情感，引起人们对生命和世界的深刻思考。因此，我们应该多去品味音乐，感受有生命的歌的魅力，让它们成为我们生命中不可或缺的一部分，充实着我们的灵魂	【回答问题】 思考音乐对生命的意义并回答	通过提问，引发学生对本节课的主题"生命之歌"的思考

八、教学反思

本节课我主要教授了音乐鉴赏的相关内容，旨在培养学生对音乐的感知能力和审美素养。在教学过程中，我采用了多种教学手段和形式，如播放经典音乐作品、组织小组讨论、引导学生进行音乐创作等，力求让学生在轻松愉快的氛围中学习音乐。

回顾本节课的教学过程，我认为有以下几点值得反思。

1. 教学内容的选择

本节课所选的音乐作品较为经典，但可能对于某些学生来说有些陌生。在未来的教学中，我应该更多地考虑学生的兴趣和需求，选择一些更加贴近学生生活、易于引起共鸣的音乐作品，以激发学生的学习兴趣。

2. 教学方法的运用

我在教学中虽然采用了多种教学手段和形式，但在实际运用中仍存在一些问题。例如，在进行小组讨论时，有些学生的参与度不高，导致讨论效果不佳。这可能是因为我在分组时没有充分考虑学生的个性和特点，导致小组内部缺乏有效的沟通和协作。因此，在未来的教学中，我应该更加注重学生的分组和讨论引导，确保每个学生都能积极参与到讨论中来。

3. 教学目标的达成

本节课的教学目标主要是培养学生对音乐的感知能力和审美素养。通过本节课的学习，大部分学生能够较好地理解音乐作品，并表达出自己的感受。但仍有部分学生在这方面存在困难。这可能是因为我在教学中没有充分关注学生的个体差异，导致部分学生在学习中感到吃力。因此，在未来的教学中，我应该更加注重学生的个体差异，采取有针对性的教学策略，确保每个学生都能达成教学目标。

4. 课堂氛围的营造

本节课的课堂氛围较为轻松愉快，但仍有部分学生表现出紧张和不适应。这可能是因为我在教学中没有充分关注学生的情感需求，导致部分学生在学习中感到有压力。因此，在未来的教学中，我应该更加注重学生的情感体验，通过营造积极、和谐的课堂氛围，让学生在轻松愉快的氛围中学习音乐。

国宝大熊猫——"刷子"工具

——选自广州市《信息技术》小学第一册第 4 课

黄智恒

个人简介：我是华南师范大学计算机学院的一名师范生，我一直秉持积极乐观的生活态度，认真对待每一份责任与挑战。作为一名教师，我深知教育不仅是一份工作，更是一项崇高的使命。在教学过程中，我始终保持对知识的热爱与对学生的关怀。我相信，教育不仅是传授知识，更是激发学生潜力、引导他们思考和成长的过程。每当看到学生们眼中闪烁的求知欲望，我感受到自己肩上沉甸甸的责任，也体会到其中的成就感。在我看来，师生关系的理想状态是既有严谨的教学，又有亲切的互动。我鼓励学生在尊重与信任的基础上，勇敢提出问题、表达困惑，并与我一同探索答案。这种双向的交流与互动，教学相长，不仅是学生在成长，我也在不断汲取新的思考与灵感。

人生格言：一万年太久，只争朝夕。

一、教材内容分析

本课选自广州市教育研究院编写的地方教材《信息技术》小学第一册"画图"板块第 4 课"国宝大熊猫——'刷子'工具"，主要教学内容包括：学习并掌握"画图"软件中的"刷子"工具，了解并能初步运用其功能创作图画。该课安排在第 3 课"绘画中国风——认识'画图'工具"之后，进一步加深学生对"画图"软件基本工具的掌握与实际运用。

教材以"国宝大熊猫"为主题，将"刷子"工具的操作与中国国宝大熊猫的形象设计相结合，增强学生的学习兴趣。通过描绘大熊猫图案，学生不仅可以掌握"刷子"工具的不同笔刷样式和操作方法，还可以理解如何通过调整刷子的颜色、大小以及样式来表现图画效果。此活动有助于培养学生的艺术审美和创造能力，并提升其在数字化工具下进行创作的信心。

本课的学习内容紧密关联于小学美术课程中的绘画知识，同时"刷子"工具的使用技巧也为后续学习"直线""曲线""形状"等工具打下基础。因此，本课教学可设计为以学生完成"大熊猫"图像为主线的实践活动，注重操作体验，帮助学生在创作中理解和掌握工具的功能与效果。同时，在活动中通过分步演示和学生作品展示，鼓励学生在创作中表达个性，并在小组分享中培养协作能力与表达能力。

教学重点：刷子工具的使用、刷子样式的选择。

教学难点：刷子样式的选择。

二、学习者特征分析

本课教学对象为小学四年级的学生。在学习本课前，学生已初步掌握了"画图"软件的基础知识和简单操作，如使用画笔绘制简单图案，了解了图形绘制软件的基本界面和功能。学生对绘画活动充满兴趣，特别是能够通过电脑操作来创作图案，使他们对信息技术课堂表现出较高的参与度。然而，由于年龄较小，学生在鼠标操作的灵活性和窗口管理的熟练度上存在一定差异，部分学生仍需教师的引导和示范。

在实际学习过程中，学生可能遇到使用"刷子"工具的细节操作困难，如调整刷子的大小、颜色设置等。由于学生在信息技术课程中普遍缺乏熟练操作的经验，容易在较细致的操作步骤上产生困惑。因此，本课在设计上建议采取小组合作学习的方式，以便学生之间互相帮助，共同探索"刷子"工具的使用。同时，通过提供有趣的活动主题（如画大熊猫的生活环境）和操作示范，帮助学生在实践中提高对"画图"软件的掌控能力，并逐步增强其独立完成数字绘图的信心。

三、本课教学目标

1. 工具应用能力

通过"画竹子"活动，学生能够掌握颜色填充工具和"刷子"工具的基本使用，能够选择适当的颜色填充竹子，提高对数字化绘图工具的熟悉度，培养信息化设备的操作意识。

2. 工具多样性理解

通过"画石头阴影与青苔"活动，学生能够选择并使用"刷子"工具中的"蜡笔"和"喷枪"样式进行不同效果的绘制，增强对多样化刷子样式的理解，初步形成利用多种绘图工具表现不同纹理效果的意识。

3. 创造性表现与组合工具使用

通过"大熊猫的生活环境"绘制活动，学生能够灵活组合使用多种刷子样式，以表现大熊猫生活场景的丰富性。学生在创作过程中能够提升艺术表现能力，并培养运用数字工具解决实际创作问题的创新意识。

四、教学策略的选择与设计

本课遵循义务教育课程方案倡导的"做中学、用中学、创中学"理念，注重学生动手操作与创造性表达的融合。教学过程采用了任务驱动法和分层递进的引导法，以学科核心素养为导向，以"如何使用'刷子'工具绘制大熊猫的生活环境"为主线，通过"画竹子—画石头阴影与青苔—绘制大熊猫的生活环境"三个层次的任务，让学生在实践操作中逐步掌握绘图工具的多样性使用与组合应用。

本课设计了从"教"与"学"两方面出发的五个教学环节：激趣导入，认识工具—任务驱动，分步操作—互动探究，体会效果—小组交流，共享创意—学后反思，总结评价。每个环节通过由浅入深、层层递进的方式展开，引领学生从理解绘图工具的基础操作到体验组合使用的创作过程，帮助他们在完成作品的过程中体验和掌握"刷子"工具的多样功能，并在小组交流和展示中促进互学互助，增强团队协作能力。

五、教学环境及资源准备

教学环境：计算机教室（教师机、学生机装载"画图"软件）。
资源准备：教材、板书、学历案、"画图"软件等。

六、教学过程

教学过程见表1。

表1 教学过程

教学环节	教师活动	学生活动	设计意图
情境导入 聚焦问题	1. 情境引导 （1）教师展示大熊猫的图片。 （2）回顾：请同学们用上节课所学的图片打开方式打开资源库中的大熊猫的图片。 （3）提问：大家认为图片中还缺少哪些元素？ 2. 揭示课题：国宝大熊猫——"刷子"工具	（1）请学生调动自己脑海中已有的对大熊猫的记忆和想象，回答问题。 （2）学生明确本节课课题	回顾上节课学习的知识点用"画图"打开文件，在此基础上进一步聚焦核心问题，从而引出本课课题
初步体验 感知工具	布置任务一：画竹子 1. 提问：可以用什么工具？能否用填充工具进行作画？ 演示：填充工具颜色统一，不能还原深浅不一的效果。 引出："刷子"工具的使用。 2. 布置任务：画出水彩风格的竹子 3. 教师巡堂，关注学生完成情况 4. 随机抽取学生，分享自己的操作过程	（1）动手实践，完成任务 （2）分享自己的操作过程和结果	通过"画竹子"任务引导学生开始动手实践，以任务激发学生的学习兴趣，激活学生的已有绘图知识，调动课堂参与积极性，为后续操作打下基础。 通过问题启发学生思考并了解不同工具的功能，引导他们在作画时选择最合适的工具。演示填充工具的局限性，帮助学生理解它的功能特点和局限，从而自然引出"刷子"工具的多样性优势，为后续使用"刷子"工具作画做好铺垫

续上表

教学环节	教师活动	学生活动	设计意图
互动探究 感悟原理	1. 展示学生作品 2. 演示画水彩风格的竹子的操作步骤与方法，总结"刷子"的使用方法 3. 提问：展示的石头与大家图片上的石头有什么不一样？能否用"刷子"工具完成？ 布置任务二：画石头阴影与青苔 利用"蜡笔"刷子画出石头阴影，选择恰当的样式画出石头青苔 观察9种不同的样式的效果 4. 教师巡堂，关注小组讨论情况 5. 组织小组分享讨论结果 6. 引出"刷子"工具的各种样式并简略介绍 | 刷子样式	书法笔刷1	书法笔刷2	喷枪	颜料刷	蜡笔	记号笔	普通铅笔	水彩笔刷 | | --- | --- | --- | --- | --- | --- | --- | --- | --- | | 效果预览 | S | S | S | S | S | S | S | S | 7. 演示画石头阴影的操作步骤与方法 8. 总结"刷子"样式的选择使用	（1）学生思考应该用哪个画图工具。 （2）学生回忆学过的"用颜色填充"工具，观看教师演示效果，发现与范例差异较大。 （3）通过看、听、记，学生对比自己的操作，强化正确操作的要点，继续完成任务。 （4）通过看、听、记，学生强化正确操作的要点。 （5）学生认真观看、做对比、找差异。 （6）观察图片，思考用哪种"刷子"样式。回答应该是"水彩"样式、"蜡笔"样式、"喷枪"样式	展示学生作品、演示水彩风格竹子的操作步骤，以及完成对石头阴影与青苔的绘制任务，旨在激发学生的学习兴趣和创造力。 通过提问引导学生思考不同绘画效果的对比，帮助他们认识到"刷子"工具的多样性及其在不同场景中的应用。任务设置强调实践操作，鼓励学生通过观察不同样式的效果，深化对"刷子"工具的理解，并在小组讨论中增强合作意识。 在教学过程中，教师巡堂关注学生的讨论和操作，提供个性化指导，以确保每位学生都能顺利掌握使用技巧。通过小组分享，学生能够展示成果、互相启发，加深对所学内容的理解。 最后，总结"刷子"样式的选择与使用，帮助学生系统化知识，为后续的创意绘制打下坚实基础

续上表

教学环节	教师活动	学生活动	设计意图
综合应用 拓展延伸	布置任务三：画大熊猫生活环境 1. 课件展示利用多种刷子线条组合绘制而成的有趣图案 2. 布置任务和要求 过渡：我们可以用所学技术，将心目中美好的大熊猫生活环境用图画描绘出来 布置任务：运用今天所学的"刷子"工具，设计大熊猫的生活环境。例如，给环境中添加蝴蝶和花花草草，让大熊猫的生活环境更加丰富有趣 3. 教师巡堂，关注图像完成情况 4. 随机抽取同学展示以及展示优秀作品	（1）学生调动记忆和想象。 （2）学生观看与借鉴。 （3）学生参考教材的两个范例，构思如何加工创作。在原有画面内容基础上进行加工和创作。 （4）学生描绘大熊猫的生活环境。 （5）保存作品	根据生活实际设计任务，加强信息技术与生活的联系，明确要求，准确开展活动
学后反思 评价小结	1. 小结本节课所学内容 2. 引导学生完成学后反思	（1）学生进行分享、聆听。 （2）学生进行思考、分享	利用学后反思，对课堂知识进行总结，巩固学生课堂知识学习

七、教学评价设计

教学评价设计见表2。

表 2　教学评价设计

环节	评价任务	评价表现
情境导入 聚焦问题	学生复习用"画图"打开软件	学生能复习并用自己的语言说出打开"画图"软件的步骤
初步体验 感知工具	学生能正确使用颜色填充工具和"刷子"工具，完成竹子的绘制	（1）学生能够准确选择并应用颜色填充工具，正确使用"刷子"工具绘制出竹子的外观。 （2）学生在课堂展示中分享自己的竹子作品，表现出对工具的熟练使用
互动探究 感悟原理	学生能使用"刷子"样式，绘制出石头的阴影与青苔	（1）学生在绘制过程中能灵活选择并应用"蜡笔"和"喷枪"样式，在作品中展现出合理的阴影效果和青苔纹理。 （2）学生在完成作品后，通过小组交流展示，体现出对"刷子"样式的理解和应用
综合应用 拓展延伸	学生能结合多种"刷子"样式，绘制出大熊猫的生活环境，展现创意与想象力	（1）学生能够在绘制大熊猫生活环境时运用多种"刷子"样式，展现个人创意和想象力。 （2）学生在班级分享作品，解释创作思路，表现出创新意识和对工具组合使用的理解
学后反思 评价小结	学生能对本课所学内容进行归纳反思和自我评价	（1）学生的分享交流。 （2）填写课堂自评表

八、板书设计

板书设计见图1。

"刷子"工具

"画图"软件打开 → "刷子"工具使用 → "刷子"样式的选择 → "刷子"工具的综合应用

图 1　板书设计示意

九、教学反思

本节课在教学设计和实施过程中，取得了较好的效果，尤其是在学生的参与度和动手操作能力上表现较为突出。通过任务驱动和问题引导，学生积极思考并参与到竹子、水彩风格的石头阴影与青苔的绘制中，较好地掌握了"刷子"工具的使用方法。学生在操作中能够逐步理解不同"刷子"样式的功能和应用，尤其是在小组讨论和作品展示环节，学生们表现出了较高的创意性和艺术表现力，能够有效将所学知识转化为实际创作。

在创新性方面，本节课通过结合"任务驱动法"和"合作学习法"，鼓励学生互相交流、共同解决问题，激发了他们的团队合作精神。通过多样化的操作任务和小组互动，学生不仅仅是在学习技术，更是在探索自己的创作风格和表现形式。特别是让学生通过观察和对比不同"刷子"样式的效果，帮助他们拓宽了工具应用的思路，提高了他们的创新能力。

然而，也有一些不足之处需要反思。在某些环节，部分学生在工具选择和操作过程中仍存在不熟练的情况，个别同学对"刷子"工具的细节应用掌握得不够深入。未来可以在操作演示时更加注重对每一个工具细节的讲解，特别是在使用"蜡笔"刷子和其他细节工具时给予更多时间与指导。此外，尽管小组讨论环节较为活跃，但部分学生的分享略显简单，可能是因为对创作过程的理解不够深入。后续可以通过更多的实践和反思环节，帮助学生更好地表达自己的思路与创作过程，进一步提高他们的表达能力和艺术感知力。

总的来说，本节课有效地激发了学生的学习兴趣和动手操作能力，也为他们的创意表达提供了平台。通过合理的任务设计和环节安排，学生能够在实践中掌握"刷子"工具的使用，并在合作中提升了创造性和团队合作能力，达到了预期的教学效果。

《春江花月夜》景、思、情相融教学例析

——选自人教版普通高中教科书语文选择性必修上册古诗词诵读单元

吴羽莹

个人简介：我就读于华南师范大学文学院，日常勤于思、敏于行，坚持在每一件事面前做最好的自己。在我的人生体验与职业期待中，成为一名优秀的语文教师一直是我的向往与追求。在教学与育人相结合的工作实践中，我深刻感受到自己身上具备源源不断的动力与能量，并能够做到与学生在互动和交流中彼此信任、共同成长。活到老学到老，我将坚持学习、不断充盈自己，努力做到教学相长、用心育人。

人生格言：脚下乾坤大，笔底天地宽。

一、课标分析

《春江花月夜》选自人教版普通高中教科书语文选择性必修上册古诗词诵读单元，本单元组织学生学习中国古诗词作品，引导学生热爱中华优秀传统文化。本单元强调尊重学生的感悟体验，注重在诵读与想象中感受诗歌的意境，以增强学生对古诗词的鉴赏能力。《普通高中语文课程标准（2017年版2020年修订）》在"文学阅读与写作"这一任务群当中明确提出"根据诗歌、散文、小说、剧本不同的艺术表现方式，从语言、构思、形象、意蕴、情感等多个角度欣赏作品，获得审美体验，认识作品的美学价值，发现作者独特的艺术创造"以及"精读古今中外优秀的文学作品，感受作品中的艺术形象，理解欣赏作品的语言表达，把握作品的内涵，理解作者的创作意图"的要求，因此教师应当引导学生从景物、哲思和情感这三个不同的角度去欣赏、品味《春江花月夜》，可以提高学生对古诗词的鉴赏能力，有助于提升学生的语文核心素养。

二、教材分析

《春江花月夜》诗中以"月"的状态变化为主要线索，通过对"春""江""花""月""夜"五大意象整体融合的春夜之景的描绘，尽情赞叹大自然的奇丽景色，从而引发作者自身对于人生哲理的思考、对宇宙奥秘的探索，并把游子、思妇的深沉情感融于其中，从而营造出景、思、情水乳交融的幽美邈远、开阔空灵的意境。

纵观《春江花月夜》，教学切入点较多，可以从诗作的基本释义、表达方法、意象表达、写作风格、情感价值、哲学思考等方面进行教学。然而《春江花月夜》中作者对于景、思、情三者的平衡圆融的结合是教学中的重难点之一，学生由于缺少足够的人生阅历，常常难以理解。因此，本教学设计立足于此重难点，通过讲解诗作将景、思、情融为一体的写法，带领学生感悟其中蕴含的哲理思考、品味诗歌中对人生和宇宙的联想与感慨，以此作为教学内容。

三、学情分析

（一）已知点

本文的授课对象是高二年级的学生。学生在初中阶段，已经学习过一定数量的唐诗，对唐朝诗风、诗貌有了大致的了解；该阶段的学生已经具备一定的古诗词鉴赏能力与文学素养，对于长篇诗歌《春江花月夜》有一定的理解与鉴赏能力；同时，学生在初中阶段已经学习过李白《渡荆门送别》、苏轼《水调歌头》，在高中阶段已经学习过苏轼《念奴娇·赤壁怀古》、苏轼《赤壁赋》等诗词文，对"月"意象象征的把握能力已经得到一定程度的积累。

（二）成长点

然而对于高中的学生来讲，鉴赏古诗词仍然停留在基本释义与写作风格上，尚不能掌握将写景、哲思、抒情融为一体的诗作的鉴赏方法。除此以外，高中学生对人生经历的深入理解尚且不足，以及学生自我的人生阅历尚浅，难以精准把握《春江花月夜》背后蕴藏的复杂情感与哲学思考，需要教师做好引导、适时点拨。

因此，我的教学设计将针对学生需要提升的鉴赏即景抒情类主题诗歌的能力，从关键词句着手，让学生品味张若虚《春江花月夜》的写作思路以及感悟其中的生命思考、情感抒发，从而理解作者在构思上的巧妙，体味"春江花月夜"良辰美景背后的哲思与情怀。

四、教学目标

（1）通过任务驱动、品读语言，让学生体味和推敲重要诗句在语言环境中的作用与意义，掌握鉴赏诗作写景、哲思、抒情相结合的一体化写法。

（2）通过知人论世、以意逆志，让学生把握复杂的思想与感情，感悟人生哲理，品味诗歌中对人生、宇宙的联想与感慨。

五、教学重难点

（一）教学重点

体味和推敲重要诗句在语言环境中的作用与意义，掌握鉴赏诗作写景、哲思、抒情相结合的一体化写法。

（二）教学难点

（1）体会诗歌中蕴含的意境美、哲思美、情感美。
（2）把握复杂的思想与感情，感悟人生哲理，品味诗歌中对人生、宇宙的联想与感慨。

六、教学方法

任务驱动法、情境创设法、点拨指导法。

七、教学过程

（一）情境导入

1. 想象画面，感受意境

【教师活动】播放《经典咏流传：春江花月夜》歌唱讲解视频，引领学生伴随空灵的歌声想象广阔邈远的"春江花月夜"动态图景。

【学生活动】学生伴随空灵的歌声，想象广阔邈远的"春江花月夜"动态图景，通过想象与联想感受开阔空灵的画面意境。

【设计意图】提供审美鉴赏环境，为学生走入《春江花月夜》图景感受创设时间与空间。

2. 知人论世，积累素养

【教师活动】介绍作者张若虚及其《春江花月夜》在唐诗史上的地位与贡献，以及与二者相关的文学常识内容，带领学生知人论世、积累必备的文学素养。

【学生活动】积累相关文学常识，对《春江花月夜》进行初步了解。

【设计意图】积累文学文化常识，加强对《春江花月夜》创作背景的理解。

（二）初步感知

1. 齐诵篇目，初步感知

【学生活动】学生齐诵《春江花月夜》全诗，在朗诵的过程中找寻诗中意象所在位置以及状态变化。

【设计意图】通过诵读感受全诗意境变化,同时找寻意象位置,从而使学生对全诗的写作线索和走向有大概认知。

2. 提取意象,分析状态

【教师活动】提示全诗紧紧围绕"春""江""花""月""夜"布局谋篇、层层书写,而其中的"月"是贯穿全诗的重要线索。

【学生活动】学生通过自我思考、小组合作探究的模式探究"月亮有几种状态""分别处于诗中什么位置"的问题,并以此为依据,为全诗分段。

【设计意图】锻炼学生把握全诗关键线索的意象定位思维,同时通过分段的行为对全诗所写的情景变化产生图景意境构思。

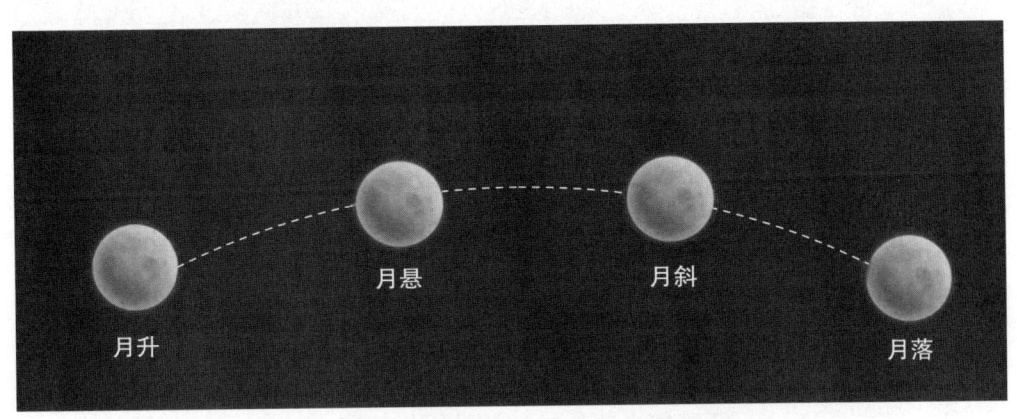

图1 《春光花月夜》中"月"意象的状态变化

(三)深入探究

1. 月升——写景状物

春江潮水连海平,海上明月共潮生。
滟滟随波千万里,何处春江无月明。
江流宛转绕芳甸,月照花林皆似霰。
空里流霜不觉飞,汀上白沙看不见。

【意象→想象→意境】

春江潮涨,汪洋一片,江面阔大,水波不兴。

明月伴着水波冉冉升起,清辉洒在万顷江波上,所见之处水光粼粼。

江流、芳甸:江水曲曲折折地绕着花草丛生的原野流淌。

花林:月光照耀着开满鲜花的树木,就像洁白的雪珠在闪烁发光。

流霜:月色如霜,月光皎洁,白色的月光和白沙连成一片。

【春江花月图→美好兴奋的情感】

开阔纯净,华光万里。

清幽柔美,朦胧恬静。

图 2　"月升"状态：传达美好兴奋之情（春江花月图）

【教师提示注意点，学生思考与讨论相关问题】
（1）"海上明月共潮生"：
①赋予江水、明月生命力和动感；
②江水与明月共生、关系密切，意境更加雄浑开阔。
（2）视点移动：以月光统摄春江花夜，由大到小、从远及近，有声有色。

2. 月悬——阐述哲理

江天一色无纤尘，皎皎空中孤月轮。
江畔何人初见月？江月何年初照人？
人生代代无穷已，江月年年望相似。
不知江月待何人，但见长江送流水。

【意象→想象→意境】
江天一色，天空连一丝尘埃都没有，只有那一轮明亮的孤月高悬中天。

【月下沉思图→哀而不伤的基调】（教师提示注意点，学生思考与讨论相关问题）
（1）探究：面对良辰美景，作者提出了什么样的问题？
"江畔何人初见月？江月何年初照人？"对于宇宙生成、人类本源的探索，成为人类恒久探讨的哲学命题。诗人自然也没有找到答案，于是转入对人类在宇宙间生存状态的思考："人生代代无穷已，江月年年望相似。"
（2）赏析："人生代代无穷已，江月年年望相似。"
宇宙永恒，明月常在；而生命，就个体而言何其短暂！诗人感到虽然个人生命短暂，但人类的存在是代代相延的。诗人虽有对人生短暂的感伤，但并不是颓废与绝望，而是缘于对人生的追求与热爱，对于人类群体代代向前、积极向上的期待与欢愉。（在人生短暂与宇宙永恒之中取得了合理的心理平衡）
（3）简析："不知江月待何人，但见长江送流水"的修辞效果。
拟人化手法：月亮为了见到期待的人，年年长明不衰，具有人情味。诗人由仰望月轮，又低头见长江"送"走一江春水；自然地把笔触由大自然景色转到人间的离愁别恨。

图3 "月悬"状态：表达哀而不伤之意（月下沉思图）

【教师提示注意点，学生思考与讨论相关问题】
(1)"但见长江送流水"：
①时间的流逝；
②新和旧的交替；
③离别与出发。

一个"送"字，反映出作者将自然景物与人生阶段必须经历的状态结合为一体，在"出发"与"停留"之间形成了时空的错位，于是产生了"离愁"。

【教师进行课外拓展，学生进行举一反三的积累思考】

托物言人生：宇宙永恒，人生短暂。

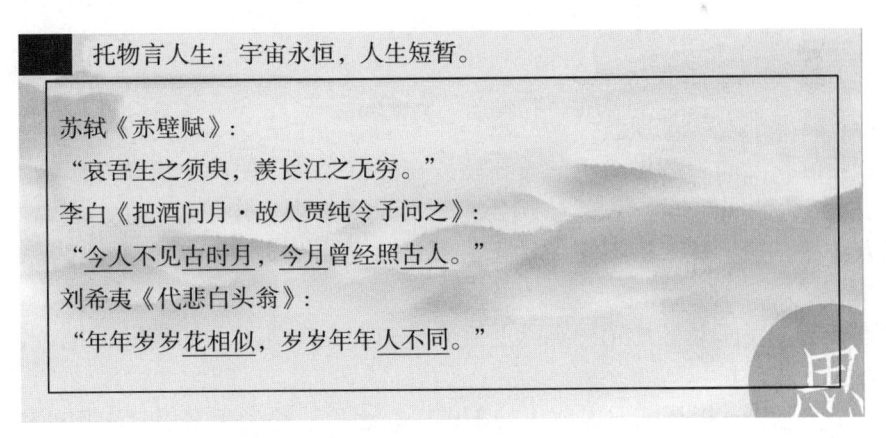

苏轼《赤壁赋》：
"哀吾生之须臾，羡长江之无穷。"
李白《把酒问月·故人贾纯令予问之》：
"今人不见古时月，今月曾经照古人。"
刘希夷《代悲白头翁》：
"年年岁岁花相似，岁岁年年人不同。"

图4 课外拓展："托物言人生"相关诗句

3. 月斜、月落——抒发情感

　　　　　　白云一片去悠悠，青枫浦上不胜愁。
　　　　　　谁家今夜扁舟子？何处相思明月楼？
　　　　　　可怜楼上月裴回……鱼龙潜跃水成文。
　　　　　　昨夜闲潭梦落花……落月摇情满江树。

【学生活动：全诗结构分类】
前四句：总写思妇、游子的两地相望相思之情。
中八句：写思妇怀人。
后八句：写游子思归。
【思妇怀人图、游子思归图→离愁别绪的渲染】（教师提示注意点，学生思考与讨论相关问题）
（1）鉴赏：总写部分的抒情方式。

整体感知——月下之情

"白云一片去悠悠，青枫浦上不胜愁。
谁家今夜扁舟子？何处相思明月楼？"
鉴赏这几句诗的抒情方式。

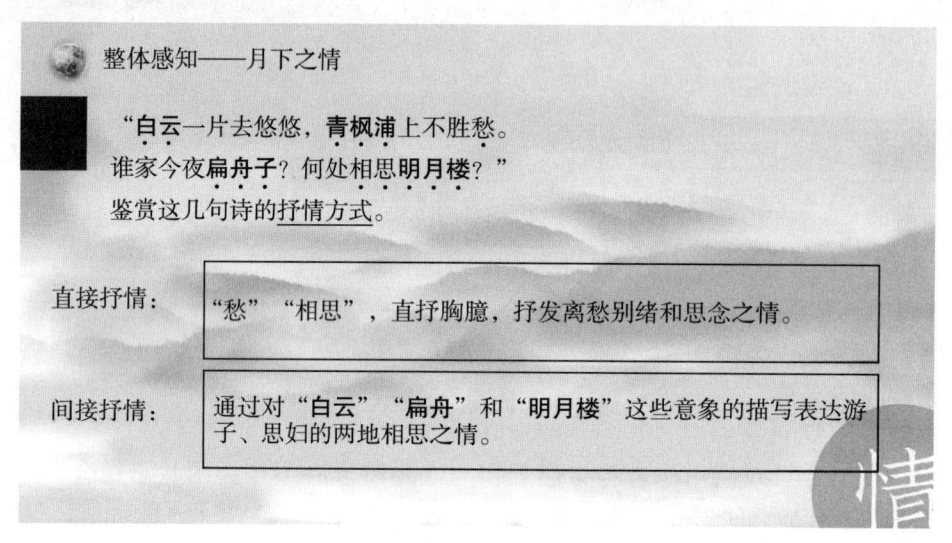

直接抒情："愁""相思"，直抒胸臆，抒发离愁别绪和思念之情。

间接抒情：通过对"白云""扁舟"和"明月楼"这些意象的描写表达游子、思妇的两地相思之情。

图 5 鉴赏诗歌选段的抒情方式

补充：
①动态：白云、扁舟子。
②静态：青枫浦、明月楼。
在动物与静物之间，产生错位的游移感，在时空变换中便产生离愁与思念。
（2）赏析："徘回""卷不去""拂还来"等词语的表达作用。
①拟人手法，写出月游移不定的动态，赋予月亮人的灵性，它似乎也为思妇而伤心，具有人情味。
②情景交融：表面上写月光，实际上渲染思妇心中挥遣不去的离愁，把苦苦相思表现得淋漓尽致、意味深长。
"卷"与"拂"→折叠感→表明思妇不堪思念之苦，徒做无奈而且无用的挣扎。
"不去""还来"→往复感→是月光的执着，更是相思的执着。
（3）赏析：如何表达游子思归的感情？
①虚实结合，把梦境与实境交织在一起，烘托月夜将尽、梦境难以实现的惆怅之情。
②情景交融、以景结情，表达对春光渐逝的惋惜、想要归家的心情。

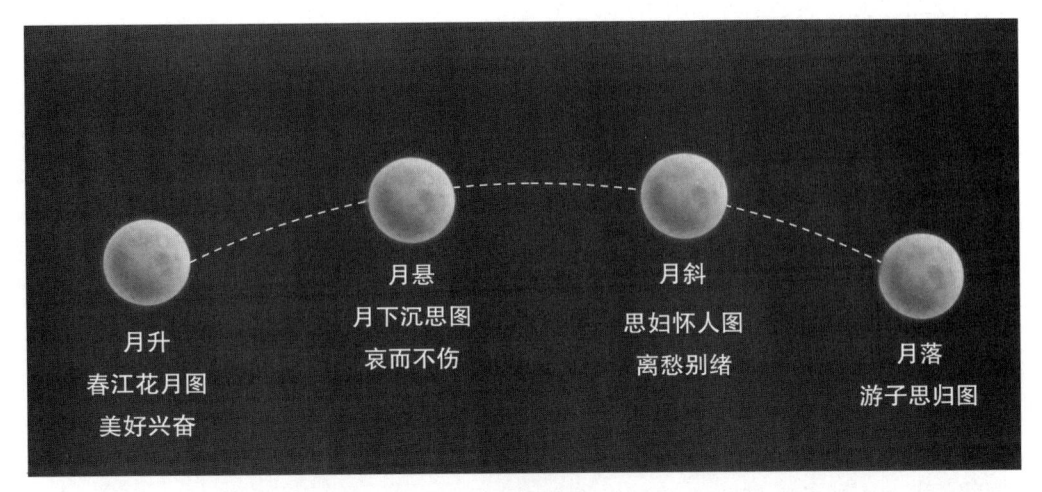

图6 "月斜"与"月落"状态：烘托离愁别绪之感（思妇怀人图、游子思归图）

【教师进行古诗词意象用法拓展，学生进行相关诗文举例与积累】
（1）浮云/白云→承载送别离愁、思念怀感、游子自况的意味：
①送别友人，抒发离情别绪。
李白《送友人》："浮云游子意，落日故人情。"
②怀念友人或情人，表达思念之情。
杜甫《梦李白》："浮云终日行，游子久不至。"睹浮云而念游子。
③游子自况，感叹身世飘零。
苏颋《汾上惊秋》："北风吹白云，万里渡河汾。心绪逢摇落，秋声不可闻。"
（2）扁舟→承载着中国古代文人淡泊世事、悠然自得的情感：
①隐遁之味。
《史记》载："范蠡既雪会稽之耻，乃乘扁舟浮于江湖。"
②漂泊、思乡之意。
古代知识分子为生计、为科举、被放逐，背井离乡、漂泊天涯，充满无尽的羁旅乡愁。"扁舟"既是游子漂泊的凭靠，也是其羁旅之愁的寄托。
（3）捣衣→思妇、游子主题诗歌常用意象。
古时妇女把织好的布帛铺在"砧"上，用"杵"敲平，称为"捣衣""捣练"。捣衣对光线要求不高，所以多于寒冬来临前的秋夜进行。凉风冷月下持续不断的砧杵之声，常称作"寒砧""清砧""暮砧"。

单调悠长的砧声有助于摒除外虑、心志专一，对思念之情起到凝聚与强化的作用。因此，捣衣的动作和清砧的声响，成为诗歌中"思妇"主题最为常见的意象之一，表达了无尽的思念之情和离愁别绪。

晓吹员管随落花，夜捣戎衣向明月。（李白《捣衣篇》）
宁辞捣熨倦，一寄塞垣深。（杜甫《捣衣》）
飞鸿影里，捣衣砧外，总是玉关情。（晏几道《少年游》）

月下捣衣、风送砧声，不仅思妇伤情，也最易触动游子的情怀，因此捣衣意象也是思

乡主题的传统意象，表达客子胸中的悠悠乡愁。

客子入门月皎皎，谁家捣练风凄凄。（杜甫《暮归》）

别馆寒砧，孤城画角，一派秋声入寥廓。（王安石《千秋岁引·秋景》）

西风繁杵捣征衣，客子关情正此时。（陆游《感秋》）

奈楚客淹留久，砧声带愁去。（姜夔《法曲献仙音》）

（四）整体总结

【教师进行点拨引导，学生思考相关问题并分类总结】

1. "月"意象在全诗中的作用

①结构上：诗以月亮升起到坠落的过程作为全诗起止的外在线索。

②内容上：月亮不仅是景物描写的主要对象，也是作者引发哲理思考的因由与抒写离愁别绪的依托。

2. "月"意象：状态与情感的关联

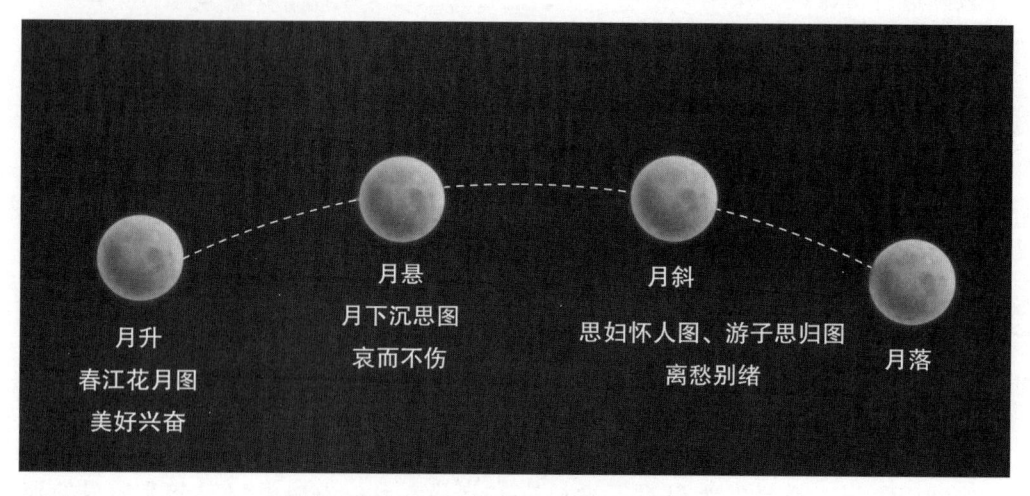

图7 归纳"月"意象：状态与情感的关联

月升 春江花月图 美好兴奋
月悬 月下沉思图 哀而不伤
月斜 思妇怀人图、游子思归图 离愁别绪
月落

3. 诗歌结构与内容分类总结

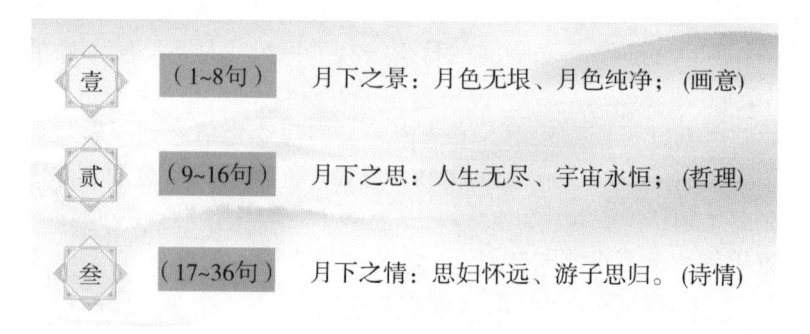

壹（1~8句）月下之景：月色无垠、月色纯净；(画意)

贰（9~16句）月下之思：人生无尽、宇宙永恒；(哲理)

叁（17~36句）月下之情：思妇怀远、游子思归。(诗情)

图8 诗歌结构与内容分类总结

（五）课外拓展

【教师进行古诗词意象用法拓展、学生进行相关诗文举例与积累】

1. 古诗词中的"月"

（1）以月渲染清幽气氛，烘托悠闲自在、旷达的情怀。

王维《山居秋暝》："明月松间照，清泉石上流"，这是一幅多么幽雅、明净而又充满情趣的画面啊！在这里，一切都显得自在安然、新鲜活泼，洋溢着诗人对自然山水的热爱和隐逸山水间的飘逸情怀。

辛弃疾《西江月·夜行黄沙道中》："明月别枝惊鹊，清风半夜鸣蝉。"

苏轼《中秋见月和子由》："明月未出群山高，瑞光千丈生白毫。"

（2）以月寄托相思之情，抒发思乡怀人之感。

从月相的形态及其变化来看，圆月如盘、团团圆圆；残月如勾、残缺不全，自然勾起人们的想象和联想。宁静的月夜里，沐浴着清幽柔和的月光，人们很容易陷入沉思，展开遐想，产生缠绵而邈远的情思。离家在外的人，仰望明月，思绪常常飞越空间，想起同在这一轮明月照耀下的故乡、亲人、朋友。

（3）以月渲染凄清的气氛，烘托身世感伤与流离之苦。

①诗人触景伤情的媒介。

李白《月下独酌（其一）》："花间一壶酒，独酌无相亲。举杯邀明月，对影成三人。月既不解饮，影徒随我身。暂伴月将影，行乐须及春。我歌月徘徊，我舞影零乱。醒时同交欢，醉后各分散。永结无情游，相期邈云汉。"

表面上，是写诗人在花下与月影相伴、相舞、相酌成欢的美好情景，实则是诗人用这美好的情景来反衬出自己内心的孤寂与悲苦。

②诗人哀思的寄托、心境的写照。

白居易《暮江吟》："一道残阳铺水中，半江瑟瑟半江红。可怜九月初三夜，露似真珠月似弓。"

此诗前两句写出了一幅残阳暮日的悲壮情景，后两句则写出了一幅明星弯月的凄清景象。这两幅景象虽美，但一个"可怜"揭示了诗人真实的情感。暮时风景固然壮阔，然已近黄昏；夜时情境纵然美丽，独无人欣赏。以美景写哀情，哀意之深实在难以言喻。

③常常将诗人的内心悲苦上升到一个极高的境界。

杜甫《咏怀古迹五首（其三）》："画图省识春风面，环佩空归月夜魂。千载琵琶作胡语，分明怨恨曲中论。"

（4）以月蕴含时空的永恒。

明月亘古如斯，相比之下，人生是如此短暂和渺小。在诗歌中，"月亮"这一意象成了亘古不变的象征、世事变迁的永恒见证。

李白《把酒问月》中有："今人不见古时月，今月曾经照古人。古人今人若流水，共看明月皆如此。"明月亘古如斯，而相比之下，人生是多么的短暂，这几句诗句将时间对生命的"劫掠"、生命在时间面前的无奈表现得淋漓尽致，读来意味深长、荡气回肠。

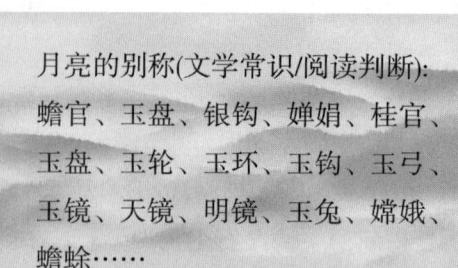

> 月亮的别称(文学常识/阅读判断):
> 蟾宫、玉盘、银钩、婵娟、桂宫、
> 玉盘、玉轮、玉环、玉钩、玉弓、
> 玉镜、天镜、明镜、玉兔、嫦娥、
> 蟾蜍……

图9 课外拓展："月"的别称

2. 古诗词中的"水"

（1）水意象的道德象征。

孔子："知（智）者乐水，仁者乐山。"水有清有浊，古人以之比喻人的道德之高尚与低下。

岑参《太白胡僧歌》："心将流水同清净，身与浮云无是非。"就是以流水的清净比喻胡僧洁身自好，与世无争。

朱熹《观书有感二首》："昨夜江边春水生，蒙冲巨舰一毛轻。向来枉费推移力，此日中流自在行。"人的修养往往有一个由量变到质变的阶段。一旦水到渠成，自然表里澄澈，无拘无束，自由自在。

（2）水意象的隐逸象征。

"江湖"本指江河湖海，在诗歌中却有"在野"意蕴，与"朝廷"相对。

李商隐《安定城楼》："永忆江湖归白发，欲回天地入扁舟。"

白居易《长庆二年七月自中书舍人出守杭州路次蓝溪作》："因生江海兴，每羡沧浪水。"所谓"江海兴"正是归隐之念，"沧浪水"则指隐居之地。

杜牧《渔父》："白发沧浪上，全忘是与非。"这里的"渔父"，俨然是一副与世无争的隐者形象。

（3）水意象的阻隔象征。

在交通工具落后的古代，辽阔宽广的水面阻碍着人们的自由行动。因此，诗歌的水意象往往象征某种障碍，用以表达面对可望而不可即之事物时的惆怅、痛苦心理。

水意象的这种阻隔意蕴不仅用于表现爱情（《诗经》多见），李白《赠宣城宇文太守兼呈崔侍御》："何言一水浅，似隔九重天。"这"一水"阻断的是诗人政治上的前途。

孟浩然《望洞庭湖赠张丞相》把洞庭湖水写得辽阔汹涌、气象万千："八月湖水平，涵虚混太清。气蒸云梦泽，波撼岳阳城。"目的是反衬"欲济无舟楫"，表达自己仕进无门的悲哀。

（4）水意象的时间象征。

① "流水"往往象征流逝的时光。

李煜《浪淘沙令·帘外雨潺潺》："流水落花春去也，天上人间。""流水""落花"都是"春去"的形象写照。

韦应物《淮上喜会梁州故人》:"浮云一别后,流水十年间。"以"流水"比喻与友人别后的十年光阴。

山常在,水长流,时光不因人的愿望而停滞,自然规律不依人的意志而改变。于是,诗歌中就出现了"水无情"的说法:"无情汴水自东流,只载一船离恨,向西州。"(苏轼《虞美人·波声拍枕长淮晓》)流水带走了远行的人,也营造了离别的感伤氛围。写水的无情,其实是为了衬托人的有情、多情、深情。

②"流水"还象征无限、绵延不绝的思念。

水并不都是无情的。"花红易衰似郎意,水流无限似侬愁。"[刘禹锡《竹枝词九首(其二)》]随着时间的推移,"郎意"如红花般衰退了,女主人公的痴情却依然如水流无限,以水流无限比喻相思无穷也是古代诗歌常用的手法之一。

(5)水意象的多重象征。

①水向西流(特殊现象)。

李白的《江上吟》曰:"功名富贵若长在,汉水亦应西北流。"以汉水不能西北流比喻功名富贵不能常在。

由于中国地形的特点是西高东低,而水往低处流,所以中国河流的走向大多是由西向东,最后注入大海:"沔彼流水,朝宗于海。"(《诗经·小雅·沔水》)"江汉朝宗于海。"

②水的深度可以比喻感情的深度。

李白《赠汪伦》:"桃花潭水深千尺,不及汪伦送我情。"桃花潭水不可能深达千尺,纵使"深千尺",也比不上友情的深厚。刘禹锡《鄂渚留别李二十一表臣大夫》:"欲问江深浅,应如远别情。"将本体与喻体调换了一下位置,与李白的写法可谓殊途同归。

③水的长度也可以比喻感情的长度。

贾至《巴陵夜别王八员外》:"世情已逐浮云散,离恨空随江水长。"李白《金陵酒肆留别》:"请君试问东流水,别意与之谁短长?"

【上述教学过程设计意图】首先从全诗的基本格调入手进行全诗重点与关键意象把握、作用梳理,其次进行诗歌意境系统分类与情感、哲思感悟系统总结,最后进行相关意象的用法、象征等方面的课外拓展。整个教学过程由浅入深、娓娓道来,符合学生学情所需要的教学节奏与难度,亦与诗歌本身的情景基调与感悟节奏相契合,同时紧扣语文学科四大核心素养进行教学,尽力做到语文教学工具性与人文性的深度统一。

八、板书设计

板书设计见图 10。

```
           春江花月图（月升）
                景物
                 美
          哲理————情感
   月下沉思图（月悬）    思妇怀人图（月斜）
                游子思归图（月落）
```

图 10　板书设计示意

九、教学反思

（一）教学效果

1. 学生参与度

在本次《春江花月夜》的教学中，通过多媒体教学平台播放相关视频帮助学生从艺术与文化的角度走进诗歌境界；同时通过任务驱动的策略，促进学生主动思考并进行小组合作探究，在一定程度上增强了学生的积极性与参与度。在此基础上，学生能够积极地投入到诗歌的意境想象和意象分析中，表现出对诗歌内容、主题与哲学思辨的兴趣和热情。

2. 知识掌握情况

学生在课堂上对诗歌的基本释义、意象表达与写作方法有了较为清晰的认识。通过任务驱动和情境创设，学生能够较好地掌握鉴赏诗作写景、哲思、抒情相结合的一体化诗歌写法。

3. 情感体验与思考

学生在探讨诗歌中蕴含的意境美、哲思美、情感美时，表现出了对诗歌深层次情感和哲理的感悟。尤其是在探讨"月"意象在全诗中的作用时，学生能够联系自己的生活体验，对诗歌中的人生哲理和情感寄托有了更深刻的理解。

4. 教学目标达成情况

根据教学目标，学生在体味和推敲重要诗句、感悟人生哲理、品味诗歌联想与感慨等方面取得了较好的成效。学生能够从多个角度欣赏作品，获得审美体验，并认识作品的美学价值。

（二）创新性

1. 教学方法创新

本次教学设计采用了任务驱动法、情境创设法和点拨指导法，这些方法的结合为学生提供了一个多维度的学习体验。通过任务驱动，学生能够主动探索和解决问题；情境创设法让学生在模拟的情境中感受诗歌的意境；点拨指导法则在学生遇到知识与技能思考方面困难的时候及时提供帮助与指导。

在此过程中，尝试针对理科班学生学情，从跨学科的角度切入讲解，从语文讲到文学，再讲到哲学、物理、生物学、历史、地理，能够调动理科班学生学习这篇诗歌的兴趣。通过这节课突破他们对于"语文"的一些认知壁垒：语文不仅仅是语文，也与其他学科、生活要素息息相关。

2. 教学内容创新

教学内容不仅仅局限于诗歌文本的解读，还拓展到了诗歌中"月"和"水"等意象的文化意义，以及这些意象在其他古诗词中的运用与表达。这种跨文本的比较分析，有助于学生建立更为丰富的文学知识体系，增强对古诗文理解的感受力与共鸣。

3. 教学手段创新

利用多媒体教学平台和板书相结合的方式，使得教学内容的呈现更加生动和直观。同时，通过视频、图片等多媒体材料的引入，增强了学生的感官体验，提高了教学的吸引力和效果。

4. 学生能力培养创新

通过引导学生进行小组合作探究和文学短评的写作，学生的合作能力、批判性思维和文学创作能力得到了锻炼。这种教学方式鼓励学生从被动接受知识转变为主动探索和表达，更符合现代语文教育对学生综合能力培养的要求与期待。

鱼

——选自初中生物学人教版八年级上册第一章第四节

周 哲

个人简介：我是华南师范大学生命科学学院生物科学（师范）专业的一名学生，怀揣着对教育事业的无限热爱与憧憬。我积极参与教育实习，将理论知识转化为实践能力，热衷于运用多样化的教学手段激发学生兴趣，引导学生主动探索生命奥秘。德国哲学家雅斯贝尔斯曾言："教育的本质意味着，一棵树摇动另一棵树，一朵云推动另一朵云，一个灵魂唤醒另一个灵魂。"我坚信，教育是一场心灵的触碰，作为教师，应以身作则，用爱心与智慧点亮学生的科学梦想。未来，我期望成为一名优秀的生物教师，为学生的全面发展贡献自己的力量。

人生格言：路漫漫其修远兮，吾将上下而求索。

一、课标分析

"鱼"是初中生物学人教版八年级上册第五单元第一章第四节的内容，基于核心概念"生物可以分为不同的类群，保护生物的多样性具有重要意义"及次位概念"脊椎动物（鱼类等）都具有适应其生活方式和环境的主要特征"开展。本节课聚焦鱼适应水生生活的两大特点——能在水中游泳和呼吸，通过观察鲫鱼的运动过程和鳃的形态结构，得出鱼的 4 个主要特征。本节内容有助于培养学生尊重事实和证据、严谨务实的求知态度及基于生物学事实和证据运用归纳与概括的方法探讨、阐释生命现象及规律的科学思维，理解鱼的结构特征与其功能相适应，并学会举例说明鱼与人类生活的关系。

二、教材分析

本节介绍第一类脊椎动物——鱼，与前三节中介绍的无脊椎动物不同，教材在"想一想，议一议"中呈现了鲫鱼的骨骼图，引导学生识别脊柱和脊椎骨，在开篇先引导学生学会根据体内有无脊椎骨组成的脊柱区分无脊椎动物和脊椎动物。

随后介绍鱼的多样性，呈现常见的淡水鱼（如我国著名的"四大家鱼"）和海水鱼，并配以楷体小字做简单介绍，图文并茂，使学生对鱼形成直观、具体、形象的认识。

在鱼的主要特征部分，教材设计了"观察与思考"环节，引导学生对鱼的运动和呼吸过程进行实物观察。教材在此处还设计了一个小实验，引导学生认识鱼在呼吸时口和鳃盖的张合情况以及水是如何流经鱼鳃的。再通过正文对鱼各个结构和功能的详细讲解，总结出4个鱼的主要特征，这4个特征都与鱼适应水中生活有关。学生可从鱼适应水生环境的角度，理解并掌握鱼的主要特征。

关于鱼与人类生活的关系，教材从物质和精神两个层面进行介绍，还结合我国渔业资源的现状，使学生认识到由于长期的过度捕捞和水体污染等，我国的渔业资源受到了严重的影响，为此，我国采取了一系列的保护措施并取得一定的成果，使学生认识到人类活动的积极作用和国家为保护鱼类做出的贡献。

三、学情分析

本节课的授课对象为初二年级学生，他们具备强烈的好奇心和求知欲，对新鲜事物的接受能力强，学习热情高涨。学习鱼类之前，学生已经学习了6种无脊椎动物，对本章的主线——动物的各种形态结构特征与其运动和捕食等生活习性相适应已有初步了解，已初步形成了动物由低等向高等逐步进化的意识，这些都为接下来学习鱼类提供基础。学生在日常生活中与鱼类的关系密切，对鱼类存在不少前概念如"鱼生活在水中""鱼是靠鱼鳍游泳的""不知道鱼怎么利用鳃呼吸"，这些前概念中有的正确，有的正确但不完整，也有错误的前概念，需要教师利用一定的教学策略和手段将学生的前概念进行转化。本节课的实验探究活动属于观察类探究，学生可以从鲫鱼实物中获取支持概念构建的事实性知识作为例证，并在教师引导下进行分析，理解结构与功能相适应的观点，从而纠正先验知识的认知误区，构建正确的科学概念，能够利用概念进行辨析。经过初一一年的学习，学生已初步具备比较与分析、归纳与概括的能力，这将有助于对本节知识的探索学习。

四、教学目标

（1）通过对鲫鱼外部形态和鱼鳃结构的观察和触摸，认识鱼和鱼鳃的主要结构特征、鱼的运动方式和生活习性，进而归纳出鱼的主要特征，锻炼动手操作和观察能力。

（2）通过观察动画演示和毛笔模拟，认识和理解鱼利用鱼鳃进行呼吸的微观过程，形成结构与功能相适应的观念。

（3）通过对我国主要淡水鱼、海水鱼以及名称中带有"鱼"字的生物的辨析，发展学生基于生物学事实和证据进行比较、分类、归纳的科学思维。

（4）通过对鱼类与人类生活的关系及长江中华鲟保护的讨论，提升学生的辩证思维和主动参与保护生物多样性的社会责任意识。

五、教学重难点

（一）教学重点

（1）鲫鱼的观察。
（2）鱼的主要特征。

（二）教学难点

鱼的结构特征与功能相适应。

六、教学方法

本节课采用的是有课件的讲授—演示策略，口头讲授、课件展示、实验演示及板书设计是该策略的重要手段。采取"课件和实验为主、板书为辅"的方式，在课件中运用丰富的图片和视频素材，展示鲫鱼观察的全过程、各种鱼的形态结构特征和生活习性及鱼与人类生产生活中的密切关系等，配合必要的文字说明帮助学生理解，直观生动，有利于学生从丰富的多媒体素材中先对鱼的形态特征形成感性认识，再结合鲫鱼的观察实验，基于生物学事实的基础，修正前概念，构建科学概念，在教师的引导下归纳出鱼的主要特征，循序渐进。在讲授—演示教学策略中，丰富的素材和实验演示互动可吸引学生兴趣和注意，短时高效地完成教学任务；也便于教师控制课堂教学过程，灵活处理教学活动中的突发情况。

七、教学过程

教学过程见表1。

表1 教学过程

教学环节	教学内容	教师活动	学生活动	设计意图
导入	无脊椎动物与脊椎动物的区别	（1）教师提问并引导学生回顾已学过的动物类群。 （2）教师呈现鲫鱼的骨骼，讲解脊柱的概念和组成，区分无脊椎动物和脊椎动物	（1）学生回答：腔肠动物、扁形动物、线虫动物、环节动物、软体动物、节肢动物。 （2）学生听讲	回顾旧知，以鱼为分界点将本学期需要掌握的动物类群划分为两大类，厘清知识框架，明确考点

续上表

教学环节	教学内容	教师活动	学生活动	设计意图
新课讲授	鱼的主要特征一：生活在水中	（1）教师展示池中锦鲤畅游的视频，提问：鱼生活在哪里？ （2）教师板书鱼的第一个主要特征：生活在水中。进一步追问：为什么鱼可以生活在水里？ （3）教师讲解鱼之所以可以生活在水中，与两个重要特点密不可分：①鱼能靠游泳来获取食物和防御敌害；②鱼能在水中呼吸	（1）学生观看视频，回答：生活在水中。 （2）学生回答：鱼有鳃，可以在水里呼吸；鱼可以在水里游泳。 （3）学生听讲	从学生的前概念入手，进一步追问"为什么鱼可以在水中生活"引发学生深度思考鱼有哪些适应水生生活的特征
	鱼的主要特征二：通过尾部和躯干部的摆动以及鳍的协调作用来游泳	（1）教师提问：鱼是脊椎动物，身体内部的脊柱有什么作用？ （2）教师讲解脊柱是由脊椎骨组成的，骨骼很坚硬，脊柱可以起到支撑身体的作用，脊柱两侧附着有发达的肌肉，对运动起重要作用，鱼的身体分为头部、躯干、尾部三部分。用手轻压鱼缸中的活鲫鱼使之侧躺，再松手，组织学生观察鱼通过身体哪些部分的运动恢复平衡姿势。 （3）教师播放鱼在水中游泳的视频，讲解鱼在游泳时，尾部和躯干部的摆动为鱼的运动提供动力。 （4）教师组织学生观察鱼缸中的活鲫鱼保持安静状态时还有什么结构在随水流轻轻飘动。 （5）教师播放鱼鳍飘动的视频，讲解鱼鳍具有协调身体平衡的作用，概括并板书鱼的第二个主要特征：通过尾部和躯干部的摆动以及鳍的协调作用来游泳	（1）学生听讲，回答：支撑身体的作用。 （2）学生听讲，观察活鲫鱼恢复平衡姿势的过程，回答：通过尾部的运动/摆动。 （3）学生观看视频，进行听讲。 （4）学生观察活鲫鱼后回答：鱼鳍。 （5）学生听讲	以学生为主体，通过对鲫鱼恢复平衡时尾部和躯干部的摆动和安静状态时鱼鳍的飘动的活体观察，学生能基于生物学事实和证据转化前概念，构建鱼运动要靠尾部和躯干部肌肉的摆动和鳍的协调配合共同实现的科学概念，同时提高学生学习兴趣

续上表

教学环节	教学内容	教师活动	学生活动	设计意图
新课讲授	鱼的主要特征三：体表常有鳞片覆盖	（1）教师呈现鲫鱼图片，提问：①鱼的外形轮廓十分顺滑，身体呈什么型？有什么作用？②鱼的体表有什么？有什么作用？ （2）教师补充鱼的身体左右侧扁，体表除了鳞片外还有黏液，黏液也可以减少阻力。引出并板书鱼的第三个主要特征：体表常有鳞片覆盖。带领学生总结鱼在运动方面适应水生生活的结构特征	（1）学生观察，回答：①流线型，减少阻力。②有鳞片，起保护作用 （2）学生听讲，集体回答教师问题	指出鱼的体表除了鳞片还有黏液，引发学生认知冲突，为后续观察鲫鱼实验做铺垫，总结鱼的运动特征，为后续讲解呼吸特征做铺垫
	鲫鱼的观察实验	（1）教师强调观察内容：外形（身体分部、体形、鳞片和黏液）和鳃（颜色和形态）。巡堂将死鲫鱼给2~4人为一组的学生进行观察和触摸，包括观察鲫鱼的身体分为头部、躯干部和尾部三部分，体形呈流线型，触摸体表感受鳞片和黏液，轻轻掀开鳃盖后缘观察鱼鳃的颜色和形态等。 （2）在学生观察时巡堂引导，解答疑问。组织未轮到观察的学生自行完成课本第22页"观察与思考"讨论题	学生认真观察或做讨论题	分组进行观察，学生可以相互讨论和协助，有助于培养学生的观察能力、动手操作能力，树立团队协作意识。学生对鲫鱼形态的直观感受为学生加深对鱼类主要特征等理论知识的理解与记忆提供了事实基础
	鱼的主要特征四：用鳃呼吸	（1）教师提问：鱼鳃是什么颜色的？讲解鳃的主要部分是鳃丝，鳃丝中密布毛细血管，使鳃呈鲜红色。 （2）教师播放鱼呼吸时口和鳃盖后缘张合的视频，提问：鱼在呼吸时口和鳃盖后缘是怎么张合的？是交替张合还是同时张合？ （3）教师讲解鱼呼吸时口张开则鳃盖后缘闭合，口闭合则鳃盖后缘张开，由此循环往复。播放视频：在鱼口前滴加无毒墨水，提问：鱼在呼吸时水从鱼口流进后从哪里流出？ （4）教师配合动画演示，讲解鱼利用鱼鳃进行呼吸时气体交换的微观过程。得出并板书鱼的第四个主要特征——用鳃呼吸	（1）学生回答：红色。 （2）学生观看视频后回答：交替张合。 （3）学生观看视频后回答：从鳃盖后缘流出。 （4）学生听讲	配合视频、图片等多媒体素材，以学生为主体，学生通过观察得出结论，培养学生尊重生物学事实与证据的科学态度和观察技能；动画演示显化微观过程，化抽象为具体，有助于学生理解记忆

续上表

教学环节	教学内容	教师活动	学生活动	设计意图
新课讲授	鳃丝的结构和功能	（1）教师展示鲫鱼鳃的图片。提问：鳃丝的形态结构是怎样的？ （2）教师进一步追问：为什么鳃丝又多又细，用一整块鳃呼吸不行吗？用毛笔模拟鳃丝，将毛笔浸入烧杯里的清水中，再把毛笔提离水面，提问：同学们观察到什么现象？ （3）教师讲解水中的氧气只是空气中氧气的1/30，又多又细的鳃丝在水中散开可增大水流与鳃丝的接触面积，气体交换的面积增大，使鱼可在水中获取充足的氧气，保证生命活动正常进行。最后归纳鱼的4个主要特征	（1）学生观察鲫鱼的鳃丝后回答：鳃丝很多很细。 （2）学生观察实验现象后回答：毛笔的毛在水中散开，离开水面后毛笔的毛贴在一起。 （3）学生听讲，做笔记	进一步追问又多又细的鳃丝有什么功能，引发学生深度思考；用毛笔模拟鳃丝在水中散开的过程，生动形象，直观易懂，提高学生学习兴趣的同时加深学生对结构与功能相适应的理解，培养结构与功能观
	多种多样的鱼及鱼与人类生活的关系	（1）教师利用教材第20~21页的彩图，简单介绍鱼鳍的种类、侧线的功能以及常见的淡水鱼（如我国著名的"四大家鱼"）和海水鱼，在以表格呈现"四大家鱼"生活环境和食性的区别后拓展"四大家鱼"因生活环境和食性不同而可以混养的知识。 （2）教师提出开放式问题：鱼类和我们的生活有什么联系？教师呈现各种图片素材引导学生认识到鱼类的食用和文化价值，并介绍"水中大熊猫"——中华鲟从20世纪70年代到2014年数量骤减的事实，结合我国颁布的《中华人民共和国渔业法》，引导学生认识保护鱼类及其生活环境的重要性	（1）学生听讲。 （2）学生进行开放式回答，并进行听讲，感受鱼带给人类的物质和精神价值，并树立保护生态、保护生物多样性的意识，认同我国为保护中华鲟及其他动物做出的贡献和取得的成就	图文并茂介绍鱼的多样性及鱼与人类生活的关系，引导学生主动加入保护动物、保护生态的行列，提高社会责任感
课堂评价	辨析	呈现图片，请同学回答：以上图片中是鱼的是哪几幅？不是鱼的动物又属于哪几类动物？	学生回答，并根据教师的追问回答其他动物类群	及时应用概念，强化巩固记忆，同时回顾旧知，有利于学生根据所建构的科学概念进行判断分析，名字里带"鱼"字的不一定是鱼

八、板书设计

板书设计见图 1。

```
                    鱼
    一、主要特征
       1.生活在水中
       2.通过尾部和躯干部的摆动以及鳍的协调作用来游泳
       3.体表常有鳞片覆盖
       4.用鳃呼吸

    二、鱼与人类生活的关系
```

图 1　板书设计示意

九、教学反思（教学效果、创新性）

（1）教学效果：本节课以学生为中心，学生基于对图片、视频、实物的观察和感受，一起归纳鱼的主要特征，再认识鱼的多样性及鱼与人类生活的关系，循序渐进，符合学生认知特点，激发学习兴趣的同时培养学生尊重生物学事实与证据的科学态度，提高社会责任感。

（2）创新性：本节课调整教材内容顺序，先讲授重点内容"鱼的主要特征"，再介绍鱼的多样性及与人类生活的关系，增加学生活动和实验演示，丰富课堂互动，提高学生参与度。并利用学生先验知识引发认知冲突，修正前概念，提升教学效果。

时空探险者：追寻社会主义的理论与实践宝石

——选自高中思想政治统编版必修 1 第一课第二节

李美莹

个人简介：我是华南师范大学马克思主义学院思想政治教育专业的一名师范生，性格沉稳内敛，做事细心负责。马克思曾言："教育绝非单纯的文化传递，教育之为教育，正是在于它是一种人格心灵的唤醒。"作为思想政治教育的学习者、未来的教育者，须明道、知敬业、会学习、有高于世俗的自期，故而才能有引领学子的本领，有行为世范的资本，我正不断感悟、不断学习、不断开展自我教育，以适应新世纪的挑战！

图 1　首次独立授课

人生格言：学高为师，身正为范。

一、课标分析

根据《普通高中思想政治课程标准（2017 年版 2020 年修订）》的要求，"科学社会主义的理论与实践"一课对学生进行科学社会主义基本原理的理论教育，培养学生的唯物史观，"概述社会主义从空想到科学、从理论到现实的历史轨迹，阐明人类社会发展的趋势"。本课的学习对于理解科学社会主义、学习社会主义发展史以及建设中国特色社会主义具有重要意义。

二、教材分析

第一课分两节展开：第一节"原始社会的解体和阶级社会的演进"；第二节"科学社会主义的理论与实践"。两节的逻辑关系是：先依次阐述人类社会发展的前四种社会形态，这是科学社会主义诞生前的人类社会发展历程；而科学社会主义是人类社会继续向更高阶段的发展，社会主义社会是人类历史发展的必然。本节由"科学社会主义产生的历史条件""科学社会主义的创立""社会主义从一国到多国的实践"三个部分内容组成。通过本节的教学，引导学生认识科学社会主义创立的条件、创立的过程和内容，认识科学社会主义从理论到现实的历史，探究资本主义社会终将被社会主义社会代替的发展规律，从而明白进入社会主义社会是人类社会发展的必然，本节承载着实现本课教学目标的任务。

三、学情分析

（1）学习起点：学生在初中阶段已经学习过马克思主义和社会主义的相关知识，对科学社会主义有一定的初步了解。然而，初中所学内容较为浅显，学生对于工人运动、《共产党宣言》的内容等了解较浅，对唯物史观、剩余价值观等理论接触较少，综合运用知识分析和解决问题的能力有待提高。

（2）心智特征：高一学生思维活跃，但对于理论性较强的内容可能缺乏兴趣，因此教师需要采用生动有趣的教学方式激发学生的学习积极性。

（3）学习需求：从长远发展来看，科学社会主义是马克思主义的重要内容，本课有助于学生学习社会主义发展史，弄清楚"马克思主义为什么行"的基本道理，坚定社会主义信仰。

四、教学目标

（1）政治认同：通过对社会主义从空想到科学的历史过程进行探究，了解科学社会主义的思想来源、历史条件、理论基石和实践意义，确认科学社会主义的科学性，坚定马克思主义理论自信。

（2）科学精神：了解《共产党宣言》内容的地位和意义，把握科学社会主义的基本原则；了解科学社会主义从理论到实践的过程，正确认识世界社会主义运动发展出现的严重曲折，知道中国特色社会主义是科学社会主义在中国的实践与发展。

（3）公共参与：通过对议题讨论、角色扮演等方式，增强对马克思、恩格斯的情感认同，自觉树立科学社会主义的崇高理想，追求真理，为国家富强、民族振兴、人民幸福不懈奋斗。

五、教学重难点

（1）教学重点：空想社会主义的局限性；科学社会主义诞生的理论基石和标志；科学社会主义的实践历程。

（2）教学难点：空想社会主义的进步性和局限性；唯物史观和剩余价值学说的意义。

六、教学方法

讲授分析法、合作探究法、小组讨论法、情境教学法。

七、教学过程

教学过程见表1。

表1 教学过程

教学环节	教学内容	教师活动	学生活动	设计意图
【环节一】壹·寻找失落的乌托邦	科学社会主义产生的历史条件	【新课导入】上节课我们学习的是"原始社会的解体与阶级社会的演进"，聚焦的视野是整个人类社会，本节课我们将聚焦于世界社会主义。通过上节课的学习我们了解到，生产社会化和生产资料资本主义私人占有之间的矛盾不可调和，残酷现实之下，一些有识之士开始畅想未来理想社会，但他们的畅想真的能照进现实吗……下面让我们一起看看本节课的学习任务，我们将会经历四个历史节点：①寻找失落的乌托邦；②阶级斗争的火炬；③破译科学社会主义的秘密；④国家与革命的盾牌	【回顾知识、厘清框架】回顾生产社会化和生产资料资本主义私人占有之间的矛盾不可调和，阶级关系上表现为无产阶级和资产阶级的对立。厘清本节课是聚焦世界社会主义	引导学生把握宏观知识结构：引导学生厘清两节的逻辑关系和本课的地位。必修1探讨的是中国特色社会主义的"前世今生"，前面聚焦的是整个人类社会，进一步细化下来就是世界社会主义，本节课便是探讨世界社会主义，后面几节则进一步细化为中国的社会主义，这样能够帮助学生明晰本节课在整个必修1的位置
		【教师过渡】我们称科学社会主义，那就说明在它之前有非科学的阶段，也就是空想社会主义阶段。亲爱的探险者们，由于你们的勇敢穿越不幸造成了时空的混乱，历史线索被扭曲，现在你们需要将这些时空的人物和历史事件归位，以恢复历史的原本面貌	【上台互动】举手上台，拖动组合将空想社会主义主要代表人物及其主要观点相连接	（1）增强学生参与度：通过让学生上台参与活动，可以显著提高学生的课堂参与度和积极性

续上表

教学环节	教学内容	教师活动	学生活动	设计意图
【环节一】壹·寻找失落的乌托邦	科学社会主义产生的历史条件	【议学任务】 邀请同学上台将空想社会主义者中的主要人物及其主要观点相连接。 【设疑引思】 大家思考：这里有你要寻找的无产阶级导师吗？他们的设想在客观上有何进步意义？为何难逃失败结局？ 【知识总结】 （1）背景：伴随着资本主义形成和发展过程中日益显现的激烈矛盾，社会主义思想得以产生和发展。在资本主义到来之时，一些先进分子看到了资本主义的弊端，纷纷对资本主义进行揭露和批判，同时表达对未来理想社会的诉求，从而形成了空想社会主义。 （2）局限性：①"理"空。仅从理性、正义等层面揭露资本主义弊端，缺乏对规律的把握。②"人"空。看不到人民群众特别是无产阶级的力量，没有找到消灭资本主义社会和建立新社会的强大力量。③"路"空。主张阶级调和，反对阶级斗争，没有找到进行社会变革的正确途径。 （3）意义：空想社会主义是科学社会主义的思想来源	【阅读材料、自主思考】 预设回答：没有要寻找的无产阶级导师，因为他们虽然批判了资本主义制度的弊端，但没有找到变革社会的具体路径。 【总结内化】 厘清空想社会主义产生的背景、局限性及思想价值	（2）巩固知识点：通过拖动组合的方式，学生需要对空想社会主义者的主要代表人物及其观点有清晰的认识和理解。这种活动形式有助于学生巩固所学知识，加深对空想社会主义相关理论的理解。 （3）培养批判性思维：在连接代表人物和其主要观点的过程中，学生需要运用批判性思维去分析和理解这些观点。这有助于培养学生的独立思考能力和批判性思维能力
【环节二】贰·阶级斗争的火炬	科学社会主义产生的历史前提	【播放视频】 马克思、恩格斯生活的时代"是一个最好的时代，也是一个最坏的时代"，下面让我们通过一个视频看看三大工人运动。 【设疑引思】 工业革命带来生产力的巨大飞跃，生产社会化程度越高，资本主义社会矛盾就越尖锐。资产阶级不仅锻造了置自身于死地的武器，它还产生了将要运用这一武器的人。三大工人运动标志着工人阶级开始作为独立的政治力量登上历史舞台。资本主义的发展和工人运动的兴起，是科学社会主义产生的历史前提。那么大家思考：为什么三大工人运动最终也难逃失败的结局？	【观看视频、思考问题】 预设回答：没有科学理论的指导。这表明无产阶级的斗争迫切需要科学理论的指导，科学社会主义应运而生	历史教育与现实结合：通过观看《三大工人运动》视频，学生可以直观地了解历史上重要的工人运动事件，如罢工、游行等。这些历史事件与现实社会紧密相关，有助于学生理解工人阶级在社会发展中的重要作用

续上表

教学环节	教学内容	教师活动	学生活动	设计意图
【环节三】叁·破译科学社会主义的秘密	科学社会主义的创立	【议学任务】 阅读教材第13~14页"探究与分享"部分，请思考：马克思、恩格斯如何创立科学社会主义？科学社会主义的"两个理论基石"和"一个标志"是什么？ 【教师总结】 结论一：将革命实践与理论探索相结合（创立过程科学）。结论二：马克思、恩格斯在批判吸收德国古典哲学的基础上，创立唯物史观；在批判吸收英国古典政治经济学的基础上，创立剩余价值学说，而这两大理论则成为科学社会主义的理论基石。①唯物史观：抛弃了空想社会主义落后的思想基础（唯心史观），揭示了人类社会发展的一般规律；②剩余价值学说：揭示了资本主义运行的特殊规律。这两大理论成为科学社会主义的理论基石，使得社会主义实现了由空想到科学的伟大飞跃。 【游戏情境】 下面，让我们一起点击合成已经收集到的卡牌，点击合成《共产党宣言》。让我们一起看看《共产党宣言》的主要内容。 由此，我们可以总结出马克思主义的鲜明特征（相关链接）。联系前面提到的空想社会主义的"三空"，在马克思、恩格恩这里就是"三有"，有"理"、有"人"、有"路"。习近平总书记在纪念马克思诞辰200周年大会上如此说道："马克思主义'这一理论犹如壮丽的日出，照亮了人类探索历史规律和寻求自身解放的道路'。" 恭喜你们成功掌握了无产阶级革命的强大理论武器——科学社会主义。下面，是时候将其投注于伟大的实践中去了！	【互动探究】 预设回答：马克思、恩格斯将革命的理论与实践相结合，其中，科学社会主义的"两个理论基石"分别是唯物史观和剩余价值学说，"一个标志"指的是《共产党宣言》的发表标志着科学社会主义的诞生	（1）聚焦核心概念：通过提取和分析关键词，学生能够更加聚焦于课程中的核心概念和重要理论，从而准确把握教学的重点。 （2）增强互动和参与：围绕关键词组织课堂讨论、小组合作等活动，可以提升学生的参与度和互动性，使课堂更加生动有趣

续上表

教学环节	教学内容	教师活动	学生活动	设计意图
【环节四】肆·国家与革命的盾牌	社会主义从一国到多国的实践	【议学任务】 邀请两个小组的代表上台，结合教材梳理社会主义的实践历程，填出标志性事件。总结：社会主义的实践历程经历从初试、飞跃、发展、曲折到上升的整个过程。（具体分析）小结：科学社会主义的三次历史性飞跃。 【课堂探究】 一直以来，"唱衰中国"的谬论不绝于耳，但中国在改革开放后综合国力与日俱增，人民生活水平大幅度提高，完成对错误言论的批驳。探究：（1）基于中国成功的伟大实践，说说人类社会发展的进程和趋势是怎样的。（2）辨析不同国家、地区的历史各具特色是否有悖于社会发展的一般过程。 【教师总结】 （1）道路曲折：20世纪80年代末90年代初，东欧剧变、苏联解体，世界社会主义运动的发展出现严重曲折。 （2）前途光明：从人类社会发展的进程看，社会主义终将代替资本主义，这是不可避免的；从人类社会发展的趋势看，共产主义一定要实现的信念是不可动摇的	【小组探究】 小组成员合作，结合教材内容，共同梳理社会主义的实践历程，在过程图上填出标志性事件，派代表上台。 预设回答：人类社会发展的进程是社会形态由低级到高级依次形成和更替，总趋势是前进的、上升的。而不同国家、地区的历史各具特色，没有违背社会发展的一般过程，这体现了特殊性	（1）培养自主学习能力：小组探究活动要求学生主动参与、积极思考，通过查阅资料、讨论交流等方式来完成任务。能够培养学生的独立思考能力和解决问题的能力。 （2）提升历史意识和时空观念：通过梳理社会主义的实践历程和标志性事件，学生能够更好地了解社会主义的发展脉络和历史背景。这有助于他们树立正确的历史观和时空观，认识到社会主义发展的曲折性和长期性。 （3）培养批判性思维：引导学生运用马克思主义的立场、观点和方法，对"唱衰中国"的言论进行分析和批判，有助于培养学生的批判性思维能力，使他们能够独立思考、辨别是非。 （4）提升理论素养：在驳斥谬论的过程中，学生需要运用所学的理论知识，这有助于加深他们对马克思主义理论的理解，提高他们的理论素养

续上表

教学环节	教学内容	教师活动	学生活动	设计意图
【课堂小结、习题小练】	/	【教师总结】 　　新事物的发展前途是光明的，但发展道路不是一帆风顺的，充满曲折。回望社会发展历程，我们了解了社会主义从空想到科学、从理论到现实、从一国到多国，再到遭遇挫折的历史轨迹，以及科学社会主义在21世纪的中国焕发出强大生命力。随着我们国家治理体系和治理能力现代化的不断推进，中国也将从以经济建设、经济人权为中心的时代，升华到以人的综合权利保障和全面发展为中心的新时代。谁的路更好，让事实来说话，让人民来判断。从理论到实践上更加认同社会主义作为新的社会形态具有强大生命力，增强了对社会主义社会代替资本主义社会是历史发展必然趋势的信心，增强了对我国社会主义社会制度的认同感，树立道路自信、理论自信和制度自信	【知识体系化】 　　根据思维导图，将课堂知识点连成串，形成知识体系	【整合内化】 　　整合和梳理知识点，使学生在思维导图中掌握关键知识，把握主要知识点

八、板书设计

板书设计见图2。

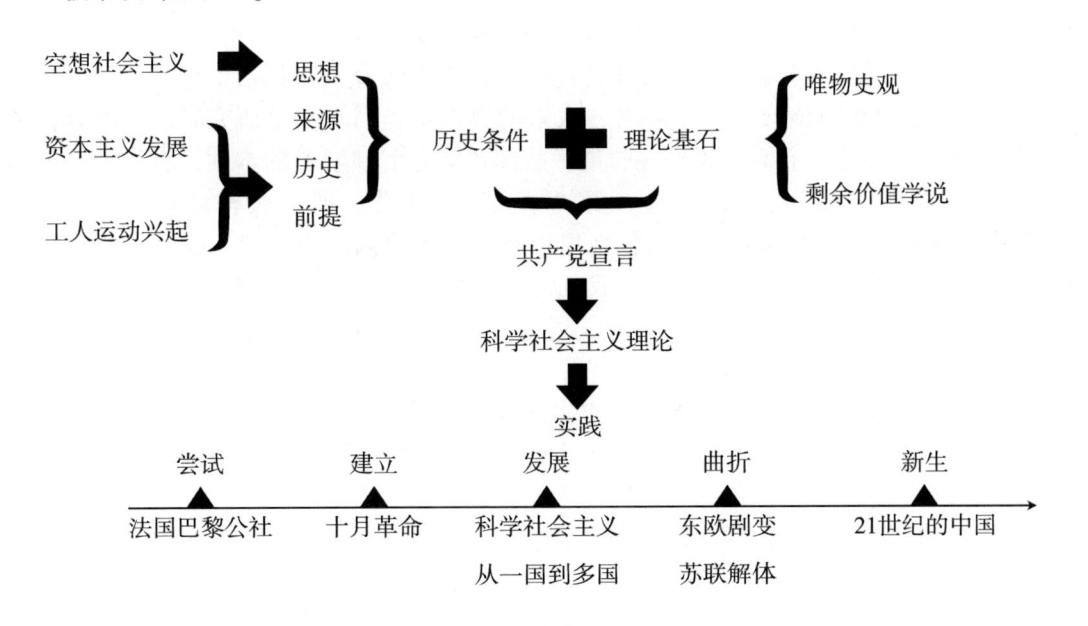

图2　板书设计示意

九、教学反思

（1）教学效果：课堂气氛整体积极向上，学生之间以及师生之间的互动频繁。我鼓励学生提问和分享观点，这有助于营造开放和包容的学习环境。从课后作业和课堂表现来看，大部分学生能够达到预期的学习成果，但仍有少数学生在理解深度和应用能力上存在不足。

（2）教学方法：本节课采用了讲授分析法、小组讨论法等教学方法。总体而言，这些方法有效地提高了学生的参与度和思考深度。然而，我也注意到在小组讨论环节，部分学生参与不够积极，可能是由于话题选择不够贴近他们的兴趣或是讨论指导不够明确。

（3）经典运用：本课的经典著作选择把握了与学生能力相适应和与教材核心内容相一致的原则。《共产党宣言》作为科学社会主义的标志，是本课的核心篇目，采取课前通读、课上共读的方式，并对其实践与发展以拓展的方式多方面融入教学，从而用"经典"的力量感染学生，培育学生学科核心素养。经典著作融入高中思政课教学，对教师的理论素养提出了更高的要求，教师要把握马克思主义历史逻辑、理论逻辑和实践逻辑的统一，增加对经典著作研究的深度，对经典著作产生的背景、反映的时代进行更深入的了解和剖析，灵活地进行教学设计，调动学生的积极性，发挥学生的主观能动性，使他们充分进行自主探究，做到政治上坚定，学理上清楚明晰，成为真学、真懂、真信、真用马克思主义的接班人。

十、结语

回到母校实习，不仅是一次职业生涯的体验，更是一场心灵的洗礼。在这个充满青春气息的校园里，我看到了曾经的自己，那个怀揣梦想勇往直前的少年。而现在，我以一名实习教师的身份，继续在这片沃土上播种希望，传递知识与爱。

马克思曾言："教育绝非单纯的文化传递，教育之为教育，正是在于它是一种人格心灵的唤醒。"作为思想政治教育的学习者、未来的教育者，同时也是研究者、推动者，须明道、知敬业、会学习、有高于世俗的自期，故而才能有引领学子的本领，有行为世范的资本。我始终铭记，思想政治教育是一项"做人"的工作，要以受教育者为中心，以"以人为本"为轴心，在新时代下需要创新思想政治教育理念，用现代新媒体科技手段赋能发展，以增强思政学科的"亲和力"。我也将督促自己在各个阶段不断感悟、不断学习、不断探究、不断发展，不断开展自我教育，适应新时代的挑战。最后，"三寸粉笔，三尺讲台系国运；一颗丹心，一生秉烛铸民魂"。对我而言，在这条奋进的路上，还有好多工作要做，还要学习更多的知识，还要参与更多的实践，因而，任重道远！

实习的日子虽然短暂，但它赋予了我宝贵的经验和美好的回忆。我将带着这份感恩与激情，继续前行，为实现自己的教育理想而不懈努力。这片热土将继续见证我的成长与蜕变，而我也将为这片土地播撒更多的希望与梦想。

徜徉山水，寻觅人生

——初中语文统编版八年级上册第三单元《三峡》《与朱元思书》群文阅读

梁婉倩

个人简介：我是华南师范大学文学院的一名学生，性格开朗活泼，时刻都充满着元气，对生活中的每一刻都满怀期待，做任何事都全力以赴。在我心中，教书育人宛如一场奇妙的冒险，充满了未知与惊喜，而其中的成就感无法言喻。每当看到同学们眼中闪烁着对知识的渴望，就仿佛看到了璀璨星辰，那一刻，我深深知晓自己肩负的责任重大，也更加坚定了前行的步伐。

人生格言：教育没有捷径，唯有用心。

一、课标分析

整个教学过程围绕义务教育语文课程标准的要求展开，注重培养学生的核心素养，包括文化自信、语言运用、思维能力和审美创造等方面。从导入环节的情境创设到阅读、赏析、总结等环节，每个步骤都紧密结合课标理念和学段目标，使学生在语文学习中逐步提升综合素养。教学方法多样，如情境教学、自主学习、合作探究、绘画表达等，与语文学习任务群的实施相契合。教学过程中充分体现学生主体地位，各项学习任务以学生自主阅读、思考、讨论、绘画、总结等实践活动为主。这符合课标中"突出学生主体地位，关注学生个性化、多样化的学习和发展需求"的要求，让学生在积极主动的学习实践中，提高语文能力，培养创新精神和实践能力，实现语文课程的育人目标。

二、教材分析

为了探究基于统编版教材的群文阅读教学在语文教学中的作用，本节课以统编版教材八年级上册第三单元学习目标中"借助联想和想象，进入诗文的意境，感受山川风物之灵秀，体会作者寄寓其中的情怀"为核心点，设置议题"徜徉山水，寻觅人生——景与情的

交织"，选用《三峡》《与朱元思书》组合成群文，进行群文阅读教学设计，并对每一环节进行细致分析。

本设计将"情景交融"这一整合点作为本课时教学重点，结合思维工具，围绕赏景、品情、明志进行学习任务的设计。

三、学情分析

八年级学生已积累了一定的文言词汇和阅读经验，具备初步的文言文阅读能力，能借助注释和工具书理解基本内容，但对于复杂的文言句式和深层次的情感理解仍有困难。此阶段学生从形象思维向抽象思维过渡，对自然美景有较强的感知力，通过绘画等方式能更好地理解景物描写，但在分析景与情的关系及体会作者深层情感时需要引导。学生对自主学习和小组合作有较高积极性，但在学习任务难度较大时可能出现畏难情绪。因此，教学过程中应注重知识衔接，利用思维导图等形象化手段辅助理解，鼓励学生积极参与，逐步提升思维深度，引导学生深入体会作品情感与文化内涵。

四、教学目标

（1）调动联想和想象，体会景物之美，把握古代山水文章情景交融的手法。
（2）通过分析《三峡》《与朱元思书》景物描写，感受作者在山水中寄托的情感。
（3）掌握简单的思维导图绘制方式，能够运用思维导图工具完成学习任务，厘清文章结构和关键问题。

五、教学重难点

教学重点：（1）深入体会景物之美与情景交融的手法；（2）剖析作者在山水中寄托的情感。
教学难点：灵活运用思维导图呈现学习成果。

六、教学方法

教法：任务驱动法、比较阅读法、点拨法。
学法：自主学习法、朗读法。

七、教学过程

（一）导入——在山水中寻找人生归宿

1. 教学内容
教师展示一些山水诗文的图片或视频片段。祖国山河壮丽，有许多风景优美的地方，今天让我们跟随古人一起进入写景类文言文的阅读，去领略更多的美景，感受中国古代文人独特的表达方式——在山水中寻找人生。

2. 教师活动

（1）收集并筛选与山水诗文相关的精美图片或精彩视频片段，精心制作成导入资料。

（2）在课堂开始时，通过多媒体设备展示图片或播放视频，营造生动的教学情境。

（3）引导学生观察画面，提问启发学生思考："看到这些美丽的风景，你们有什么感受？""古代文人面对这样的美景会如何表达呢？"从而引出本节课的议题"徜徉山水，寻觅人生"。

3. 学生活动

认真观看展示的图片或视频，感受祖国山河的壮丽景色。积极回答教师提出的问题，分享自己的直观感受，进入学习情境，思考古代文人的表达方式，激发对本节课学习的兴趣。

【设计意图】

通过设置祖国山河风景的情境，导入本课议题"徜徉山水，寻觅人生"，引导学生进入中国古代文人寄情山水的情境之中，思考中国古代文人独特的表达方式。

（二）整体阅读，梳理结合

1. 教学内容

独立阅读两篇文章，梳理文中的景物及特点，完成表1。

表1　梳理文中景物及特点

课文名称	山	水
《三峡》		
《与朱元思书》		

图1　文中景物

2. 教师活动

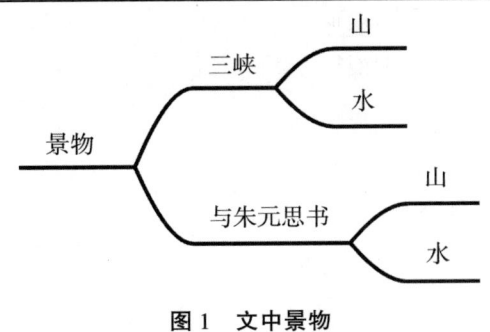

（1）明确阅读任务要求，即梳理文中的景物及特点，并展示用于梳理的表格模板，解释表格填写的方法和注意事项。

（2）在学生阅读过程中，巡视教室，观察学生阅读情况，及时为遇到困难的学生提供指导，如帮助其理解生僻字词的含义、指导如何筛选关键信息等。

3. 学生活动

（1）接收阅读材料，按照教师要求独立阅读两篇文章，边读边圈点出文中描写的景物。

（2）根据自己的理解，分析景物特点，将相关内容填写到表格中，完成对文章景物的初步梳理，初步建立对文章内容的认识。

【设计意图】

（1）培养自主阅读能力：八年级学生应逐渐提高自主学习能力，独立阅读两篇文章并梳理景物及特点的任务，促使学生主动走进文本，锻炼信息提取和整理能力。

（2）构建知识框架：借助表格进行梳理，帮助学生从整体上把握文章内容，建立起对两篇文章景物描写的初步认识，形成清晰的知识框架，为深入理解文章结构和情感脉络做好准备，同时培养学生归纳总结和逻辑思维能力。

（三）感受景观，赏景悟情

1. 教学内容

（1）根据思维导图提示，结合文中的景物描写，学生分为两组，分别绘制《三峡》《与朱元思书》的景物图（见图2、图3）。

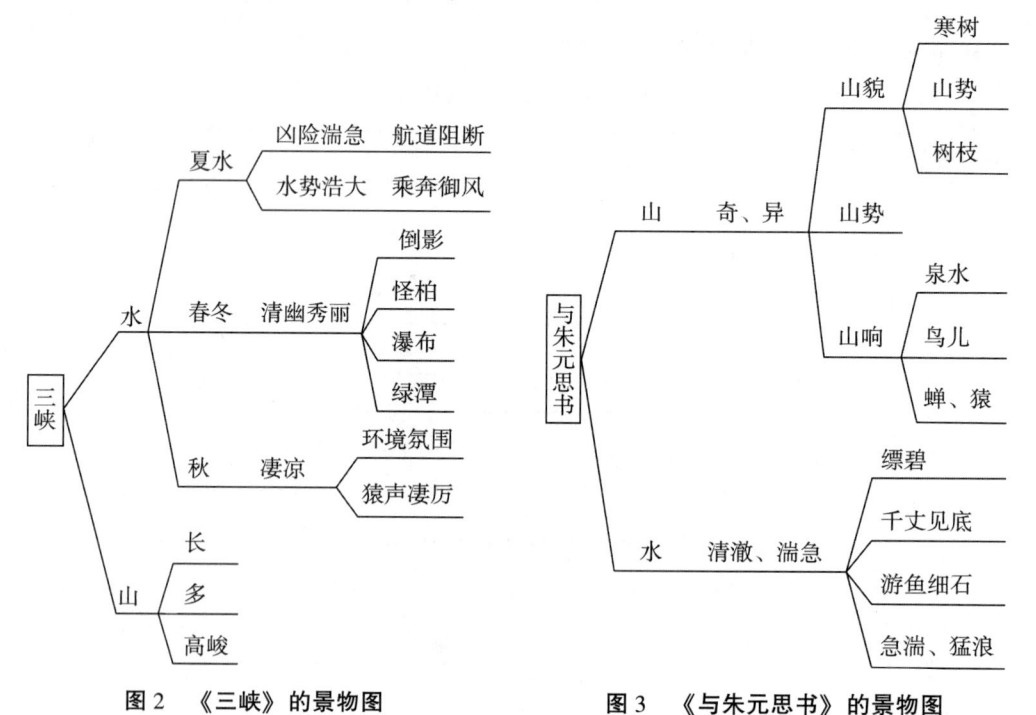

图2 《三峡》的景物图　　　　图3 《与朱元思书》的景物图

（2）观察《三峡》《与朱元思书》的景物，作者喜欢用融情于景的写作手法，需要我们去体会其赋予景物的感情色彩，尤其要关注同一个景物表达不同感情的情况（见图4）。

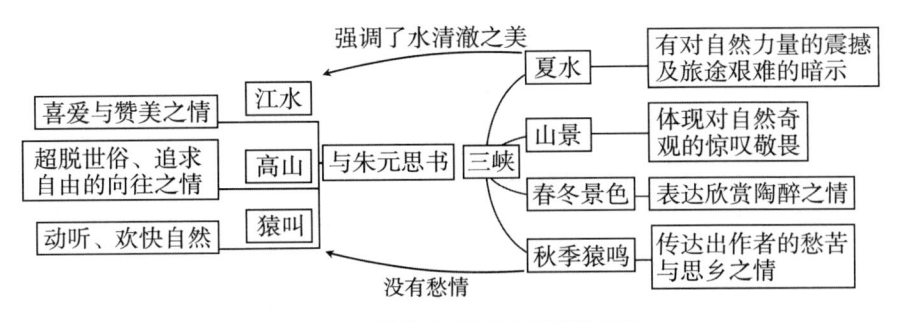

```
                        强调了水清澈之美        ┌──────┐   ┌────────────────────┐
                                              │ 夏水 │──│有对自然力量的震撼    │
┌──────────┐  ┌────┐                          └──────┘   │及旅途艰难的暗示      │
│喜爱与赞美之情│──│江水│◄──┐                             └────────────────────┘
└──────────┘  └────┘    │   ┌──────┐   ┌────┐   ┌──────┐   ┌────────────────┐
┌──────────┐  ┌────┐    ├──│与朱元思书│──│三峡│──│ 山景 │──│体现对自然奇      │
│超脱世俗、追求 │──│高山│──┤   └──────┘   └────┘   └──────┘   │观的惊叹敬畏      │
│自由的向往之情│  └────┘    │                                └────────────────┘
└──────────┘              │                    ┌──────┐   ┌────────────────┐
┌──────────┐  ┌────┐    │                    │春冬景色│──│表达欣赏陶醉之情   │
│动听、欢快自然 │──│猿叫│──┘                    └──────┘   └────────────────┘
└──────────┘  └────┘                           ┌──────┐   ┌────────────────┐
                        没有愁情                │秋季猿鸣│──│传达出作者的愁苦  │
                                              └──────┘   │与思乡之情        │
                                                         └────────────────┘
```

图 4　同一景物表达不同感情的情况

（3）《三峡》《与朱元思书》写出了山水的气韵，作者很善于运用近义词、同义词从不同角度描摹景物，体现出强烈的感情色彩。请参考示例品味下面的词语，体会词语所表达的情感（见表2、表3）。

示例：

表 2　示例表

语句	同义词	表达情感
虽乘奔御风，不以疾也	疾	一写人物心情，一写江水流速，都有"快"的意思。先表现心情急切，再突出江水迅捷，相互映衬，情景交融
急湍甚箭，猛浪若奔	急	

牛刀小试：

表 3　学生测试表

语句	近义词	表达情感

3．教师活动

（1）结合思维导图，为学生详细讲解绘画任务要求，引导学生思考如何通过绘画表现景物特点，如：提示学生注意表现《三峡》中山势的连绵起伏和雄伟险峻，以及《与朱元思书》中水的清澈、山的奇异等特点。

（2）在学生绘画过程中，巡回指导，帮助学生解决绘画过程中遇到的问题，如构图、色彩选择等，引导学生将文字信息准确转化为画面形象。

（3）结合课文内容，举例说明融情于景的写作手法特点，引导学生关注文中景物描写所蕴含的作者情感，如：分析《三峡》中不同季节景物描写背后的情感变化，以及《与朱元思书》中作者对自然山水的喜爱与赞美之情是如何通过景物描写体现的。

（4）提出问题引导学生思考，如"文中描写的这个景物，你觉得作者想要表达怎样的情感？""为什么同样的景物在不同作者笔下会有不同的情感？"等。鼓励学生分享自己的观点和发现。

（5）对学生的回答进行点评和总结，帮助学生梳理思路，加深对融情于景手法的理解，引导学生体会不同作者在山水中寄托的情感。

（6）选取文中具有代表性的近义词、同义词，通过对比分析，讲解词语在描摹景物时所体现的不同感情色彩，如"急湍甚箭，猛浪若奔"中"急湍"和"猛浪"与其他表示水流的词语相比，更能突出水的湍急和汹涌，蕴含着作者对自然力量的震撼之感。

4. 学生活动

（1）认真聆听教师讲解，明确绘画任务和要求，积极参与小组讨论，与小组成员交流自己对文章景物的理解和绘画想法。

根据讨论结果，运用绘画工具，发挥想象力，尝试将文中描写的景物用画面呈现出来，在绘画过程中进一步思考景物描写的细节，加深对文章的理解。

（2）倾听教师讲解，学习融情于景写作手法的概念和特点，在教师引导下仔细阅读课文，寻找文中体现融情于景的语句和段落。

积极参与小组讨论，结合文中具体描写，分析景物所蕴含的情感，大胆发表自己的看法，倾听他人观点，拓宽思维视野，深入理解作者情感与景物描写之间的关系。

（3）跟随教师的讲解，学习如何品味词语的情感色彩，理解词语在表达景物特点和作者情感方面的重要作用。

（4）通过分组合作在文中找出更多近义词、同义词，讨论分析其在描写景物时所传达的情感差异，通过对比、归纳等方法，体会词语运用的精妙之处，提高语言运用能力和审美能力。

【设计意图】

（1）具象化抽象文字：八年级学生的形象思维仍在发展，绘画能将抽象文字转化为具体形象，让学生更直观地感受山水的形态，深刻理解文中描写。

（2）领悟写作手法：通过思考绘画细节，学生能更好地领悟作者写作手法，提高对文学作品表现手法的鉴赏能力。

（3）深入理解情感表达：与本篇课文"体会融情于景"的目标贴合，此阶段学生对情感的理解逐渐深入，引导他们体会融情于景的手法，关注同一景物不同的情感表达，有助于深入理解作者如何借景抒情，如分析《三峡》中秋景中猿声所传达的愁苦思乡之情，增强对作品情感内涵的把握。

（四）品情析理，精神突围

1. 教学内容

小结主题情感异同点（见表4、图5）。

表4 两篇课文的情感异同点表

篇目	相同点	不同点
《三峡》		
《与朱元思书》		

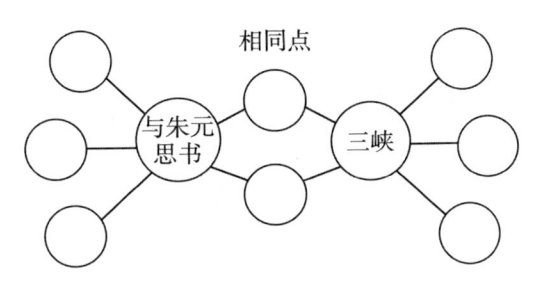

图 5　两篇课文的情感异同点图

2. 教师活动

（1）引导学生回顾《三峡》和《与朱元思书》两篇文章的主要内容和情感表达，通过提问、总结等方式，帮助学生梳理思路，明确两篇文章主题情感的异同点。

（2）针对学生的回答进行点评和补充，深入分析两篇文章情感异同的原因，如作者的身份、写作背景、个人经历等因素对作品情感的影响，引导学生从多个角度理解作品，培养学生的批判性思维和文学鉴赏能力。

（3）结合作品情感，引导学生思考作者在山水中寄托情感的方式和意义，启发学生对人生、自然、社会等问题的思考，如探讨《三峡》中"山水虽佳，可世上仍有劳贫"这种情感反映的社会现实，以及《与朱元思书》中作者对自由的向往和对现代生活的启示，培养学生的价值观和人文精神。

3. 学生活动

（1）在教师引导下，回顾所学两篇文章的内容和情感，积极思考并回答教师提出的问题，参与讨论两篇文章主题情感的异同之处，如总结出两篇文章都表达了对祖国山河的热爱，但《三峡》还蕴含着作者对社会现实的关注和个人的愁苦，《与朱元思书》则更多地表达了对官场的厌恶和对自然的向往。

（2）倾听教师的分析和讲解，理解作者情感产生的原因和背后的深层意义，结合自己的生活经验和思考，对作品中的情感和价值观进行深入探讨，分享自己的感悟和体会，如从《三峡》中体会到人生的不易。

【设计意图】

（1）对比分析情感异同：八年级学生具备一定的比较分析能力，通过小结两篇文章主题情感异同点，引导学生深入思考作者的创作意图和作品背后的文化内涵，如理解《三峡》中地理学家对社会现实的关注和《与朱元思书》中官员对自由的向往，拓宽学生思维视野，培养批判性思维。

（2）培养价值观与人文精神：在分析情感过程中，让学生感受不同作者的人生态度和价值取向，有助于培养学生正确的价值观和积极向上的人生态度，增强学生对中华优秀传统文化中人文精神的理解和传承意识。

（五）拓展提升

1. 教学内容

绘制思维导图，呈现内容：《三峡》《与朱元思书》中借助什么样的景物表达了什么思想感情？

2. 教师活动

布置课后作业，要求学生绘制思维导图呈现《三峡》《与朱元思书》中借助景物表达的思想感情，明确作业要求，如思维导图应包括景物、情感、写作手法等关键信息，分支清晰、逻辑合理等。

3. 学生活动

课后根据教师要求，仔细梳理两篇文章的内容，提取关键信息，运用所学绘制方法，独立完成思维导图作业，通过绘制思维导图加深对课文的理解，提高归纳总结和逻辑思维能力。

【设计意图】

（1）综合运用知识：思维导图绘制要求学生综合运用对两篇文章的理解，包括景物特点、情感表达、结构层次等知识，将其整合到一个图示中，培养学生知识整合和综合运用能力，加深对课文的整体理解。

（2）培养自主学习与思维能力：课后让学生自主完成思维导图，锻炼学生的自主学习能力和独立思考能力。在绘制过程中，学生需梳理思路、确定重点，进一步厘清文章结构和关键问题，提升逻辑思维和归纳总结能力，为今后在学习和生活中运用思维导图等思维工具奠定基础。

八、板书设计

板书设计见图6。

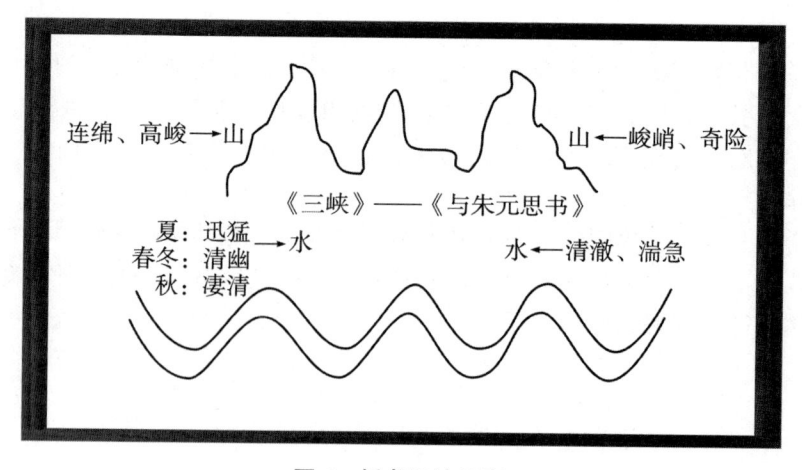

图6 板书设计示意

九、教学反思（教学效果、创新性等）

（一）教学设计反思

在进行群文阅读教学设计时，要设计出以"主问题"为引领的学习任务，但学习任务之间的跨度要兼顾学情，问题设计要难度适中。要以学生的思维水平和认知层次设计学习任务，如果任务之间的跨度较大，会造成部分学生跟不上课堂的节奏和思路。如学习任务五"在体会景物特点和蕴含感情的基础上，理解景、情、理变化中情感的起伏"，有个别学生可能觉得这中间的"步子"跨得有点大，对于情景交融比较容易理解，但情理交织的"理"不知出自何处。此时就需要教师进行引导，引导学生回顾《三峡》和《与朱元思书》两篇文章的主要内容和情感表达，将两篇文章的作者和写作背景插入其中作为过渡，让学生带着背景再去看作者赏景过程中形成的感受，结合背景就能在自然景色与情感交织中悟出"理"，自然就能感受到情感的变化，获得启示。

所以在教学设计中，要关注到学情，切不可贪多，一下跨大步，避免学生跟不上的情况出现。另外，在文言文的教学设计中，要注意学生兴趣的激发，在课堂一开始就创设出有关祖国山水美景的情境，在学习过程中，让学生在情境性活动中推动任务的落实，有助于学生围绕议题构建知识体系，促进学生思维能力的发展。

（二）教学效果反思

1. 课堂环节较完整

本班学生在课前进行了充分预习，因此在教学环节的推进上是非常顺利的。教学目标也都逐一实现，较遗憾的是，在任务五的"启发学生对人生、自然、社会等问题的思考"环节，学生参与较少，教师说得过多。究其原因，与学生感知能力和课堂时间有关，学生的思考并不能够完全按照预设的那样进行，当学生遇到困难时，教师为了赶时间容易越俎代庖。

学习气氛较浓烈。学生思考问题和回答问题都非常积极热情，这与课前充分的预习是分不开的，当学生在课堂开始时能够回答出问题，就会增强自信心，后期依旧高度参与。学生学习习惯较好，遇到重点内容能够自行做笔记，无须教师提醒。

2. 教学任务完成超时

在第一课时结束时，还有5分钟左右的内容没有完成，原因是在绘制景物图过程中，学生兴趣高涨，绘图和展示图的过程比预计时间多了10分钟左右。再加上绘制思维导图等环节，部分学生对诗歌了解不透彻，不熟悉诗人和写作背景，课堂上无法快速绘图，思考和回答问题效率较低，可见课前充分预习至关重要。

八年级学生已经学习过多种类型诗歌，已经初步具备分析一首诗的能力。本课通过思维导图等形式帮助学生梳理两篇文言文，让学生在赏析时，呈现出方向性和条理性，即使不能达到面面俱到，但也使学生掌握了一点"自读"的技能。

面积单位间的进率

——选自人教版义务教育教科书数学三年级下册

何锦炅

个人简介：我是华南师范大学小学教育（师范）专业的一名学生。我坚信教育的根本在于唤醒学生内在的求知欲望，让数学从枯燥的公式转变为充满魅力的逻辑语言。作为一名准教师，我致力于将专业知识、教育技能与人格魅力有机结合。我深知教师不仅要传授知识，更要以人格感染学生，用智慧点亮学生的求知之路。严谨的治学态度、温暖的教育情怀将成为我毕生追求的目标。我将用行动践行教育家精神，用知识和爱心书写教育理想，用专业和责任描绘学生成长的绚丽篇章。

人生格言：言为士则、行为世范。

一、课标分析

"面积单位间的进率"属于第二学段"图形与几何"领域中"图形的认识与测量"部分的内容，《义务教育数学课程标准（2022年版）》对此部分的要求为：能通过具体事例描述面积单位平方厘米、平方分米、平方米，能进行面积单位间的换算。

课程标准对此部分的教学提示为让学生在熟悉的情境中，直观感知面积的概念，经历选择面积单位进行测量的过程，理解面积的意义，形成量感。

本节课基于课程标准，创设学生熟悉的生活情境并引入本课。

二、教学分析

（一）教材内容分析

"面积单位间的进率"选自人教版义务教育教科书数学三年级下册第五单元"面积"。教材采用由旧引新的方式，引导学生回忆相邻长度单位之间的进率，让学生明确长度单位间的进率是10，进而探究平方厘米和平方分米之间的换算关系，这是本节课的知识生长点所在。教材采用1∶1的比例画出1个1平方分米的正方形，并在正方形内用虚线画出1平方厘米的小方格，这是对长度单位选择的一种暗示，有利于启发学生选择厘米做单位计算面积，并能启发学生用"数一数""算一算"的方式得出进率关系。之后教材提供了更大的探究空间，让学生自行推算平方米和平方分米这两个相邻面积单位之间的进率关系，从而使学生建立相邻面积单位之间的进率是100的概念。最后教材安排了简单的单位换算练习，以此来加深学生对面积单位间进率关系的掌握，巩固对面积单位的认识和理解。

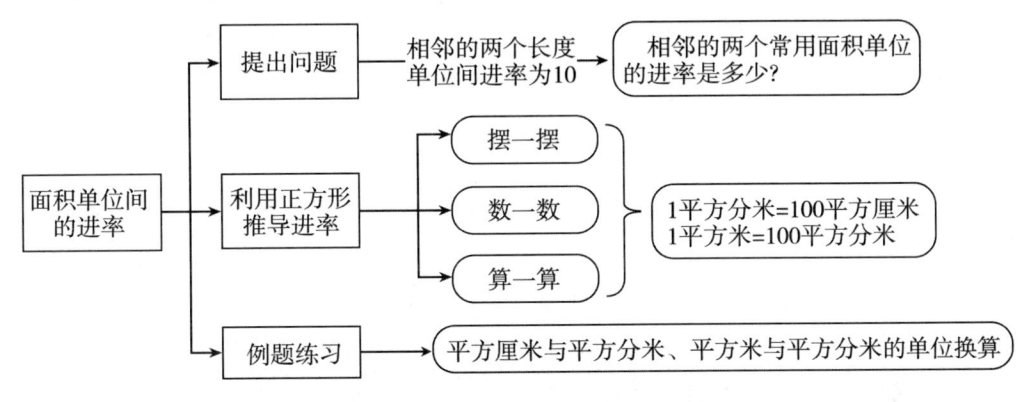

图1 面积单位间的进率授课安排

（二）教材地位

这部分内容的学习是在学生学习了长度单位间的进率，认识了常用面积单位，建立了面积的概念，并会计算正方形面积的基础上进行的。小学生从学习长度到学习面积的跨越，是空间形式认知发展上的一次飞跃。学好本单元的内容，不仅有利于发展学生的空间观念，提高解决简单实际问题的能力，也为之后学习体积单位间的进率打下基础。

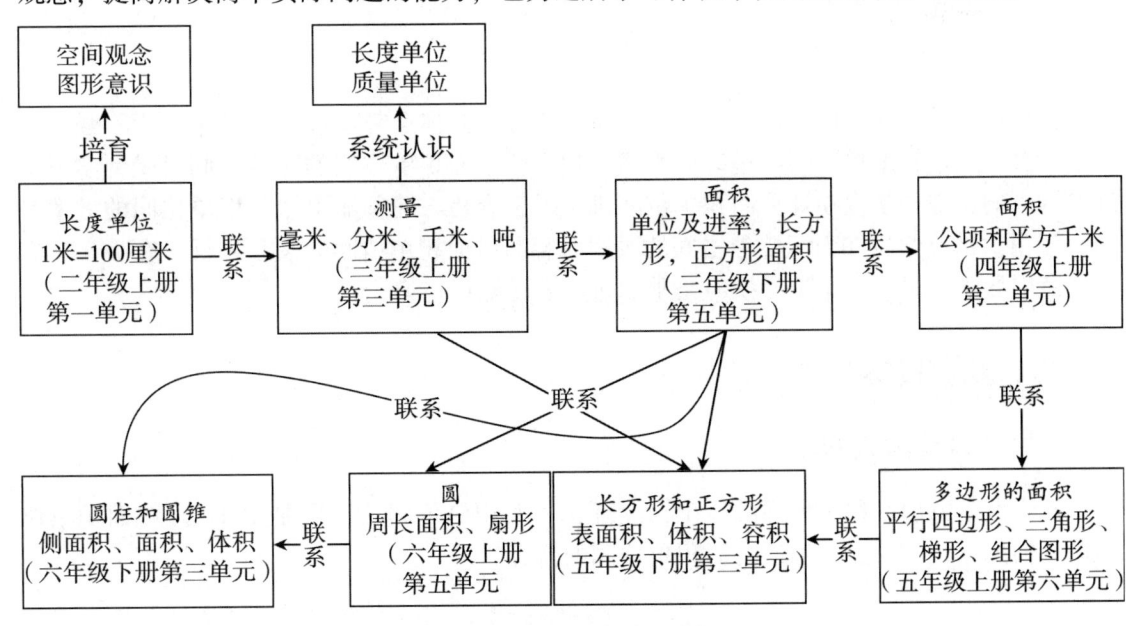

图2 面积知识点地位分析

三、学情分析

（一）学生知识基础

这节课的内容是在学生初步认识了面积和学会长方形、正方形面积计算的基础上教学的。学生在之前的学习中已经知道了相邻两个常用长度单位间的进率是10，为本课的学习奠定了基础。

（二）学生认知能力

从思维方面看，学生正处于具体运算阶段，形象思维仍占据重要位置，在空间感知方面还需要借助一定的可感知的物体进行逐步提升。在注意力方面，三年级学生的注意力较一、二年级学生而言，其集中性和稳定性有了长足的发展。在记忆方面，具体形象的死记硬背式记忆仍非常明显。因此，本节课设计通过教师辅助，引导学生通过摆一摆、算一算等系列操作活动，运用多感官参与学习，推理与直观相结合，推理与验证相结合，解决了数学知识的抽象性与小学生思维多依赖直观的矛盾，促进学生思维的不断发展，同时，适时进行长方形面积公式的抽象概括，避免过早进入形式化计算阶段。

（三）学生生活经验

学生在实际生活中已经接触过平方厘米、平方分米、平方米，在之前的学习中已经通过多种活动，对这三个面积单位的实际"大小"有了较为鲜明的表象，因而较为容易掌握面积单位间的进率。

（四）学生学习困难

根据皮亚杰认知发展理论，三年级的学生正处于具体运算阶段，其抽象能力不强，部分学生难以通过长度单位间的进率列算式推理出两个面积单位间的进率。同时受到学习负迁移的影响，部分学生在计算面积单位间进率时，容易与前备知识"长度单位间的进率是10"混淆。部分学生在面积单位之间的改写时容易将面积单位间的关系弄反，在教学中需要注意引导学生思考，单位变换时是乘以进率还是除以进率。

四、教学目标

（一）知识与技能

探索大正方形面积单位间的进率，发现相邻面积单位间的进率是100，理解面积单位间进率的推导过程，能正确进行面积单位间的换算。

（二）过程与方法

（1）经历用摆一摆、数一数、算一算等方法探索常用面积单位间进率的过程，发展空间观念和推理能力。从数学的角度认识并解决生活问题，发展数学抽象能力。

（2）经历观察、实验、猜想、证明等系列操作活动与解决发散性问题，体验问题解决策略的多样性，提升实践能力和创造能力，发展合情推理能力和初步的演绎推理能力。

（三）情感态度与价值观

（1）结合解决问题的情境体会面积单位换算的必要性，并体会合作学习的重要性。

（2）学生在推理与验证的数学学习过程中感受数学的严谨性，并能够将所学知识运用到实际生活中，感受面积单位在日常生活中的广泛应用，进一步体验数学的应用价值。

五、教学重难点

1. 教学重点

掌握面积单位间的进率，会进行常用面积单位之间的改写。

2. 教学难点

理解面积单位间进率的推导过程，单位换算的方法。

六、教学方法

1. 启发教学法

本节课中，教师启发学生自主探究推理面积单位间的进率，采用教师设置任务、提出问题、学生合作探究等方式，调动学生主观能动性，从而增强教学效果，强化学生综合能力。

2. 情境教学法

本节课创设学生熟悉的，比较9平方米、800平方分米的房间面积大小的生活情境，制造认知冲突，激发学生学习的兴趣。

3. 合作探究教学法

教师以班级合作学习小组为重要推动力，通过摆一摆、画格子、算一算等方式，培养学生与同伴沟通交流的良好学习品质，提升学生自主分析、解决问题的能力，促进学生的主动发展。

七、教学资源准备

教师教具：根据教材内容自制的多媒体课件、PPT翻页笔、多媒体设备、二维码正方形卡片。

学生学具：尺子、1平方分米的正方形二维码卡片、1平方厘米的小格子。

八、教学过程

教学过程见表 1。

表 1　教学过程

教学过程	师生活动	设计意图
（一） 情境导入 回顾旧知	1. 回顾旧知 教师引导学生回顾正方形面积公式和长度单位间的进率。 学生举手抢答。 预设学生回答： （1）正方形的面积等于边长乘以边长； （2）相邻的两个长度单位间的进率是 10，比如 1 分米 = 10 厘米。 2. 情境导入 教师创设学生比较平方米、平方分米的房间面积大小的情境，先让学生自主思考，再引入本节课面积单位间进率的关系	（1）回顾长度单位间的进率的知识，为学生"搭梯子"，为本节课探究面积单位进率打下基础。 （2）从长度单位间的进率迁移到面积单位间的进率，培养学生迁移能力。 （3）创设学生熟悉的生活情境，制造认知冲突，激发学生学习的兴趣
（二） 学习新知 自主探究	1. 探究平方分米和平方厘米间的进率 课件展示边长为 1 分米的正方形。 教师提问：1 平方分米里有多少个 1 平方厘米？ 学生在教师的引导下 4 人一组开展小组合作，运用学具（1 平方分米的大正方形和 1 平方厘米的小正方形，直尺等）进行探究验证。 教师在学生探究过程中，巡堂观察，可以提示学生：如果用分米（厘米）做单位测量边长，面积又是多少呢？在学生发现了平方分米和平方厘米的进率后，教师进一步引导学生观察教材提供的图片，或组织他们用 1 平方厘米的小正方形在 1 平方分米的大正方形里摆一摆，帮助他们进一步确认上述关系。 学生小组交流、动手验证。 教师邀请学生小组派代表上台进行分享汇报。 预设： 生 1：运用算一算的方式，利用 1 分米 = 10 厘米，分别算出以 1 分米和 10 厘米做单位的正方形面积，发现 1 平方分米 = 100 平方厘米。 生 2：运用摆一摆的方式，用 100 个 1 平方厘米的小正方形摆满 1 平方分米的大正方形，通过等面积法，得出结论 1 平方分米 = 100 平方厘米	（1）首先化繁为简，先通过学具，探究平方分米与平方厘米间的进率关系，再类比探究平方米与平方分米的进率关系，便于学生理解以及动手操作验证。 （2）通过摆一摆、数一数、算一算等方式，学生亲自动手操作，小组合作探究平方分米、平方厘米间的进率。在探究过程中培养学生的动手操作能力，小组合作中培养学生的团队意识、合作能力与口头表达能力

续上表

教学过程	师生活动	设计意图
（二） 学习新知 自主探究	生3：运用数一数的方式，把1平方分米的大正方形的纵向平均分成十份、横向平均分成十份，总共有100份1平方厘米的小正方形，得出结论1平方分米＝100平方厘米。 教师得出结论，1平方分米＝100平方厘米，肯定每种方法的正确性，并引导学生比较三种方法谁更简便。 学生比较不同方法，发现"算一算"的方法最简便。 2. 推导1平方米＝100平方分米 教师先要求学生根据已有认知和经验做出猜想，并想办法验证猜想。如果学生感到困难，也可以引导学生参考平方分米和平方厘米间进率的推导过程，提示：边长1米的正方形，面积是多少平方米？如果边长用分米做单位，面积又是多少平方分米？ 学生独立思考，运用"算一算"的方法，基于1米＝10分米，来推导平方米和平方分米间的进率关系，最后得出结论1平方米＝100平方分米。 还可以把平方米与平方分米、平方分米与平方厘米的进率联系起来，帮助学生初步体会这几个相邻面积单位间的进率都是100。 3. 回归最初问题，比较大小 课件展示：红红的房间面积是9平方米，明明的房间面积800平方分米，谁的房间面积更大？ 预设： 生1：800平方分米＝8平方米，小于9平方米，所以红红的房间面积更大。 生2：9平方米＝900平方分米，大于800平方分米，所以红红的房间面积更大。 教师肯定两种方法的正确性，强调只有相同单位才能进行比较	（3）运用数形结合思想方法，化抽象为直观，加深对面积单位间的进率的理解。 （4）培养学生多角度解决问题的意识，同时比较不同方法的便捷性。 （5）运用类比的方法，参考平方分米和平方厘米间的进率关系，类比推导得出平方米和平方分米、平方米和平方厘米间的进率关系。 （6）培养学生大胆猜想，小心求证的思维方式。 （7）教师引导学生根据平方分米、平方厘米的进率关系，对平方米、平方分米的进率关系进行合理的猜想，培养学生合情推理能力
（三） 练习巩固 课堂总结	1. 教师总结相邻面积单位间的进率 教师总结相邻面积单位间的进率是100，并回顾单位换算的方法。 2. 练习巩固 PPT呈现不同面积单位转化的题目。 学生独立思考，回答问题。 教师根据学生练习情况讲评复习	（1）总结面积单位间的进率，便于学生头脑中形成系统知识，利于学生记忆掌握。 （2）通过练习，检验学生对面积单位间进率的掌握与理解情况

九、教学评价

（一）诊断性评价

课前让学生完成前测问卷，内容涉及长度单位间的进率、学过的面积单位、正方形面积的求法，让学生回顾旧知的同时使教师掌握学情，更好地进行教学。

（二）形成性评价

1. 观察评价

在学生进行小组合作探究时，教师巡视课堂，对各组学生的具体表现进行观察、记录和评价，对学习内容的理解与掌握有困难的学生进行针对性指导。

2. 自评小组互评

在小组汇报发言，表达讨论性结果之后，教师邀请其他小组对其进行点评，同时填写小组互评表，以调动课堂氛围，激发学生学习积极性（见表2）。

表2 评价表

评价内容		自 评	同伴互评		
			组员1	组员2	组员3
学习效果	1. 能采用适当方法，探索出平方分米、平方厘米间的进率关系	☆☆☆☆☆	☆☆☆☆☆	☆☆☆☆☆	☆☆☆☆☆
	2. 会用"算一算"的方法推导平方米、平方分米间的进率关系	☆☆☆☆☆	☆☆☆☆☆	☆☆☆☆☆	☆☆☆☆☆
	3. 能正确完成不同面积单位间进率的练习	☆☆☆☆☆	☆☆☆☆☆	☆☆☆☆☆	☆☆☆☆☆
	4. 能运用面积单位间进率的关系，解决不同面积单位的房间大小的实际问题	☆☆☆☆☆	☆☆☆☆☆	☆☆☆☆☆	☆☆☆☆☆
情感态度	1. 认真完成合作学习单	☆☆☆☆☆	☆☆☆☆☆	☆☆☆☆☆	☆☆☆☆☆
	2. 积极参与小组讨论，并能提出自己的看法	☆☆☆☆☆	☆☆☆☆☆	☆☆☆☆☆	☆☆☆☆☆
	3. 尊重同伴，能认真倾听同伴发言并给出一些好的建议	☆☆☆☆☆	☆☆☆☆☆	☆☆☆☆☆	☆☆☆☆☆
	4. 遇到困难不轻易放弃，能积极寻找解决办法	☆☆☆☆☆	☆☆☆☆☆	☆☆☆☆☆	☆☆☆☆☆
总评			☆☆☆☆☆		

注：（1）评价结果分为五个星级。
（2）五星表示优秀；四星表示良好；三星表示一般；两星表示尚可；一星表示仍需努力。

十、板书设计

板书设计见图3。

面积单位间的进率

1平方分米=100平方厘米

1平方米=100平方分米

300平方厘米=3平方分米

8平方分米=800平方厘米

大→小 乘进率

5平方米=500平方分米

600平方分米=6平方米

小→大 除以进率

图3 板书设计示意

十一、教学反思

部分学生对于面积单位间进率的转化过程还不是很了解，仍需要加强练习。

区域发展对交通运输布局的影响
——选自高中地理人教版必修第二册第四章第一节

陈怡思

个人简介：我是华南师范大学地理科学（师范）专业的一名学生，自幼对大自然充满无限的好奇与向往。在求学的道路上，我深入钻研地理学的奥秘，从地质构造到气候变化，从人文地理到城市规划，每一门课程都激发了我对地球家园更深的理解与热爱。我相信，地理不仅是知识的海洋，更是连接人与自然的桥梁。作为未来的地理教师，我立志于培养学生的空间思维能力、环境保护意识以及可持续发展的理念，让他们在探索地理的旅途中，学会尊重自然、理解文化、关爱地球。每一次站在讲台上，我都深感责任重大，因为我深知，我所传授的，不仅仅是知识，更是对这个世界深刻的理解与热爱。

人生格言：以地理之名，育心灵之旅；以知识为舟，渡思维之海。

一、课标分析

（一）课标要求

结合实例，说明运输方式和交通布局与区域发展之间的关系。

（二）课标分析

课标对应第四章"交通运输布局与区域发展"，要求说明运输方式和交通布局与区域发展之间的关系。而其中所述"关系"具有双向性，本节课侧重于区域发展对交通运输布局的影响，基于本课内容对课标进行进一步分析。

（1）行为条件：结合实例。

"结合实例"强调知识内容与现实情境相结合的重要性。本节课以粤港澳大湾区跨海通道建设为例，通过探究大湾区跨海通道建设布局，构建区域发展所产生的交通运输需求对交通运输布局影响的理论体系。结合课后延伸，强化学生解决实际问题的能力，培养地理实践能力。

（2）行为动词：说明。

"说明"侧重于理性思维以及理性结果，要求学生能够对地理事物的变化及其原因和影响等进行合理解释，培养学生的探究能力。本节课主要侧重于区域发展对交通运输布局的影响，结合问题式教学，引导学生逐步分析其主要内涵并形成准确认识。

（3）行为结果。

属于应用层次，对学生的能力要求较高，要求学生理解区域发展对交通运输布局影响的规律，学生从区域的角度，运用全面、系统、动态的综合思维进行分析，对其关系形成准确的认识。

二、教材分析

（一）教学主要内容

本节课选自高中地理人教版必修第二册第四章"交通运输布局与区域发展"，聚焦于第一节"区域发展对交通运输布局的影响"中"交通运输需求与交通运输布局"部分。

在章节联系方面，第四章是对第三章"产业区位因素"的深化与延伸，探讨交通作为关键区位因素，如何影响农业、工业及服务业的发展。交通运输布局实为服务业中交通运输业的区位抉择，涵盖线路规划、场站选址等，均受经济、文化、社会等多因素驱动，并随区域发展动态调整。因此，本节课的学习一方面要以前面章节内容为知识基础，另一方面应结合第四章交通的内容加深学生对人文地理一般理论和方法的认识。第四章重点探究区域发展和交通运输布局之间的关系，这一关系具有"双向性"，分别从"区域发展对交通运输布局的影响"和"交通运输布局对区域发展的影响"进行详细介绍。本节课聚焦于其中一面，重点理解区域发展对交通运输布局的影响，为后面理解交通运输布局对区域发展的影响做好基础铺垫。

在课程内容中，"区域发展对交通运输布局的影响"在教材中通过三个框题介绍，首先介绍交通运输布局的一般原则，再分别从交通运输需求和资金两个角度来说明区域发展对交通运输布局的影响。本节课选择对第二框题"交通运输需求与交通运输布局"进行重点讲述。该部分具有承上启下的作用，对交通运输布局一般原则中的"依据运输需求"原则进行详细剖析讲解，并为第三部分探究资金无法满足交通运输需求对交通运输布局产生的影响打下知识基础。

结合以上教材分析，本节课以珠江口跨海大桥建设为例，探究区域发展过程中交通运输需求对交通运输布局的影响。

（二）知识结构分析

本节课所选部分的知识结构如图1所示。

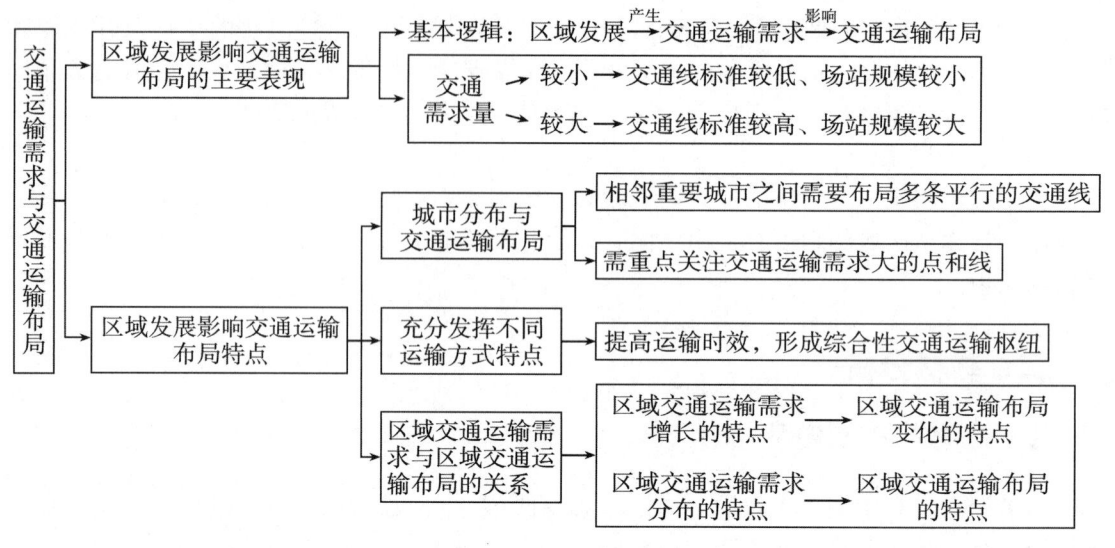

```
                                  基本逻辑：区域发展 ──产生──▶ 交通运输需求 ──影响──▶ 交通运输布局
         区域发展影响交通运输
         布局的主要表现           ┌──────── 较小 ──▶ 交通线标准较低、场站规模较小
                         交通需求量
                                └──────── 较大 ──▶ 交通线标准较高、场站规模较大
交通
运输                                      ┌── 相邻重要城市之间需要布局多条平行的交通线
需求      城市分布与交通运输布局
与                                        └── 需重点关注交通运输需求大的点和线
交通
运输      区域发展影响交通运输
布局      布局特点         充分发挥不同运输方式特点 ── 提高运输时效，形成综合性交通运输枢纽

                       区域交通运输需      区域交通运输需求   ──▶  区域交通运输布局
                       求与区域交通运         增长的特点             变化的特点
                       输布局的关系       区域交通运输需求   ──▶  区域交通运输布局
                                         分布的特点               的特点
```

图 1　知识结构示意

（三）教学逻辑分析

教学逻辑是指教师在对学科教学和学生发展关系认知的基础上，对教学内容进行筛选、组织，并且在课堂中进行教学活动的教学顺序编排。根据课标要求与教材内容，先从区域发展影响交通运输发展布局的主要表现导入，再循序渐进讲解在区域发展影响下交通运输的布局特点。

本节课采取"整体融合式"教学逻辑：①情境创设，发现问题。以深中通道开通后珠江口跨海通道间出现的"冰火两重天"现象为背景，启发学生初步对珠江口跨海通道间的交通需求差异形成认知。②合作探究，提出问题。运用百度迁徙平台数据和广东省人口、经济相关数据，总结区域发展影响交通运输布局的主要表现，并引出区域发展影响交通运输布局有何特点。③自主建构，解决问题。从珠江口的跨海通道的整体布局以及当前深中通道与以前的虎门大桥在功能性方面的对比，进一步说明布局变化特点。④归纳总结，迁移应用。概括区域发展、交通需求与交通运输布局的关系，引导学生运用区位分析思维，关联产业区位选择，动态看待交通布局变化。

三、学情分析

（一）知识基础

学生已在初中掌握交通运输方式特点，并在高一学习中掌握产业区位因素，为本章探讨交通运输布局与区域发展的互动关系奠定了基础。但已学知识并未深究交通运输布局与地理环境的关联，学生尚未掌握区域发展与交通运输布局的分析方法。

应对策略：重视方法逻辑，帮助学生厘清思路，建构分析区域发展影响交通运输布局的方法。

（二）认知能力

经过初中和高一的学习，学生具备一定的读图与材料分析能力，同时已初步形成综合分析与空间思维能力。但在处理综合性较强的信息时，存在逻辑不清、思路不全的问题，综合分析能力还需加强，地理空间思维能力也有待提高。

应对策略：采用案例教学法，引导学生对不同类型材料进行探究，并在教学过程中多用地理图像，结合动手操作活动，培养学生地理问题分析能力。

（三）学习心理

高一学生富有好奇心，实践能力强。同时抽象逻辑思维初具雏形，对地理问题有独立见解。虽然交通运输课程与生活息息相关，但理解多停留于表面。导致学生对于问题的探究多是浅尝辄止，缺乏钻研和思辨精神，仍需教师引导，从简单现象向深层次理解过渡。

应对策略：以学生熟悉的粤港澳大湾区为例，结合实践活动引导学生充分挖掘信息。

四、教学目标

（1）结合珠江口跨海通道建设的历程与信息，说明不同地区、不同时期的交通运输需求差异。（综合思维）

（2）运用地图导航软件等工具，说明珠江口跨海通道交通运输布局特点。（区域认知、地理实践力）

（3）运用图表资料，分析并说明区域发展对珠江口两岸交通需求的影响，以及跨海通道交通运输布局的变化，准确理解区域发展、交通运输需求与交通运输布局的关系。（综合思维、人地协调观）

五、教学重难点

（一）教学重点

理解区域发展、交通运输需求与交通运输布局之间的关系。

突破策略：结合专题地图，辅以对地图信息的叠加分析，引导学生综合全面地理解交通运输需求对交通运输布局的影响。

（二）教学难点

理解交通运输需求增长和分布的特点决定交通运输布局及其变化的特点。

突破策略："发展"隐含时间的变化，学生需理解这一"动态"的影响过程。为更直观地体现区域发展，教学多采用可视化的图表材料。

六、教学方法

（一）教学方法

案例教学法：采用珠江口跨海通道相关实例，结合百度地图及地图资料，直观展示交通布局特征及时空变迁，引导学生探究剖析交通需求与布局的内在联系。

问题式教学法：以"发现问题—提出问题—解决问题—归纳总结—课后延伸"为主线，采用大湾区跨海通道相关实例，结合相关图文，利用层层深入的问题引导学生探究区域发展对大湾区跨海通道布局的影响，逐步剖析区域发展对交通需求的驱动及需求变化对布局的调整作用。

（二）学习方法

自主学习法：学生结合不同类型的材料进行自主学习，尝试解决问题，解读地理信息，培养学生问题探索、信息获取和解读的能力。

合作探究法：通过合作探讨的方式完成阅读地图搜集信息的课后任务，归纳地理信息，解决现实问题，培养学生的探究能力和合作精神。

七、教学设计思路

教学设计思路见图 2。

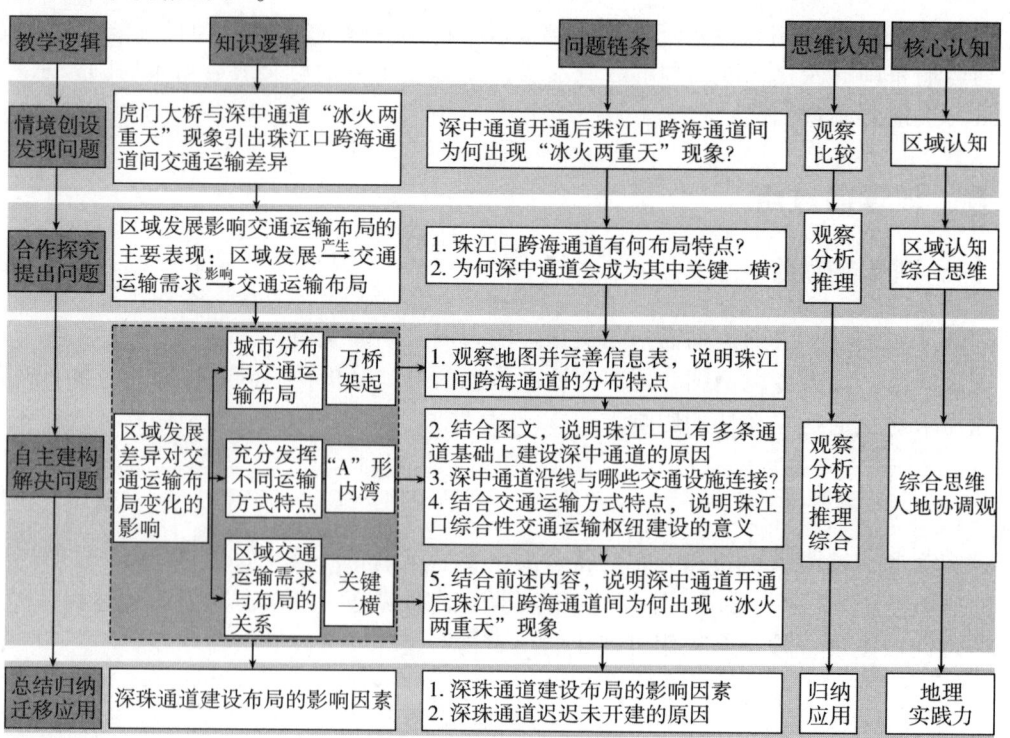

图 2　教学设计思路

八、教学过程

教学过程见表1。

表1 教学过程

教学环节	教师活动	学生活动	设计意图
情境创设 发现问题	【情境导入】 （1）教师引导学生读图并说明珠江口跨海通道建设情况和特征。 （2）教师引出深中通道开通及开通后"冰火两重天"现象：虎门大桥昔日拥堵不再，而深中通道则一开通即显繁忙。 【问题引出】 深中通道开通以来，跨海大桥间为何出现如此明显"冰火两重天"现象？	学生通过观察珠江口跨海通道建设动图，说出珠江口跨海通道建设的发展变化	（1）教师结合地图，介绍珠江口跨海通道建设过程，让学生对探究区域有初步认知。 （2）教师借助生活现象，激发学生的好奇心，提出核心问题导入课堂
合作探究 提出问题	【合作探究】 （1）展示粤港澳大湾区生产总值图、交通流网络图并引导学生分别归纳珠江三角洲经济发展特点与交通流特点。结合广东省土地利用图、人口变化图等，说明：区域发展不平衡产生交通运输需求差异，进而影响交通运输布局。 （2）进一步引导学生以宏观视角观察珠江三角洲地区在广东省的区域发展地位，并利用百度迁徙大数据平台，观察珠江两岸的人口流动，引出跨海通道布局相关问题。 ①珠江口跨海通道布局特点； ②深中通道会成为关键一横的原因。 【总结归纳】 归纳关系：区域经济发展带来交通运输需求，从而影响交通运输布局	学生通过图文理解区域发展、交通运输需求和交通运输布局的关系，认识合理交通运输布局的重要性	教师利用真实数据分析，深化对区域发展、交通需求与布局间关系的理解，将抽象概念具象化，强化学生知识点掌握，为课堂学习奠定坚实基础

续上表

教学环节	教师活动	学生活动	设计意图
自主建构 解决问题	"万桥架起" 【任务探究】 （1）教师提供粤港澳大湾区跨海通道的地图，引导学生小组合作归纳粤港澳大湾区各跨海通道信息并说明通道间建设特点。 （2）教师基于已完成的信息表和生产值图，进一步归纳珠江口间跨海通道的布局特点。 【总结归纳】 （1）教师归纳分布特点。 ①交通运输需求量较小，则布局的交通线标准较低、场站规模较小；交通运输需求量较大，则相反。 ②相邻重要城市之间需要布局多条平行的交通线。 ③需重点关注交通运输需求大的点和线	学生观察地图，提取跨海通道信息，在教师引导下，归纳珠江口各跨海通道的建设标准、整体布局和关注重点	以跨海桥梁布局为探究起点，引导学生掌握分析区域发展产生的交通需求所引发的交通运输布局的变化特点
	"'A'形内湾" 【任务探究】 （1）教师提供深中通道建设前其他跨海通道出现的交通运输困境相关图文材料，探究珠江口在已有多条通道基础上建设深中通道的原因。 （2）教师展示深中通道综合性交通设施建设规划图，引导学生找出与深中通道连接的交通设施。并结合交通运输方式特点，探索将其建设成为深中通道综合性交通运输枢纽的意义。 【总结归纳】 结合学生回答，教师归纳深中通道建设的交通需求特点，并进一步探究综合性交通运输枢纽的意义：充分发挥不同运输方式特点，提高运输时效	（1）教师引导学生提取材料中的地理信息，归纳深中通道建设原因。 （2）学生观察地图找出连接的交通设施，对综合性交通运输枢纽形成概念认知并探索其建设意义	结合图文材料，进一步归纳总结区域发展对交通运输布局特点的另一影响以及综合性交通运输枢纽布局的意义
	"关键一横" 【梳理探究活动】 教师通过再现重要图片材料和关键词，引导学生回顾区域发展产生的交通需求与交通运输布局特点。 【解决问题】 （1）教师引导学生从探究活动中归纳：从区域发展的角度，影响深中通道布局的交通运输需求。回答课前最初问题的同时归纳重要特点。 ①区域交通运输需求增长决定区域交通运输布局的变化； ②区域交通运输需求分布决定区域交通运输布局	回顾探究过程，回答探究问题，总结区域发展对交通运输布局的影响	引导学生回顾课堂内容，梳理知识体系，解决重点问题，提升教学效果

续上表

教学环节	教师活动	学生活动	设计意图
总结归纳 迁移应用	【总结升华】 （1）教师引导学生结合案例内容回顾区域发展所产生的交通运输需求对交通运输布局影响的过程和特点，以思维导图的形式总结本节课知识点。 （2）教师对珠江口跨海通道建设历史进行回顾，并强调区域发展离不开政府的帮扶助力。教师进一步引出深中通道建设过程不易，进入课后延伸部分。 【课后延伸】 学生以小组为单位，课后收集资料了解深中通道建设相关背景，思考深中通道建设中遇到哪些困难，如何克服这些困难	（1）在教师引导下，学生回顾区域发展所产生的交通运输需求对交通运输布局影响的过程和特点。 （2）以深中通道建设历史为重点，学生搜集相关资料，探索深中通道建设遇到的挑战与采取的措施	（1）总结时强调交通运输布局及其变化为区位选择过程，引导学生借鉴产业区位分析方法，促进分析技能与地理思维双重提升。 （2）以深中通道为落点，关注其建设历史，既承接本节课的讨论对象，又为探讨下一部分内容"资金与交通运输布局"预热，构建知识连贯性

九、板书设计

板书设计见图3。

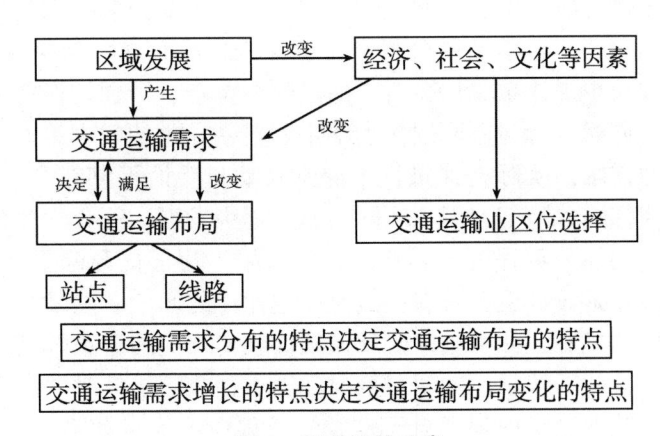

图3　板书设计示意

十、教学反思

在完成了"区域发展对交通运输布局的影响"这一课程的教学设计与实施后，我进行了深刻的教学反思，以总结经验、发现不足，并为未来的教学工作提供改进方向。

通过引入深中通道开通后珠江口跨海通道间"冰火两重天"的现象，成功吸引了学生的注意力，激发了他们的好奇心和探究欲。这种情境创设有效地将学生带入到学习情境中，为后续的问题探究奠定了基础。未来可以进一步丰富情境创设的手段，如利用虚拟现实技术模拟跨海通道的通行场景，让学生获得更直观、更沉浸式的体验。此外，本课采用了案例教学法和问题式教学法相结合的方式，通过引导学生分析粤港澳大湾区生产总值图、交通流网络图等真实数据，深化了他们对区域发展、交通运输需求和布局间关系的理解。同时，利用地图导航软件等工具，直观展示了交通布局特征及时空变迁。在教学方法上，可以进一步融入互动式教学和翻转课堂等新型教学模式，提升学生的参与度和自主性。此外，还可以尝试引入更多的地理信息技术手段，如 GIS（地理信息系统）等，以提升学生的地理实践能力。总体来说，通过循序渐进的教学环节设计，从情境创设到合作探究、自主建构再到总结归纳、迁移应用，帮助学生逐步构建了完整的知识体系。特别是在"自主建构解决问题"环节，通过小组合作归纳粤港澳大湾区各跨海通道信息并说明通道间建设特点，有效提升了学生的综合思维能力和团队协作能力。在知识体系构建上，可以进一步注重知识的连贯性和系统性。例如，在后续课程中探讨"交通运输布局对区域发展的影响"时，可以回顾本节课的内容，形成知识的闭环。同时，可以引导学生将所学知识应用到更广泛的地理问题中，培养他们的迁移应用能力。

但同时本节课还存在学情分析不够深入的问题，虽然对学生的知识基础、认知能力和学习心理进行了一定的分析，但在实际教学过程中发现，部分学生在处理综合性较强的信息时仍存在困难。这表明我对学情的分析还不够深入，没有充分考虑到学生的个体差异。在未来的教学中，我将更加注重学情分析，通过问卷调查、个别访谈等方式深入了解学生的学习需求和困难。同时，针对不同层次的学生制定差异化的教学策略和辅导计划，以满足他们的个性化学习需求。实际上课过程中课堂互动与反馈不够充分。在课堂互动方面，虽然设计了小组合作探究等环节，但在实际实施过程中发现，部分学生的参与度不高，课堂反馈也不够充分。这在一定程度上影响了教学效果。为了提升课堂互动与反馈的效果，我将采取以下措施：一是设计更多具有挑战性和趣味性的问题，激发学生的参与热情；二是建立有效的课堂反馈机制，如利用即时反馈软件收集学生的意见和建议；三是加强师生之间的沟通和交流，及时了解学生的学习情况和困难，并给予针对性的指导和帮助。

通过本次教学，我深刻认识到了自己在教学过程中的优点和不足。在未来的教学中，我将继续发扬优点、改进不足，不断探索和创新教学方法和手段，以提升学生的地理素养和综合能力为目标。同时，我也将注重自身的专业成长和发展，不断学习新的教学理念和技术手段，为成为一名优秀的地理教师而不懈努力。

探秘数据的网络传输之旅

——选自初中信息科技人教版七年级上册第二章第一节

郑扬俊

个人简介：我是华南师范大学教育技术学（师范）专业的一名学生，怀揣着一颗真诚之心，秉持诚实友善之德。于我而言，教书育人乃神圣而庄重之事业，宛如一座巍峨的灯塔，指引着学子前行的方向。若能把自身所学，以浅显易懂、生动有趣之法传授于莘莘学子，那便似在心灵的田野种下希望之花，收获的成就感如同璀璨星辰，点缀着我逐梦教坛之路，成为我在这条道路上勇往直前的强劲动力。身为一名师范生，作为未来教师队伍中不可或缺的一员，我时刻将"学高为师，身正为范"的训诫铭刻于心，犹如高悬于头顶的达摩克利斯之剑，督促我对自身教学能力和日常行为规范提出严苛要求。

图1 授课实录

人生格言：学高为师，身正为范。

一、课标分析

（一）信息意识

让学生了解网络通信的基本过程，了解存储转发思想，知道分包传输策略，理解传输过程中数据的完整性、稳定性和可靠性的重要性，激发学习的热情。

（二）计算思维

学生理解数据存储转发和分包的基本原理，能够分析数据传输的过程。能够运用数据分包的方法解决实际问题，如大文件传输、网络拥塞情况下的数据传输等。

（三）数字化学习与创新

通过网络平台资源和游戏体验数据存储转发、分包的过程和原理，提升数字化学习的能力。

（四）信息社会责任

学生在进行数据分包传输时，应当遵守法律法规和道德规范，不传播非法或不良信息。能够认识到数据安全的重要性，采取适当的措施保障数据的完整性和保密性。

二、教材分析

本课是"直播网络我来建"单元教学的第 1 课时，本节课探讨网络通信如何把数据传到远方。通过不断存储转发来传输数据，传输数据时，按规定，把数据分成一个个小的数据包，然后进行传输，互联网传输数据背后蕴含着数据分包的创新思想。接收方收到数据包后，要根据次序进行组装。本节课通过多次接力传卡片游戏领悟数据存储转发思想和体验分包传输过程，让学生感受到解决数据传输问题时的创新思考。

三、学情分析

（一）知识基础

七年级学生通过日常生活中与网络的接触，对网络通信有一定的应用体验。

（二）认知特点

七年级学生具有好奇心强、以形象思维为主、求知欲旺盛等认知特点，对于新事物、新技术充满好奇，对互联网有强烈的好奇心和探索欲望。

（三）心理特点

学生对理论知识较为抵触，除了互联网对个人生活的影响之外，如何以生动并易于理解的方式呈现理论知识，如何引导学生了解网络通信的基本过程，数据传输出现问题时的解决方法，传输过程中数据的完整性、稳定性和可靠性的重要性，是教师在备课过程中重点思考的问题。

（四）学习差异

学生对网络通信的熟悉程度存在差异、电脑的基本使用技巧也存在差异。

四、教学目标

（1）了解网络通信的基本过程。
（2）了解存储转发思想。
（3）知道分包传输策略。
（4）感受解决数据传输问题时的创新思考。

五、教学重难点

（1）教学重点：了解网络通信的基本过程。
（2）教学难点：了解存储转发思想，知道分包传输策略。

六、教学方法

（一）以学生为中心

关注学生的兴趣和需求，充分调动他们的积极性、主动性；提供动画、视频、导学案等学习支架，通过接力传卡片游戏，指引学生开展自主学习与合作学习，让他们在课堂学习中成为主体。

（二）创设真实学习情境

为了提高学生的学习兴趣和参与度，通过接力传卡片游戏领悟数据存储转发思想和体验分包传输过程，培养创新思维。

（三）教学评一体化

将教学过程、学习过程和评价过程有机结合，开展"评价先行、以评促教、以评助学"的课堂，强调以素养为导向，与教学目标对应。教师根据学生的学习表现和课堂参与情况，及时给予反馈和评价。

七、教学过程

教学过程见表1。

表 1 教学过程

教学环节	教师活动	学生活动	设计意图
情境导入	1. 提出问题，引发思考 　　教师首先从学生日常生活中普遍接触的"网上购物"场景切入，向学生提出问题，激活学生的已有认知，引导其对习以为常的现象进行深入思考，从而激发其探究背后机制的好奇心。 2. 创设情境，案例分析 　　教师选取某东电商平台的"次日达"物流服务作为典型案例进行情境创设，阐述其在全国范围内建立的庞大物流仓库网络，强调其分布式仓储和协同运输的特点，为后续类比网络数据传输做铺垫。 3. 明确主题，贴近生活 　　为了使教学情境更贴近学生的实际生活，教师将以东莞市的某东MALL大型物流配送中心为例，进一步具象化分布式仓储的概念。 情境导入 —— 提出问题 —— 网上购物时，商家是如何将快递包裹发送到我们手中的呢？ 　　　　　　 创设情境 —— 以某东物流"次日达"服务为例，介绍其物流仓库管理系统 　　　　　　 明确主题 —— 介绍东莞市某东MALL，贴近学生实际生活，激发学习兴趣	（1）思考常见的快递运输是如何进行的。 （2）感悟某东仓库与互联网节点之间的类似之处。 （3）联系东莞市的某东MALL，联系生活实际场景	通过创设情境，巧妙地将现实案例与抽象的计算机科学概念联系起来，自然引出本节课的教学主题，激发学生学习的兴趣，快速进入学习状态
新课学习（一）	（一）存储转发 1. 讲解基础概念 　　教师简明扼要地向学生阐述计算机网络在数据传输过程中采用的核心策略——"存储转发"机制，为后续学习打下理论基础。 2. 组织游戏体验 　　教师组织学生进行"数据包接力传"的模拟游戏。首先，清晰讲解游戏规则，明确模拟数据包传递的过程和要求。随后，引导学生参与游戏，通过角色扮演和互动，直观体验数据包裹存储转发的过程。 3. 引导问题思考 　　游戏结束后，教师引导学生进行反思。首先，提问："游戏中模拟的传递策略运用了怎样的思想？"促使学生总结游戏体验。接着，设置情境假设："如果需要传递的是一个非常大的数据包，刚才的传递策略会面临哪些问题？"引导学生思考现有策略的局限性，为引入数据分包的必要性埋下伏笔	（1）学生进行接力传标签笔游戏，通过游戏体验存储转发过程，讨论网络是怎样传输数据的。 （2）思考在数据不同情况下接力传输策略产生的问题	通过标签笔接力传游戏，加强学生组内团结、总结网络通信的基本过程，加强对存储转发的认识，培养创新能力

续上表

教学环节	教师活动	学生活动	设计意图
新课学习（一）	（1）传输很大的文件，超出了节点的存储能力。 （2）传输出现了个别错误，需要重传所有的数据。 新课学习（一）： — 基础概念 —— 计算机网络在数据传输过程中采取存储转发的策略 — 游戏体验 —— 规则讲解／数据包接力传 — 问题思考 —— 游戏反思——传递策略采用了怎样的思想？／情境假设——遇上大数据包时，之前的传递策略会面临哪些问题？	（3）完成导学案"活动一：存储转发"	
新课学习（二）	（二）分包 1. 讲解基础概念 教师针对上一环节提出的"大文件传输"问题，引出并阐释"分包传输"策略：当传输内容较多、数据较大时，可以将其拆分成若干小的数据包进行传输。 2. 组织游戏升级 教师升级"数据包接力传"游戏，引入带有标签（"国、庆、节、快、乐"）的数据包，组织学生模拟将一个"大文件"拆分成多个带标签的小数据包进行传递，并由"接收端"学生尝试按标签顺序重组，以此体验分包传输及重组的过程。 3. 引导问题思考 游戏后，教师引导学生针对分包传输可能出现的新问题进行深入思考，提出系列问题： （1）某个包中途丢失了怎么办？ （2）传输线路是唯一的吗？ （3）如何提高传输速率？ （4）若接收者无法还原怎么处理？ 通过这些问题，激发学生对网络传输可靠性、路径选择、效率优化及差错控制等更深层次机制的探究。 新课学习（二）： — 基础概念 —— 传输的内容较多、数据较大时可以将其拆分开来进行传输，即分包传输策略 — 游戏升级 —— 传递带有标签的数据包／体验分包传输的过程 — 问题思考 —— 某个包中途丢失了怎么办？／传输线路是唯一的吗？／如何提高传输速率？／若接收者无法还原数据包怎么处理？	学生继续游戏体验，明确送到的地方，达到安全送达的目的，并对数据重新组装，理解分包传输路径、数据重新组装过程	通过游戏深入体会存储转发的过程，同时引出分包策略，感受解决问题的创新思考

续上表

教学环节	教师活动	学生活动	设计意图
新课学习（三）	（三）分包传输的应用 1. 播放教学视频，直观演示 　　教师播放一段教学视频，通过虚拟仿真实验的形式，向学生直观演示数据在网络传输过程中是如何被分包、发送，以及可能通过不同路径到达并最终重组的完整分包策略。 2. 总结分包传输特征与优点 　　视频播放后，教师引导学生总结并清晰阐述分包传输的核心特征，包括：数据被拆分成包、数据包可经不同路径传输，以及接收端对数据包的重新组装。同时，进一步归纳分包传输的主要优点，如优化节点存储压力、出错时仅需重传部分数据包而非整个文件等。 3. 引导假设思考，深化理解 　　教师提出一个更复杂的网络情境进行假设思考："如果网络中同时存在多个发送者和多个接收者，数据包的传递可能会出现什么问题？（例如，如何确保数据包能准确送达指定接收者？）我们又该如何解决呢？"引导学生思考，并启发其认识到在数据包上添加接收者地址等标识信息的重要性。 4. 拓展分包思想的应用 　　教师引导学生进一步探究分包思想在现实世界和计算机领域的广泛应用。指导学生阅读提供的教学资料，或鼓励其使用"秘塔AI"等搜索工具，自主查找和了解更多关于分包传输技术及相关概念的应用实例，拓宽知识视野。 新课学习（三）——播放教学视频——通过虚拟仿真实验模拟数据传输过程中的分包策略 　　　　　　　分包传输的特征——数据分包／不同路径／重新组装 　　　　　　　分包传输的优点——通过分包优化节点数据存储能力／无须重传所有文件 　　　　　　　假设思考——如果存在多个发送者和多个接受者，传递过程可能会出现什么问题?如何解决? 　　　　　　　分包思想的应用——阅读教学资料／使用秘塔AI搜索	（1）学生观看视频，完成导学案"活动二：数据分包传输"。 （2）学生多次尝试，理解分包传输的不同情形。 （3）学生总结分包在信息传输上的作用	通过问题引起思考，达到预期的效果，理解数据按传输路径传输，培养创新思维

续上表

教学环节	教师活动	学生活动	设计意图
拓展与提升	1. 引入网络协议概念 教师承接上一环节关于数据包准确送达的讨论，引入"网络协议"的概念。向学生解释网络协议是不同设备在网络数据传输过程中为确保信息正确、有序交换而共同遵守的一系列规则和约定，强调其对于实现有效通信的重要性，以此回应在数据包上添加接收者信息等需求的解决方案。 2. 运用类比深化理解 为了帮助学生更形象地理解抽象的网络概念，教师将运用"数据传输与货轮运输"的类比方法： （1）将"数据包分包"类比为货轮运输中的"集装箱"，阐释两者都通过标准化、模块化的方式提高了运输效率和灵活性。 （2）将"网络协议"类比为国际货运中通行的"海上航行公约"，说明两者都为复杂系统的有序运行提供了规则保障。 这种贴近生活的类比，旨在加深学生对分包传输和网络协议核心思想的理解和认识。 拓展与提升 ─ 网络协议 ── 不同设备在网络数据传输过程中所遵循的共同规范 　　　　　└ 数据传输与货轮运输 ─┬ 分包传输 ── 集装箱 　　　　　　　　　　　　　　　└ 网络协议 ── 海上航行公约	学生思考网络传输的规则	解决网络传输出现的问题，培养学生解决问题的创新思维
内容小结	教师通过提问的方式，引导学生回顾并梳理本节课的核心知识点，以检验和巩固学习成果。 内容小结 ─┬ 数据如何在网络上传输？ 　　　　　├ 什么是存储转发？ 　　　　　├ 为什么数据传输时需要分包？ 　　　　　└ 网络协议在数据传输过程中扮演什么角色？	学生总结本节课的内容	提高对知识的归纳总结能力
课堂小测	（1）计算机网络进行数据传输时，用到了类似的"接力传"的思想，被称为（　　）。 （2）为防止互联网在传输数据时会出现各种意外事件，科学家们提出了（　　）思想，会先把数据分成一个个小的数据包，每一个数据包可以根据拥堵情况，沿不同路径到达目的地。 （3）接收方收到数据包后，根据数据包中的次序信息重新（　　）。	学生做练习	通过做习题巩固所学知识

续上表

教学环节	教师活动	学生活动	设计意图
课题总结	1. 对本节课的内容进行梳理 数据分包灵活传 → 存储转发（发送、接收、重发→接力传）、分包传输（数据分包、不同路径、重新组装—次序编码）→ 网络协议 2. 自评本节课的自我表现 | 评价指标	标准	很好	一般	有待提高 | |---|---|---|---|---| | 知识理解 | 掌握网络通信的基本过程，了解数据存储转发思想和数据分包策略 | | | | | 技能应用 | 根据数据分包的创新思想，解决数据传输过程的可靠性和稳定性等问题 | | | | | 创新与问题解决 | 学会使用创新思维解决数据传输过程中出现的问题 | | | | | 态度与参与度 | 积极参与游戏互动，主动思考，自信表达 | | | | | 合作意识 | 积极参与课堂的活动，团结协作，共同进步 | | | |	学会思考与总结	帮助学生构建知识体系，提高学习能力

八、板书设计

板书设计见图2。

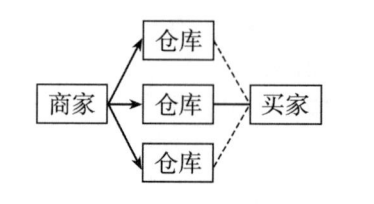

（1）某东快递"次日达"的物流模式

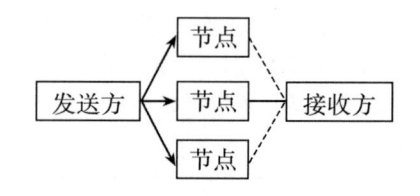

（2）互联网数据传输策略

图2　板书设计示意

九、教学反思

通过本节课的教学，学生对网络通信的数据传输过程有了更深入的理解，掌握了存储转发和分包传输的概念和原理。在教学过程中，学生通过传递游戏和游戏升级等活动，能够亲身体验数据传输的过程，提高了学习兴趣和参与度。同时，通过讨论和解决问题，培养了学生的计算思维和创新能力。在今后的教学中，应继续加强学生的实践操作，提高学生的动手能力和解决问题的能力。

然而，尽管游戏化教学模式能够迅速集中学生们的注意力，激发学生们的学习兴趣，提高学生们的课堂参与积极性，但是也可能存在一些特殊情况，如学生因为听不懂游戏规则而故意破坏课堂秩序，导致课堂秩序混乱，以及教学效果无法达到预期等情况，较为考验教师的教学临场调度能力，需要尽可能地为潜在的教学意外情况做足备案。

《大卫·科波菲尔（节选）》信息技术应用案例
——选自高中语文统编版选择性必修上册第三单元第 8 课

陈嘉仪

个人简介：我是华南师范大学文学院汉语言文学（师范）专业的一名学生，也是一名热爱语文的教育工作者，始终坚信文学的力量能够启迪心灵、塑造人格。在教学过程中，我不断探索创新教学方法，致力于为学生营造充满活力与趣味的语文学习氛围。此次将信息技术融入《大卫·科波菲尔（节选）》的教学实践，是我在教学道路上的又一次积极尝试，希望能借助现代技术手段，带领学生更深入地领略经典文学作品的魅力，提升语文素养。

人生格言：实事求是，共同成长。

图 1　信息技术应用课堂实录

一、课标分析

本课程依据《普通高中语文课程标准（2017 年版 2020 年修订）》中对文学阅读与写作的要求，引导学生通过阅读小说，感受作品中多样的文化和丰富的人物形象，理解作品的社会意义和文化内涵，培养学生的审美鉴赏能力和思维能力，提高学生的语文素养，促进学生对人生和社会的思考。

二、教材分析

《大卫·科波菲尔（节选）》是高中语文统编版选择性必修上册第三单元的课文，该单元主题为"多样的文化"。小说以第一人称叙述展现了广阔的社会生活画卷，是19世纪英国批判现实主义文学的典型代表。教材选取此篇，旨在让学生接触不同国家和时代的优秀文学作品，体会批判现实主义文学的风格特点，学习作者通过细腻描写反映社会现实、塑造人物形象的方法，同时深入理解作者对人性、社会的思考，以及自传体小说叙事视角的独特之处。

三、学情分析

学生在之前的学习中，已经对小说的基本要素如情节、人物、环境等有了一定的认识，但对于19世纪英国的社会文化背景缺乏直观感受，这可能会影响他们对作品社会价值和人物形象典型意义的理解。同时，学生在分析复杂人物关系和把握叙事视角方面，仍需要进一步的引导和训练。不过，高中学生具备一定的自主学习和思考能力，借助信息技术提供的丰富资源和多样化学习方式，能够激发他们的学习兴趣，帮助他们更好地理解课文。

四、教学目标

语言建构与运用：赏析狄更斯生动、细腻且富有个性化的语言表达技巧，增强语言表达的准确性与生动性。

思维发展与提升：梳理小说情节，分析人物关系，从不同角度解读小说的自传性质和叙事视角，培养学生的逻辑思维和批判性思维。

审美鉴赏与创造：分析人物性格特点，深入把握人物形象，赏析狄更斯塑造人物的艺术手法，提升学生的审美鉴赏能力。

文化传承与理解：了解狄更斯所处时代的英国社会文化背景，理解作品所反映的社会现实与文化内涵，增强文化品读能力。

五、教学重难点

（一）教学重点

把握大卫成长环境的特点，深入把握人物形象，赏析狄更斯塑造人物的艺术手法。理解小说的叙述视角，引导学生分析其特点和作用，对比不同视角下的情节呈现和情感表达差异，帮助学生理解其对小说叙事的影响。

（二）教学难点

认识人物形象的典型意义和作品的社会价值，与同时期其他作品、社会事件的关联分析，帮助学生从更广阔的历史文化背景中理解人物和作品。

六、教学方法

讲授法、讨论法、情境教学法。

七、教学手段

多媒体教学、网络资源整合、AI辅助教学。

八、教学思路

教学思路见图2。

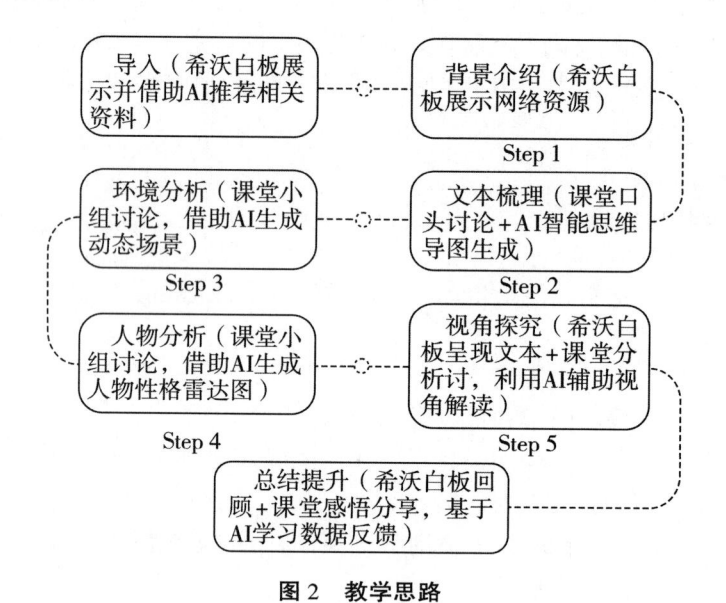

```
Step 1: 导入（希沃白板展示并借助AI推荐相关资料）→ 背景介绍（希沃白板展示网络资源）
Step 2: 文本梳理（课堂口头讨论+AI智能思维导图生成）
Step 3: 环境分析（课堂小组讨论，借助AI生成动态场景）
Step 4: 人物分析（课堂小组讨论，借助AI生成人物性格雷达图）
Step 5: 视角探究（希沃白板呈现文本+课堂分析讨，利用AI辅助视角解读）
总结提升（希沃白板回顾+课堂感悟分享，基于AI学习数据反馈）
```

图2　教学思路

九、教学过程

教学过程见表1。

表 1 教学过程

教学环节	教学内容	教师活动	学生活动	设计意图	所需 AI 工具及操作方式
单元整体把握	明确单元人文主题"多样的文化",点出单元学习重点和要求	利用希沃白板展示资料,在希沃白板上呈现学习重点和要求	观看资料,阅读学习要求,思考小说与社会文化的关系	激发学生对单元主题的兴趣,明确学习目标	百度 AI 视觉技术:教师输入单元主题相关指令,如"寻找与外国作家作品研习相关的高清图片和精彩视频片段",平台利用图像识别和视频分析技术筛选并推荐合适资源
介绍创作背景	介绍英国维多利亚时代的社会发展状况	播放纪录片片段,展示文字资料,并对资料进行讲解和拓展,以问答形式引导学生关注关键信息	观看纪录片,阅读文字资料,了解时代背景	帮助学生理解作品创作的社会背景,为理解课文做铺垫	百度 AI 视觉技术:教师输入单元主题相关指令,如"寻找介绍英国维多利亚时代社会飞速发展但社会矛盾异常尖锐的精彩视频片段",平台利用视频分析技术筛选并推荐合适资源
走近作者	了解狄更斯生平事迹,引导思考:为什么在时代的矛盾中历练、成长的狄更斯要从孩子的视角以第一人称呈现对社会的思考呢?	在希沃白板上展示资料,播放影像,提出问题,提供作者相关拓展知识,如推荐狄更斯其他作品及相关文学评论	观看资料,思考问题,在课堂上发表看法	让学生了解作者经历,引发对叙事视角的探究兴趣	科大讯飞 AI:教师输入"狄更斯生平拓展资料"指令,助手从海量知识库中筛选并整理相关内容
探寻成长踪迹——学习任务一	以大卫经历为线索梳理情节,构建框架	利用希沃白板中的思维导图工具引导,提供技术支持,分析小说情节结构特点并给予指导,如提示关键情节节点和逻辑关系	分组在课堂上口头概括内容,共同绘制思维导图	培养学生梳理情节和概括内容的能力,提高合作学习能力	幕布 AI:学生将初步梳理的情节节点输入幕布 AI,AI 运用智能算法分析节点间的逻辑关系,推荐合理的分支结构和连接方式,帮助学生优化思维导图

续上表

教学环节	教学内容	教师活动	学生活动	设计意图	所需 AI 工具及操作方式
困境中见证成长——学习任务二	组织讨论：结合课文内容说说大卫遭遇了怎样的成长困境	在希沃白板上展示场景，引导讨论，点评总结，模拟环境音效增强氛围	观察图片，在课堂上分享看法，对比分析影响	让学生直观感受环境，深入理解环境对大卫的影响	Adobe Sensei AI：教师使用 Adobe 软件中的 Sensei AI 功能，对货行全景图片进行处理，添加光影变化、动态元素（如货物搬运、人员走动），并根据场景模拟嘈杂声、潮湿环境音效等
成长中遇到的人——学习任务三	组织讨论：小说运用了哪些描写方法来塑造米考伯的形象？作者主要用了哪些方法来强调人物的特征？	在希沃白板上展示描写米考伯的片段，播放视频，组织讨论，以可视化图表展示分析结果	分析描写手法和性格特征，组织课堂小组赏析艺术手法	帮助学生掌握人物形象塑造方法，理解人物形象特点	阿里云 AI：教师将米考伯描写片段上传至平台，通过文本分析技术识别人物外貌、语言、动作等描写，结合讨论分析人物的性格特征，生成性格雷达图展示其性格特点的强弱分布
成长中遇到的人——学习任务四	组织讨论：为何十岁的"我"和米考伯夫妇会成为忘年交？"我"对米考伯夫妇的态度发生了怎样的变化？和米考伯夫妇的接触对"我"的成长有什么影响？	组织小组讨论，引导讨论，展示观点，利用腾讯 AI 对学生讨论观点进行实时分析和总结	分组讨论，整理观点，进一步思考友谊的影响和作者态度	培养学生分析人物关系和理解作者态度的能力	腾讯 AI：在学生讨论过程中，教师将学生发言实时录入腾讯 AI 智能分析系统，系统自动提取关键词、分析语义，统计不同观点出现的频率，以图表形式展示讨论热点和趋势
探究小说叙述视角——学习任务五	引导讨论：小说运用第一人称视角叙述的作用是什么？	在希沃白板上展示对比段落，组织活动，引导讨论，帮助学生深入理解视角变化对叙事的影响	阅读段落，进行角色扮演，从不同视角叙述大卫的成长故事，并发表对不同视角叙述特征的看法	让学生体会不同视角的表达效果，理解叙事特点	百度 AI：教师将对比段落输入百度 AI 写作助手，选择"视角分析"功能，助手生成不同叙事视角下的情感倾向分析

258

续上表

教学环节	教学内容	教师活动	学生活动	设计意图	所需AI工具及操作方式
从成长中窥见主题——小结	回顾重点内容，思考大卫的成长留给我们的启示	在希沃白板上绘制思维导图回顾，展示姨奶奶临别赠言，总结学习重点和学生易错点	回顾内容，在课堂上分享感悟	巩固知识，引导学生思考作品主题	网易有道AI：教师将课堂学习内容文本上传至网易有道AI学习平台，平台运用深度学习技术分析文本，提炼重点知识和易错点，生成简洁的总结和提醒内容

十、板书设计

板书设计见图3。

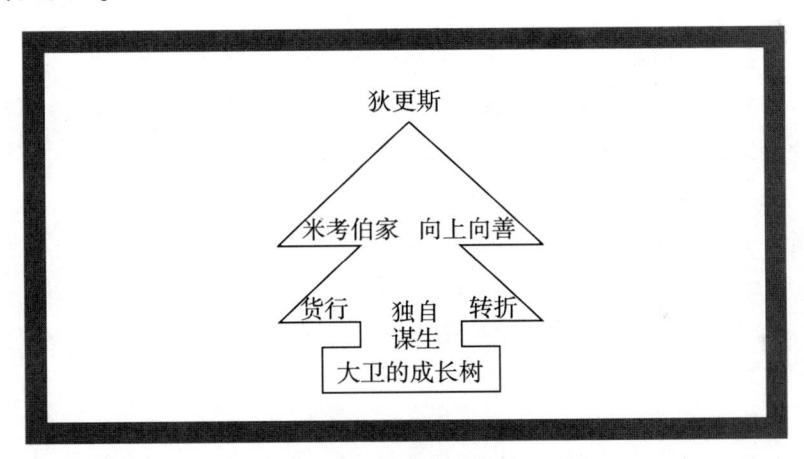

图3　板书设计示意

十一、教学反思

在本次教学中，希沃白板与AI功能的结合应用在很大程度上提升了学生的学习兴趣和参与度。通过AI优化展示的图片、视频等资料，学生对小说的理解更加深入，尤其是对大卫成长环境和人物形象的感受更为真切。课堂小组讨论在AI的辅助下，促进了师生互动和生生合作，提高了教学效率。AI对学生讨论观点的实时分析和总结，帮助教师及时了解学生的思维过程和理解程度，进行更有针对性的引导和讲解。

利用 AI 生成多模态语篇在阅读教学中培养学生高阶思维能力

——选自高中英语人教版选择性必修三
Unit 1 Art—A Short History of Western Painting

廖明欣

个人简介：我是华南师范大学英语专业的一名学生，性格开朗活泼。我总是积极面对生活，认真对待每一件事情。在我看来，教育需要不断创新，创新教育不仅仅是教授知识，更重要的是培养学生的创新思维和解决问题的能力。

人生格言：静水流深，奔腾向前。

一、课标分析

高阶思维，是指发生在较高认知水平层次上的心智活动或较高层次的认知能力，主要由问题解决、决策、批判性思维、创造性思维等能力构成。① 《普通高中英语课程标准（2017 年版 2020 年修订）》明确将思维品质列为学生核心素养的重要组成部分。因此，发展学生的高阶思维是中学英语教学的重要目标之一。而基于人工智能的多模态语篇教学即教师利用文字、图片、动画、音频、视频等多种媒介创设多模态阅读环境，有助于调动学生多种感官协同参与信息的获得、处理和传输，使其利用文本特征对语篇进行分析，搭建语篇结构，培养其语篇意识和思维品质，促进其读、写能力的提升，从而落实英语学科核心素养的培养。② 依托多模态语篇的教学用途，教师在阅读教学中应采取多模态的教学

---

① 文俊，陈静波. 运用 QAR 提问策略，发展中学生高阶思维：以初中英语阅读教学为例 [J]. 教育视界，2022（27）：43-47.

② 戴慧敏. 多模态视角下高中英语听说课设计探究 [J]. 中小学英语教学与研究，2020（3）：41-47.

方式，利用各种静态和动态资源让学生获得多感官体验，使学生对阅读内容产生多层次联想，促使学生运用高阶思维探索具有建构性、灵活性、情境性的知识。

二、教材分析

本单元阅读文本的主题是西方绘画简史。通过介绍不同时期的西方绘画以及因各时代代表画家引领而发展出的独特风格，激发读者品鉴艺术历史，探究西方绘画未来可能的发展方向和促进艺术发展的源动力，思考艺术的功能和价值，提高审美素养，弘扬人文价值。

该文本采用说明性文体，以第三者视角客观简述西方绘画发展的四个关键时期，内容紧凑，语言平实，文风平易近人。标题"A Short History of Western Painting"指向文本主题，标示语篇类型。全文以"总—分"建构，分述部分以副标题切分。第一段为总起段，阐述为什么要了解绘画发展史。其余段落以时间为主线，选取代表人物，依次介绍四幅不同时期的西方绘画，并在最后留下思考空间，引发对于艺术本质的思考。

在进行文本教学设计时，要帮助学生梳理关于绘画艺术和历史发展相关的话题类语言，包括绘画特点，以及变化发展的相关表达。此外，逻辑功能性语言，例如 while... still..., less... more..., ...but instead 等，也是值得关注的。本文四个时期虽由副标题统领独立成文，但全文在内容过渡、行文逻辑和语言衔接上是串联的整体，在文本梳理中也需特别注意。此外，本课需要关注西方艺术区别于中国艺术的独特魅力，同时要培养学生用发展的眼光看待文化，感受跨越文化的艺术之美。

三、学情分析

高中学生生理及心理都趋于成熟阶段，思维已理性化，求知欲强，对新奇且具有刺激性的事物充满热情，西方艺术这个话题会令他们较感兴趣。针对教材和学生特点以及教学要求，本课侧重通过生成式人工智能帮助学生在多模态中感知、理解语篇内容，分析、构建语篇逻辑和结构，促进其高阶思维的形成，落实英语学科核心素养目标。

四、教学目标

通过活动的学习，学生能够：
（1）梳理和归纳西方艺术作品的四个典型时期及代表画家。
（2）借助多模态视频，分析西方艺术作品的目的、主题和特征。
（3）推测西方绘画风格变化的重要因素，并思考未来艺术的风格。

五、教学重难点

（1）重点：理解并区分西方艺术作品的四个典型时期。
（2）难点：学生思维品质的培养。

六、教学方法

（1）采用交际语言教学法设计不同层次的阅读任务，引导学生逐步完成。
（2）采用讲授法讲解重点语言知识和阅读技巧。
（3）采用讨论法组织学生讨论文章中的问题，促进思维碰撞。

七、教学手段

在阅读课的读中教学环节，教师根据课文语篇，利用 Visla 平台生成多模态视频，帮助学生从整体感知到细节内容把握，调动多种感官，激活思维。同时，多模态视频帮助学生在完整的语篇中感知、内化语言，建构语篇整体框架，从语言的准备、内容与要点的分析、结构的布局三个方面为读后输出做好充足的准备。[①] 在读中环节，教师引导学生观看多模态视频并细读文章，构建了体验性的阅读过程，帮助学生提取、整合关于西方绘画艺术四大阶段的关键信息，增强学生对西方艺术作品内涵的理解，在多种视听手段呈现中学习积累相关词汇，降低词汇学习、阅读理解的难度。

八、教学思路

教学思路见表1。

表 1 教学思路

环节	内容
Pre-reading	通过观看 AI 生成的西方画作图片，引导学生对文章内容进行预测
While-reading	运用多模态视频和图片，引导学生分析西方艺术作品的目的、主题和特征
Post-reading	教师创设新的情境，展示 AI 生成的绘画作品，学生结合课文思考未来艺术的风格，以现实情境为基础，实现创新性的输出

---

① 周惠红. 基于人工智能的多模态语篇在初中英语读写教学中的应用探究［J］. 英语教师，2021，21（11）：102−106.

九、教学过程

表 2　教学过程

教学目标	学习活动	效果评价	设计意图
提供有关西方艺术的背景知识，激发学生对西方画作的兴趣（理解与梳理）	（1）通过观看由 western art 生成的词云图引导学生回答以下问题： What is your favorite form of art？/Why？ ［Me & World Qs］ （2）通过观看 AI 生成的西方画作图片，引导学生对文章内容进行预测，并尝试回答以下问题： ①If we are going to explain the development of anything, what will we talk about？ ②When the object is "western painting", what kind of change are we going to talk about？ ［Author & Me Qs］	（1）观察学生回答问题的情况，是否对西方艺术有初步的认知和理解。 （2）观察学生的预测情况，通过教师口头反馈，对学生所提及的关键词进行结构化总结	链接学生亲身体验，激活背景知识，并建立情感链接，从而引入阅读话题 western art，为深度阅读做好热身准备
梳理和归纳西方艺术作品的四个典型时期及代表画家（理解与梳理）	学生通过快速阅读的方式，思考并与小组成员讨论以下问题，并以时间轴的形式梳理完成： ①What are the important periods？ ②Who are the influential artists？ ［Right There Qs］	（1）观察学生小组讨论的情况，是否能快速找到相关信息。 （2）了解学生对文章结构是否有基本的了解和认识，是否可以在此基础上进行更深一步的阅读教学	此部分包括小组活动和学生讨论，旨在通过查找主题句，确认每个部分的段落大意，引导学生锁定关键信息，调动学生已有的主题阅读经验，为概括文本大意，提炼关键词巧搭支架。同时，教师引导学生根据文本体裁制作"时间线"，学生能利用时间线理解文章主要脉络，为后续的输出搭建语言和内容支架

续上表

教学目标	学习活动	效果评价	设计意图
运用多模态视频和图片，引导学生分析西方艺术作品的目的、主题和特征。同时，引导学生更深层次地思考变化背后的原因，培养学生基于事实进行逻辑推理的能力（分析与内化）	（1）学生通过 Visla 平台生成多模态课文视频（如图1）。对文章进行细读，在观看多模态视频的过程中发现"变化"所在。 （2）教师利用腾讯智影生成的虚拟角色提出连续问题（如图2），学生回答问题并进行句子合并： ①What is the purpose of each period in the history of western painting? ②What are the themes of each period in the history of western painting? ③What are the features of each period in the history of western painting? ［Right There Qs］ （3）以小组为单位，基于多模态视频及表格的梳理，进一步思考并讨论以下问题： ① What exactly has changed or what has developed? ②How was people's focus changed? ［Think & Search Qs］	（1）关注学生对于多模态课文视频的理解程度，是否集中注意于记录下不同时期西方艺术作品的变化。 （2）关注学生对关键信息的归纳是否准确，能否准确地从三个角度区分不同时期西方艺术作品的特色，必要时为学生提供脚手架支持。 （3）观察学生的口头语言表达是否概括准确全面且清晰。同时，保证其他非展示组的同学能较好地接收并理解关键信息。 （4）考查学生对"内容变化"背后的社会、文化、意识形态、技术变革等深层因素的思考，对学生汇报成果进行评价和对比归纳	教师根据文本内容，利用 AI 生成多模态视频，帮助学生厘清不同时期艺术的区别，并通过问题链的形式，帮助学生提取并整合关于西方绘画艺术四个阶段的信息，加深学生对各时期艺术目的、主题和特点的认识，促进深度阅读

续上表

教学目标	学习活动	效果评价	设计意图
推测西方艺术风格变化的重要因素，升级认知思维，并结合课文思考未来艺术的风格，以现实情境为基础，实现创新性的输出（创新与评价）	教师创设新的情境，展示 AI 生成的绘画作品，学生畅想未来的画作，并讨论以下问题： ①What will the painting style be like in the future? ②Can you give a specific name like the four periods from the text? [Me & World Q] 作业：根据改编的多模态课文视频，完成视听完型填空，对 what is art 这一问题进行归纳思考，培养学生对已有知识进行正迁移的能力	考查学生的批判性思维能力和逻辑能力，提供多模态视觉资源、相关语料表达等脚手架支持。同时，就内容、逻辑、语言的使用等方面给出必要的指导与反馈	通过深层次分析表象背后的原因，引导学生真正理解艺术的内涵和精神价值，加深学生对各时期绘画艺术特点的认识。同时，利用多模态教学资源创设具体的教学情境，培养学生在真实情境中综合运用知识解决问题的能力

图 1 利用 Visla 平台生成多模态视频

图 2 利用腾讯智影生成的虚拟角色与学生实现对话互动

十、板书设计

板书设计见图 3。

A Short History of Western Painting

- Period
- Reasons/Purpose（Ideas & Values）
- Themes
- Features

图 3　板书设计示意

十一、教学反思

本课运用 Raphael 在 1982 年构建的 QAR 提问策略赋能阅读教学。① 该模型将问题分为两类：In the Book（答案在文本中的问题）和 In My Head（答案在读者头脑中的问题）。In the Book 类细分为 Right There（直接定位）和 Think and Search（思考与寻找）两类问答关系。In My Head 类细分为 Author and Me（作者与读者）和 On My Own（读者自身）两类问答关系。而 QAR 提问策略符合从低到高的阅读认知设计，同识别提取、概括分析、批判评价三个认知层次相对应。

通过回答上述问题，学生能基于 AI 生成的多模态视频提取关键信息，对课文进行深度研读与思考，透过表层的、事实性的信息，领会、分析、概括、推断西方艺术风格变化的隐含因素及其深刻的人文意义，促进高阶思维的发展。由此，基于 QAR 提问的多模态阅读教学引导学生从"输入"到"内化"再到"输出"，体现了从学语言到用语言的过程，实现了语言能力与思维能力的同步发展。

尽管由 AI 生成的视频、图片、音频等多模态形式能有效辅助阅读教学，培养学生思维的灵活性、批判性和独创性，进而促进高阶思维的发展，但本节课所使用的 Visla 和腾讯智影平台仍有较大局限性，存在情境模拟不够丰富、生成视频较为单一、操作流程较为烦琐等问题。而 Sora、Pika 等文生视频平台有更丰富的素材资源库和更便捷的操作步骤，能更好地将抽象的教材内容转化为多模态教学视频，赋能英语阅读理解教学。

在阅读和理解主题语篇后，学生能在课后通过改编的多模态课文视频，完成视听完型填空，内化课文重点词汇，理解西方艺术史的专业术语及背后的人文精神，培养学生对已有知识进行正迁移的能力。综上所述，一方面，生成式人工智能有助于赋能多模态语篇教学，辅助教师设计和实施螺旋式上升的活动链。另一方面，生成式人工智能帮助学生在多模态中感知、理解语篇内容，分析、构建语篇逻辑和结构，促进其高阶思维的形成，落实英语学科核心素养目标。

---

① RAPHAEL T E. Question-Answering strategies for children［J］. The Reading Teacher，1982，36（2）：186-190.